INHALT

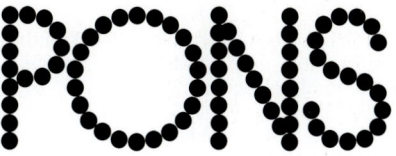

Reisewörterbuch
Portugiesisch

bearbeitet von
Isabel Morgado Kessler

Ernst Klett Sprachen

Barcelona · Budapest · London · Posen · Sofia · Stuttgart

Bildquellen
Bundesverband Selbsthilfe Körperbehinderter, Krautheim: 65; ICEP –
Portugiesisches Touristik- und Handelsbüro, Frankfurt: 105 u. Karte
hintere innere Umschlagseite; Ifa, Stuttgart: 39, 61, 79; R. Kämpf,
Stuttgart: 11, 20, 23, 37, 71, 95, 103, 117, 123, 135, 141, 155; Mairs
Geographischer Verlag, Ostfildern: Karte vordere innere Umschlagseite;
G. und R. Reinboth, Stuttgart: 56, 98, 100, 108, 126, 143
Fotoaufnahmen S. 28/29: Wolpert und Strehle, Stuttgart

PONS Reisewörterbuch
Bearbeitet von:
Dr. José A. Palma Caetano

Neu bearbeitet von:
Isabel Morgado Kessler

Grammatik bearbeitet von:
Dr. José A. Palma Caetano
Mag. Johannes J. Mayr
Dr. Renate Plachy
Mag. Franz Ptacek
neu bearbeitet von Isabel Morgado Kessler

Redaktion:
Barbara Pflüger
Regina Reinboth-Kämpf

1. Auflage 2000 – Nachdruck 2003
© Ernst Klett Verlag GmbH, Stuttgart 2000
Alle Rechte vorbehalten.
Internet: www.pons.de
E-mail: info@pons.de
Umschlaggestaltung: Ira Häußler, Stuttgart
Logoentwurf: Erwin Poell, Heidelberg
Layout und Satz: Fotosatz Kaufmann, Stuttgart
Reproduktionen: Günther Piltz, Stuttgart
Druck: Druckhaus Münster
Printed in Germany

ISBN 3-12-518662-5

Aussprache

'	vor einer Silbe bedeutet, dass die nachfolgende Silbe betont ist; z. B. [pə'kenu].	
‿	zwischen zwei Wörtern bedeutet, dass man den letzten Buchstaben des ersten Wortes zum nächsten Wort hinüberzieht: ['toduz ‿ uʃ].	
[a]	offenes a wie in alle	cá [ka] lado ['ladu] sala ['salɐ]
[ɐ]	geschlossenes a	casa ['kazɐ] cama ['kɐmɐ]
[ɐ̃]	nasaliertes [ɐ]	manhã [mɐ'ɲɐ̃]
[ɛ]	offenes e wie in hell	café [kɐ'fɛ] leve ['lɛvə]
[e]	geschlossenes e wie in geben	ele ['elə] ver [ver] medo ['medu] cena ['senɐ]
[ẽ]	nasaliertes [e]	quente ['kẽntə] lenço ['lẽsu]
[ə]	wie in bitte, meist kaum hörbar	dever [də'ver] tarde ['tardə]
[i]	wie in Minute	fila ['filɐ] livro ['livru]
[ĩ]	nasaliertes [i]	fim [fĩ] ginja ['ʒĩʒɐ]
[ɔ]	offenes o wie in offen	logo ['lɔgu] porta ['pɔrtɐ] avó [ɐ'vɔ]
[o]	geschlossenes o wie in Rose	avô [ɐ'vo] bolo ['bolu] almoço [al'mosu]
[õ]	nasaliertes [o]	com [kõ] pronto ['prõntu]
[u]	wie in Ufer	tudo ['tudu] lugar [lu'gar]
[ũ]	nasaliertes [u]	um [ũ] comum [ku'mũ]

[j]	wie in Marion	rádio ['ʁadju] passear [pɐ'sjar]
[w]	nicht wie dt. w, sondern mit vorgestülpten Lippen ein kurzes [u] bilden, dann schnell zum nachfolgenden Vokal übergehen	quarto ['kwartu] voar [vwar]
[f]	wie in fallen, Vater	fado ['fadu] falar [fɐ'lar]
[v]	wie in Wasser, Violine	ver [ver] lavar [lɐ'var]
[s]	wie in reißen, lassen	saber [sɐ'ber] passar [pɐ'sar] lenço ['lẽsu]
[z]	wie in lesen, reisen	casa ['kazɐ] fazer [fɐ'zer]
[ʃ]	wie in schön, Tisch	chave ['ʃavə] fechar [fə'ʃar] peixe ['peiʃə]
[ʒ]	wie in Garage, Loge	jornal [ʒur'nal] gente ['ʒẽtə]
[r]	leichtes, geschlagenes Zungen-r	caro ['karu] pagar [pɐ'gar]
[ʁ]	stark gerolltes Zungen- oder Zäpfchen-r	rua ['ʁuɐ] carro ['kaʁu]
[ʎ]	etwa wie in Familie, wie das ital. gl in figlio	filho ['fiʎu] olho ['oʎu] mulher [mu'ʎɛr]
[ɲ]	etwa wie in Kognak, wie das span. ñ in señor	minha ['miɲɐ] ganhar [ga'ɲar]
[ŋ]	wie in lang, bringen, in portugiesischen Vokabeln nur zwischen Nasal und [g] bzw. [k]	enganar [ẽŋgɐ'nar] banco ['bẽŋku]

In den portugiesischen **Diphtongen** behält jeder Vokal seinen eigenen Wert. Bei den **Oraldiphthongen** ist auf den Unterschied zwischen [e] und [ɛ] sowie zwischen [o] und [ɔ] zu achten:

peixe ['peiʃə]   –   papéis [pɐ'pɛiʃ]
museu [mu'zeu]   –   céu ['sɛu]
coisa ['koizɐ]   –   herói [i'rɔi]

Bei den **Nasaldiphthongen** wird der erste Bestandteil nasal ausgesprochen:

mão [mẽu]   –   mãe [mẽi]   –   peões [pjõiʃ]
falam ['falẽu]   –   bem [bẽi]

Die nicht erwähnten **Konsonanten** werden ähnlich den deutschen ausgesprochen.

Allgemeine Hinweise zur Aussprache

Im Portugiesischen werden die Wörter nicht einzeln ausgesprochen, sondern in Sprecheinheiten miteinander verbunden. So verbindet man z.B. einen auslautenden Konsonant mit einem folgenden anlautenden Vokal. Ein auslautendes **e**, aber auch manchmal **o** oder **a**, fällt vor einem anlautenden Vokal aus:
depois de amanhã [dəˈpoiʒ d_aměˈŋē]
pequeno almoço [pəˈken_alˈmosu].

Zwei unbetonte **a**, die aufeinander treffen, werden als ein offenes **a** ausgesprochen:
toda a noite [ˈtoda ˈnoitə].

Anders als in Portugal werden in Brasilien alle Vokale deutlich ausgesprochen.
In auslautender, unbetonter Stellung wird in Brasilien **e** zu **i**, und **a** – in der Lautschrift [ɐ] – ist nicht so geschlossen wie in Portugal.
Die Phonetik gibt, wenn nicht *Br* vermerkt ist, die in Portugal übliche Aussprache an.

Das Alphabet

A	a	[a]	J	j	[ˈʒɔtɐ]	S	s	[ˈɛsə]
B	b	[be]	K	k	[ˈkapɐ]	T	t	[te]
C	c	[se]	L	l	[ˈɛlə]	U	u	[u]
D	d	[de]	M	m	[ˈɛmə]	V	v	[ve]
E	e	[ɛ]	N	n	[ˈɛnə]	W	w	[veduˈbradu]
F	f	[ˈɛfə]	O	o	[ɔ]	X	x	[ʃiʃ]
G	g	[ge]	P	p	[pe]	Y	y	[iˈgregu]
H	h	[ɐˈga]	Q	q	[ke]	Z	z	[ze]
I	i	[i]	R	r	[ˈɛRə]			

Hinweise zu den Wortlisten und zum Wörterbuchteil

Innerhalb eines Wortes in Klammern gesetzte Buchstaben werden nur in Portugal, nicht aber in Brasilien geschrieben.
Nach einem Wort in Klammer gesetzte Buchstaben geben eine in Brasilien gebräuchliche Akzentsetzung wieder.
Substantive mit der Endung **o** sind männlich; Substantive mit der Endung **a** sind weiblich. Nur bei Abweichungen von dieser Regel und bei anderen Endungen wird das Geschlecht der Substantive durch den Artikel angegeben. Bei Substantiven im Plural steht immer der Artikel.

Allgemeine Abkürzungen

a/c	ao cuidado de	per Adresse, bei
ACP	Automóvel Clube de Portugal	portugiesischer Automobil-club
Ap.to	apartamento	Appartement
Av.	avenida	Allee
B., B.o	beco	Gasse
C., Calç.	calçada	Straße
CDS - PP	Partido Popular CDS - PP	Volkspartei - Demokratisch-Soziales Zentrum
cl.	classe	Klasse
CP	Caminhos de Ferro Portu-gueses, EP	Portugiesische Eisenbahn-gesellschaft
CV	cavalo-vapor	Pferdestärke
d.to	direito	rechts
Esc.	escudo(s)	Escudo
esq.	esquerdo	links
GNR	Guarda Nacional Republicana	Gendarmerie
L.	largo	Platz
Lx.a	Lisboa	Lissabon
n.o	número	Nummer
P.	praça	Platz
PC	Partido Comunista	Kommunistische Partei
p.ex.	por exemplo	zum Beispiel
p.f.	por favor	bitte
PGA	Portugália Airlines	portugiesische Fluggesell-schaft
PJ	Polícia Judiciária	Kriminalpolizei
PS	Partido Socialista	Sozialistische Partei
PSD	Partido Social Democrata	Sozialdemokratische Partei
PSP	Polícia de Segurança Pública	Ordnungspolizei
R$	real (reais)	Real
R.	rua	Straße
r/c	rés-do-chão	Erdgeschoss
RP	República Portuguesa	Republik Portugal
Sr.	Senhor	Herr(n)
Sr.a	Senhora	Frau, Fräulein
TAP, tap	Transportes Aéreos Portu-gueses, Air Portugal	staatliche portugiesische Fluggesellschaft

Abkürzungen im Reisewörterbuch

adj	Adjektiv, Eigenschaftswort	adje(c)tivo
adv	Adverb, Umstandswort	advérbio
alg	jemand(en)	alguém
Br	brasilianisch	brasileiro
conj	Konjunktion, Bindewort	conjunção
el	Elektrizität	ele(c)tricidade
etw	etwas	algo
f	Femininum, weiblich	feminino
jdm	jemandem	a alguém
jdn	jemanden	alguém
m	Maskulinum, männlich	masculino
med	Medizin	medicina
pers prn	Personalpronomen	pronome pessoal
pl	Plural, Mehrzahl	plural
poss prn	Possessivpronomen	pronome possessivo
prn	Pronomen, Fürwort	pronome
prp	Präposition, Verhältniswort	preposição
rel	kirchlich, geistlich	religioso
s.	sich	se
sing	Singular, Einzahl	singular
tele	Telefon, Telegraf	telefone, telégrafo
verb	Verb, Tätigkeitswort	verbo

Allgemeines

Bem-vindo a Portugal!
Mit Sicherheit können Sie damit rechnen, in Portugal willkommen geheißen zu werden. Alle sind gern bereit, einem Touristen zu helfen, ihm den Weg zu zeigen, gute Tipps zu geben. Und wenn Sie sich sogar bemühen, Portugiesisch zu sprechen, dann werden Sie auf große Begeisterung stoßen. Es lohnt sich also die Mühe, denn unter uns gesagt, Portugiesisch ist schon ein bisschen schwierig…

Das Wichtigste in Kürze

Ja.	**Sim.** [sĩ]
Nein.	**Não.** [nẽu]
Bitte.	**Faz favor.** [faʃ fɐ'vor]
Danke!	**Obrigado/Obrigada!** [obri'gadu/ obri'gadɐ]
Wie bitte?	**Como?** ['komu]
Selbstverständlich!	**Evidentemente.** [ividẽntɐ'mẽntə]
Einverstanden!	**De acordo!** [d‿ɐ'kordu]
Okay!	**o.k.** [o'kei]
In Ordnung!	**Está bem!** [ʃta bẽi]
Verzeihung!	**Perdão!** [pər'dẽu]
Einen Augenblick, bitte!	**Um momento, faz favor!** [ũ mu'mẽntu faʃ fɐ'vor]
Genug!	**Basta!** ['baʃtɐ]
Hilfe!	**Socorro!** [su'koʀu]
Wer?	**Quem?** [kẽi]
Was?	**O quê?** [u ke]
Welcher/Welche/Welches?	**Qual?** [kwal]
Wem?	**A quem?** [ɐ kẽi]
Wen?	**Quem?** [kẽi]
Wo?	**Onde?** ['õndə]
Wo ist / Wo sind …?	**Onde está / Onde estão …?** ['õndə ʃta/'õndə ʃtẽu]

Woher?	**Donde?** [ˈdõndə]
Wohin?	**Para onde?** [ˈpɐɾɐ ˈõndə]
	Aonde? [ɐˈõndə]
Warum?	**Porquê?** [purˈke]
Wozu?	**Para quê?** [ˈpɐɾɐ ke]
Wie?	**Como?** [ˈkomu]
Wie viel?	**Quanto?** [ˈkwẽntu]
Wie lange?	**Quanto tempo?** [ˈkwẽntu ˈtẽmpu]
Wann?	**Quando?** [ˈkwẽndu]
Ich möchte …	**Queria …** [kəˈɾiɐ]
Gibt es…?	**Há…?** [a]

Zahlen – Maße – Gewichte

0	**zero** [ˈzɛɾu]
1	**um** [ũ]
2	**dois** [doiʃ]
3	**três** [treʃ]
4	**quatro** [ˈkwatru]
5	**cinco** [ˈsĩŋku]
6	**seis** [seiʃ]
7	**sete** [ˈsɛtə]
8	**oito** [ˈoitu]
9	**nove** [ˈnɔvə]
10	**dez** [dɛʃ]
11	**onze** [ˈõzə]
12	**doze** [ˈdozə]
13	**treze** [ˈtrezə]
14	**catorze** [kɐˈtorzə]
15	**quinze** [ˈkĩzə]
16	**dezasseis** [dəzɐˈseiʃ]
17	**dezassete** [dəzɐˈsɛtə]
18	**dezoito** [dəˈzɔitu]
19	**dezanove** [dəzɐˈnɔvə]
20	**vinte** [ˈvĩtə]
21	**vinte e um** [ˈvĩt‿i ˈũ]
22	**vinte e dois** [ˈvĩt‿i ˈdoiʃ]
23	**vinte e três** [ˈvĩt‿i ˈtreʃ]
24	**vinte e quatro** [ˈvĩt‿i ˈkwatru]
25	**vinte e cinco** [ˈvĩt‿i ˈsĩŋku]

26	**vinte e seis** [ˈvĩnt‿i ˈseiʃ]
27	**vinte e sete** [ˈvĩnt‿i ˈsɛtə]
28	**vinte e oito** [ˈvĩnt‿i ˈoitu]
29	**vinte e nove** [ˈvĩnt‿i ˈnɔvə]
30	**trinta** [ˈtrĩntə]
31	**trinta e um** [ˈtrĩntə i ˈũ]
32	**trinta e dois** [ˈtrĩntə i ˈdoiʃ]
40	**quarenta** [kwɐˈrẽntə]
50	**cinquenta (qü)** [sĩŋˈkwẽntə]
60	**sessenta** [səˈsẽntə]
70	**setenta** [səˈtẽntə]
80	**oitenta** [oiˈtẽntə]
90	**noventa** [nuˈvẽntə]
100	**cem** [sẽi]
101	**cento e um** [ˈsẽntwi ũ]
200	**duzentos** [duˈzẽntuʃ]
300	**trezentos** [trəˈzẽntuʃ]
1000	**mil** [mil]
2000	**dois mil** [doiʒ mil]
3000	**três mil** [treʒ mil]
10000	**dez mil** [dɛʒ mil]
100000	**cem mil** [sẽi mil]
1000000	**um milhão** [ũ məˈʎɐ̃u]
1.	**primeiro** [priˈmeiru]
2.	**segundo** [səˈgũndu]
3.	**terceiro** [tərˈseiru]
4.	**quarto** [ˈkwartu]
5.	**quinto** [ˈkĩntu]
6.	**sexto** [ˈseiʃtu]
7.	**sétimo** [ˈsɛtimu]
8.	**oitavo** [oiˈtavu]
9.	**nono** [ˈnonu]
10.	**décimo** [ˈdɛsimu]
1/2	**um meio** [ũ ˈmeju]
1/3	**um terço** [ũ ˈtersu]
1/4	**um quarto** [ũ ˈkwartu]
3/4	**três quartos** [treʃ ˈkwartuʃ]
3,5 %	**três e meio por cento** [trez‿i ˈmeju pur ˈsẽntu]
27 °C	**vinte e sete graus** [ˈvĩnt‿i ˈsɛtə grauʃ]
–5 °C	**cinco graus negativos** [ˈsĩŋku grauʒ nəgɐˈtivuʃ]
1999	**mil novecentos e noventa e nove** [mil nɔvɐˈsentuz‿i nuˈvẽnt‿i ˈnɔvə]
2000	**dois mil** [doiʒ mil]
2001	**dois mil e um** [doiʒ mil‿i ũ]
Millimeter	**milímetro** [miˈlimətru]
Zentimeter	**centímetro** [sẽnˈtimətru]
Meter	**metro** [ˈmɛtru]

Kilometer	**quilómetro (ô)** [ki'lɔmətru]
Seemeile	**milha marítima** ['miʎɐ mɐ'ritimɐ]
Quadratmeter	**metro quadrado** ['mɛtru kwa'dradu]
Quadratkilometer	**quilómetro (ô) quadrado** [ki'lɔmətru kwɐ'dradu]
Liter	**litro** ['litru]
Gramm	**o grama** [u 'grɐmɐ]
Kilogramm	**o quilograma** [u kilu'grɐmɐ] **quilo** ['kilu]

Zeitangaben

Uhrzeit

Wie viel Uhr ist es?	**Que horas são?** ['kjɔrɐʃ sɐ̃u]
Es ist (genau/ungefähr)…	**São (exactamente / mais ou menos)…** [ʃɐ̃u (izatɐ'mẽntə/maiz_o 'menuʃ)]
3 Uhr.	**três horas.** [trez_'ɔrɐʃ]
5 nach 3.	**três e cinco.** [trez_i sĩŋku]
3 Uhr 10.	**três e dez.** [trez_i dɛʃ]
Viertel nach 3.	**três e um quarto.** [trez_i ũ 'kwartu]
halb 4.	**três e meia.** [trez_i 'mejɐ]
Viertel vor 4.	**quatro menos um quarto.** ['kwatru 'menuz_ũ 'kwartu]
5 vor 4.	**quatro menos cinco.** ['kwatru 'menuʃ 'sĩŋku]
Es ist 12 Uhr Mittag / Mitternacht.	**É meio-dia/meia-noite.** [ɛ 'meju 'diɐ/'mejɐ 'noitɐ]

Ihre Uhr spielt verrückt? Keine Angst, in Portugal ist es einfach eine Stunde früher als bei Ihnen zu Hause. Portugal richtet sich, wie Großbritannien, nach dem Greenwich-Meridian (GMT). Für die Sommerzeit wird die Uhr um eine Stunde vorgestellt, ein Einholen ist also nicht möglich…

Um wie viel Uhr? / Wann?	**A que horas? / Quando?** [ɐ 'kjɔrɐʃ / 'kwẽndu]
Um 1 Uhr.	**À uma hora.** [a 'umɐ 'ɔrɐ]

Um 2 Uhr.	**Às duas horas.** [aʒ 'duɐz_'ɔɾɐʃ]
Gegen 4 Uhr.	**Por volta das quatro horas.** [pur 'vɔltɐ dɐʃ 'kwatru 'ɔɾɐʃ]
In einer Stunde.	**Dentro de uma hora.** ['dẽntru d_'umɐ 'ɔɾɐ]
In zwei Stunden.	**Dentro de duas horas.** ['dẽntru dɐ 'duɐz_'ɔɾɐʃ]
Nicht vor 9 Uhr morgens.	**Não antes das nove da manhã.** [nɐ̃u 'ẽntɐʒ dɐʒ 'nɔvɐ dɐ mɐ'ɲɐ̃]
Nach 8 Uhr abends.	**Depois das oito da noite / da tarde.** [dɐ'poiʒ dɐz_'oitu dɐ 'noitɐ/dɐ 'tardɐ]
Zwischen 3 und 4.	**Entre as três e as quatro.** ['ẽntr_ɐʃ trez_i ɐʃ 'kwatru]
Wie lange?	**Quanto tempo?** ['kwẽntu 'tẽmpu]
Zwei Stunden (lang).	**(Durante) duas horas.** [(du'rẽntɐ) 'duɐz_'ɔɾɐʃ]
Von 10 bis 11.	**Das dez às onze.** [dɐʒ dɛz_az_'õzɐ]
Bis 5 Uhr.	**Até às cinco horas.** [ɐ'tɛ aʃ 'sĩŋku 'ɔɾɐʃ]
Seit wann?	**Desde quando?** ['deʒdɐ 'kwẽndu]
Seit 8 Uhr morgens.	**Desde as oito da manhã.** ['deʒd_ɐz_'oitu dɐ mɐ'ɲɐ̃]
Seit einer halben Stunde.	**Há meia hora.** [a 'mɐjɐ 'ɔɾɐ]
Seit acht Tagen.	**Há oito dias.** [a 'oitu 'diɐʃ]
abends	à tarde [a 'tardɐ], à noite [a 'noitɐ]
am Sonntag	no domingo [nu du'mĩŋgu]
am Wochenende	no fim-de-semana [nu fĩ dɐ sɐ'mɐnɐ]
bald	em breve [ɐ̃i 'brɛvɐ]
diese Woche	esta semana ['ɛʃtɐ sɐ'mɐnɐ]
gegen Mittag	cerca do meio-dia ['serkɐ du 'meju 'diɐ]
gestern	ontem ['õntɐ̃i]
heute	hoje ['oʒɐ]
heute Morgen/Abend	hoje de manhã / à noite ['oʒɐ dɐ mɐ'ɲɐ̃/a 'noitɐ]
in 14 Tagen	dentro de 15 dias ['dẽntru dɐ 'kĩzɐ 'diɐʃ]
innerhalb einer Woche	dentro de uma semana ['dẽntru d_'umɐ sɐ'mɐnɐ]
jeden Tag	todos os dias ['toduz_uʒ 'diɐʃ]

jetzt	**agora** [ɐ'gɔrɐ]
kürzlich	**recentemente** [Rəsẽntə'mẽntɐ]
letzten Montag	**na segunda-feira passada** [nɐ sə'gũndɐ 'feirɐ pɐ'sadɐ]
manchmal	**às vezes** [aʒ 'vezəʃ]
mittags	**ao meio-dia** [ɐu 'meju 'diɐ]
morgen	**amanhã** [amɐ'ɲɐ̃]
morgen früh/Abend	**amanhã de manhã / à noite** [amɐ'ɲɐ̃ də mɐ'ɲɐ̃/a 'noitɐ]
morgens	**de manhã** [də mɐ'ɲɐ̃]
nachmittags	**de tarde** [də 'tardɐ]
nächstes Jahr	**no próximo ano** [nu 'prɔsimu 'ɐnu]
nachts	**de noite** [də 'noitɐ]
stündlich	*(jede Stunde)* **de hora a hora** [d_'ɔra 'ɔrɐ]; *(pro Stunde)* **por hora** [pur_'ɔrɐ]
täglich	*(jeden Tag)* **todos os dias** ['toduz_uʒ 'diɐʃ]; *(pro Tag)* **por dia** [pur 'diɐ]
tagsüber	**durante o dia** [du'rɐ̃nt_u 'diɐ]
übermorgen	**depois de amanhã** [də'poiʒ d_amɐ'ɲɐ̃]
um diese Zeit	**a esta hora** [ɐ 'ɛʃtɐ 'ɔrɐ]
von Zeit zu Zeit	**de vez em quando** [də vez_ɐ̃i 'kwɐ̃ndu]
vor zehn Minuten	**há dez minutos** [a dɛʒ mi'nutuʃ]
vorgestern	**anteontem** [ɐ̃n'tjõntɐ̃i]
vormittags	**de manhã** [də mɐ'ɲɐ̃]

Wochentage

Manche Völker nennen ihre Wochentage nach den Göttern. Die Portugiesen nennen sie ganz schlicht nach den Markttagen. So ist Montag der zweite Markttag, Dienstag der dritte usw. Und wo bleibt der erste? Nun, Sonntag wäre an sich der erste, der wurde aber durch den lateinischen Begriff *dominicus (dies)*, Tag des Herrn, ersetzt.

Montag	**segunda-feira** [sə'gũndɐ 'feirɐ]
Dienstag	**terça-feira** ['tersɐ 'feirɐ]
Mittwoch	**quarta-feira** ['kwartɐ 'feirɐ]
Donnerstag	**quinta-feira** ['kĩntɐ 'feirɐ]
Freitag	**sexta-feira** ['seiʃtɐ 'feirɐ]
Samstag	**sábado** ['sabɐdu]
Sonntag	**domingo** [du'mĩŋgu]

Monate

Januar	**Janeiro** [ʒɐˈneiru]
Februar	**Fevereiro** [fəvəˈreiru]
März	**Março** [ˈmarsu]
April	**Abril** [ɐˈbril]
Mai	**Maio** [ˈmaju]
Juni	**Junho** [ˈʒuɲu]
Juli	**Julho** [ˈʒuʎu]
August	**Agosto** [ɐˈgoʃtu]
September	**Setembro** [səˈtẽmbru]
Oktober	**Outubro** [oˈtubru]
November	**Novembro** [nuˈvẽmbru]
Dezember	**Dezembro** [dəˈzẽmbru]

Jahreszeiten

Frühling	**Primavera** [primɐˈvɛrɐ]
Sommer	**o Verão** [u vəˈrẽu]
Herbst	**Outono** [oˈtonu]
Winter	**Inverno** [ĩˈvɛrnu]

Feiertage

Neujahr	**Ano Novo** [ˈɐnu ˈnovu]
Karneval	**o Carnaval** [u kɐrnɐˈval]
Fastnachtsdienstag	**Terça-Feira de Carnaval** [ˈtersɐ ˈfeirɐ də kɐrnɐˈval]
Aschermittwoch	**Quarta-Feira de Cinzas** [ˈkwartɐ ˈfeirɐ də ˈsĩzeʃ]
Gründonnerstag	**Quinta-Feira Santa** [ˈkĩtɐ ˈfeirɐ ˈsẽtɐ]
Karfreitag	**Sexta-Feira Santa** [ˈseiʃtɐ ˈfeirɐ ˈsẽtɐ]
Ostern	**Páscoa** [ˈpaʃkwɐ]
Ostermontag	**Segunda-Feira de Páscoa** [səˈgũdɐ ˈfeirɐ də ˈpaʃkwɐ]
Tag der Freiheit (21. April)	*(Br)* **Dia do Tiradentes** [ˈdia du tirɐˈdẽtiʃ]
Tag der Freiheit (25. April)	*(P)* **25 de Abril** [ˈvĩti ˈsĩku d_ɐˈbril]
Tag der Arbeit (1. Mai)	**Primeiro de Maio** [priˈmeiru də ˈmaju]
Fronleichnam	**Corpo de Deus** [ˈkorpu də deuʃ]
Nationalfeiertag (10. Juni)	*(P)* **Festa Nacional** [ˈfɛʃtɐ nɐsjuˈnal]
Mariä Himmelfahrt (15. Aug.)	**Ascensão de Nossa Senhora** [ɐʃsẽˈsãu də ˈnɔsɐ səˈɲorɐ]
Nationalfeiertag (7. Sept.)	*(Br)* **Feriado Nacional** [fɛˈrjadu nasjuˈnal]
Proklamation der Republik (5. Okt.)	*(P)* **Proclamação da República** [pruklɐmɐˈsẽu də ʀɛˈpublikɐ]
Kath. Feiertag (12. Okt.)	*(Br)* **Senhora da Aparecida** [seˈɲorɐ d_aparɛˈsidɐ]

Allerheiligen (1. Nov.)	**Todos os Santos** ['toduz‿uʃ 'sẽntuʃ]
Proklamation der Republik (15. Nov.)	*(Br)* **Proclamação da República** [proklama'sẽu da rɛ'publikɐ]
Restauration der Unabhängigkeit (1. Dez.)	*(P)* **Restauração da Independência** [rɐʃtaurɐ'sẽu dɐ ĩndɐpẽn'dẽsjɐ]
Mariä Empfängnis (8. Dez.)	**Imaculada Conceição** [imɐku'ladɐ kõsei'sẽu]
Heiliger Abend	**Consoada** [kõŋ'swada]
Weihnachten	**o Natal** [u nɐ'tal]
Silvesterabend	**a passagem do ano** [ɐ pɐ'saʒẽi du 'ɐnu]

Datum

Eine kleine Erleichterung: Im Gegensatz zum Deutschen wird das Datum nicht mit Ordnungszahlen angegeben, sondern mit Grundzahlen, also drei, vier… Nur für den ersten Tag des Monats darf auch die Ordnungszahl verwendet werden.

Den Wievielten haben wir heute?	**Quantos são hoje?** ['kwẽntuʃ sẽu 'oʒɐ]
Heute ist der 20. August.	**Hoje é vinte de Agosto.** ['oʒ‿ɛ 'vĩntɐ d‿ɐ'goʃtu]
Heute ist der 1. Mai.	**Hoje é o primeiro de Maio.** ['oʒ‿ɛ u pri'meiru dɐ 'maju]

Wetter

Portugal hat ein mildes und angenehmes Klima mit viel Sonnenschein. Wenn Sie Portugal in den Wintermonaten besuchen, vergessen Sie dennoch nicht, warme Kleidung einzupacken. Im bergigen Landesinnern von Nord- und Mittelportugal sinkt das Thermometer schon bis unter 0°C. Und gerade in dieser Gegend kann es im Sommer höllisch heiß sein!
An der Küste ist es fast nie zu heiß, dafür sorgen die Meereswinde. Hier sind die Winter sehr mild, wenn auch manchmal regnerisch. Die feuchte Kälte an der Küste – vorwiegend im Norden – kann einen trotzdem zum Zittern bringen. Anders als in Mitteleuropa läuft die Heizung in den Transportmitteln, Restaurants und Privatwohnungen nie auf Hochtouren (und manchmal ist sie gar nicht vorhanden!).

Was für ein herrliches/ schreckliches Wetter!	**Que tempo esplêndido/terrível!** [kɐ 'tẽmpu 'ʃplẽndidu/tɐ'ʀivɛl]

Felsküste an der Algarve

Es ist kalt/heiß/schwül.
Está frio/calor/abafado.
[ʃta ˈfriu/kɐˈlor/ɐbɐˈfadu]

Es ist neblig/windig.
Está nevoeiro/vento.
[ʃta nɐˈvweiru/ ˈvẽntu]

Es bleibt schön/schlecht.
O tempo continua bom/mau.
[u ˈtẽmpu kõntiˈnuɐ bõ/mau]

Es wird wärmer/kälter.
Vamos ter mais calor / mais frio.
[ˈvɐmuʃ ter maiʃ kɐˈlor/maiʃ ˈfriu]

Es wird regnen/schneien.
Vai chover/nevar. [vai ʃuˈver/nɐˈvar]

Wie viel Grad haben wir heute?
Quantos graus temos hoje?
[ˈkwɐntuʒ grauʃ ˈtemuʒ_ˈoʒə]

Es ist 20 Grad.
Estão 20 graus. [ʃtẽu ˈvĩntə grauʃ]

Wie ist der Straßenzustand in …?
Como estão as estradas em …
[ˈkomu ʃtẽu ɐz_əʃˈtradɐz_ẽi]

Die Straßen sind gut/schlecht.
As estradas estão boas/más.
[ɐz_əʃˈtradɐʃ ʃtẽu ˈboɐʃ/maʃ]

Die Sicht beträgt nur 20 m/weniger als 50 m.
A visibilidade é só de 20 m/ menos de 50 m. [ɐ vɐzibəliˈdadə ɛ sɔ də ˈvĩntə ˈmɛtruʃ/ˈmenuʒ də sĩŋˈkwẽntə ˈmɛtruʃ]

bewölkt	**nublado** [nuˈbladu]
Blitz	**relâmpago** [ʀəˈlẽmpɐgu]
Bö	**rajada** [ʀɐˈʒadɐ]
Donner	**o trovão** [u truˈvɐ̃u]
Ebbe	**a maré baixa** [ɐ mɐˈrɛ ˈbaiʃɐ]
Eis	**gelo** [ˈʒelu]
Flaute	**calma** [ˈkalmɐ]
Flut	**a maré cheia** [ɐ mɐˈrɛ ˈʃejɐ]
Frost	**geada** [ˈʒjadɐ]
Glatteis	**regelo** [ʀəˈʒelu]
heiß	**quente** [ˈkẽtɐ]
Hitze	**o calor** [u kɐˈlor]
Hitzewelle	**vaga de calor** [ˈvagɐ də kɐˈlor]
kalt	**frio** [ˈfriu]
Luft	**o ar** [u ar]
nass	**molhado** [muˈʎadu]
Nebel	**nevoeiro** [nəˈvweiru]
Regen	**chuva** [ˈʃuvɐ]
Regenschauer	**aguaceiro** [agwɐˈseiru]
regnerisch	**chuvoso** [ʃuˈvozu]
Schnee	**a neve** [ɐ ˈnɛvɐ]
schwül	**abafado** [ɐbɐˈfadu]
Sonne	**o sol** [u sɔl]
sonnig	**soalheiro** [swɐˈʎeiru]
Temperatur	**temperatura** [tẽmpɐrɐˈturɐ]
warm	**quente** [ˈkẽtɐ]
wechselhaft	**instável** [ĩʃˈtavɛl]
Wetterbericht	**o boletim meteorológico** [u bulɐˈtĩ mɐtjuruˈlɔʒiku]
Wettervorhersage	**a previsão do tempo** [ɐ prɐviˈzɐ̃u du ˈtẽmpu]
Wind	**vento** [ˈvẽtu]
Windstärke	**a intensidade do vento** [ɐ ĩtẽsiˈdadɐ du ˈvẽtu]
Wolke	**a nuvem** [ɐ ˈnuvẽi]

Farben

beige	**bege** [ˈbɛʒɐ]
blau	**azul** [ɐˈzul]
braun	**castanho** [kɐʃˈtɐɲu]
	(Br) **marrom** [maˈʀõ]
gelb	**amarelo** [ɐmɐˈrɛlu]
golden	**dourado** [doˈradu]
grau	**cinzento** [sĩˈzẽtu]
grün	**verde** [ˈverdɐ]
lila	**lilás** [liˈlaʃ]

orange	**cor-de-laranja** [kor də lɐ'rẽʒɐ]
rosa	**cor-de-rosa** [kor də 'ʀɔzɐ]
rot	**vermelho** [vər'meʎu], **encarnado** [ẽŋkɐr'nadu]
schwarz	**preto** ['pretu], **negro** ['negru]
silbern	**prateado** [prɐ'tjadu]
türkisfarben	**turquesa** [tur'kezɐ]
violett	**roxo** ['ʀoʃu], **violeta** [vju'letɐ]
weiß	**branco** ['brẽŋku]
hell ...	... **claro** ['klaru]
dunkel ...	... **escuro** ['ʃkuru]
farbig	**de cor** [də kor]
einfarbig	**só de uma cor** [sɔ d‿'umɐ kor]

Zwischenmenschliches

Sie küssen sich alle in Portugal?
Vorneweg: Männer küssen sich nicht, wenn es sich nicht um Großvater, Vater, (Enkel-)Sohn, Onkel und Neffe handelt. Auch junge Männer begrüßen sich mit Handschlag. Ausgiebige Umarmungen *(abraços)* sind allerdings unter befreundeten Männern weit verbreitet. Aber nicht gerade, wenn man sich erst am Tag zuvor gesehen hat… Kennt man sich kaum, gibt man sich die Hand. In der Familie, unter Freunden und Bekannten küsst man sich aber schon gern. Meistens einen Kuss auf jeder Seite *(dois beijinhos)*. Also: Fangen Sie schon mal an zu üben.

Begrüßung und Verabschiedung

Begrüßung

Guten Morgen!	**Bom dia!** [bõ ˈdiɐ]
Guten Tag!	**Bom dia! / Boa tarde!** [bõ ˈdiɐ/ˈboɐ ˈtardɐ]
Guten Abend!	**Boa tarde! / Boa noite!** [ˈboɐ ˈtardɐ/ˈboɐ ˈnoitɐ]
Hallo! / Grüß dich!	**Olá!** [ɔˈla]
Wie ist Ihr Name, bitte?	**Como se chama?** [ˈkomu sə ˈʃɐmɐ] **Como é o seu nome?** [ˈkomu ɛ u seu ˈnomə]
Wie heißt du?	**Como te chamas?** [ˈkomu tə ˈʃɐmɐʃ]
Ich heiße …	**Chamo-me …** [ˈʃɐmumə]
Wie geht es Ihnen?	**Como está?** [ˈkomu ʃta]
Wie geht's?	**Como é que vais/estás?** [ˈkomu ɛ kə vaiʃ/ʃtaʃ]
Danke. Und Ihnen/dir?	**Bem, obrigado/obrigada. E o senhor/a senhora/você/tu?** [bẽi obriˈgadu/obriˈgadɐ. i u səˈɲorɐ səˈɲorɐ/vɔˈse/tu]

Vorstellung

Wenn man nicht näher bekannt ist, lautet nach wie vor die höfliche Anrede für Frauen *Senhora Dona* oder nur *Dona* und der Vorname, für Männer *Senhor* und der Familienname, also: *Bom dia, (Senhora) Dona Maria!*, *Bom dia, Senhor Silva!*

Darf ich bekannt machen? Das ist …	**Permita-me que lhe apresente …** [pər'mitɐmə kə ʎ‿əprəzẽntɐ]
Frau X.	**a senhora D. X.** [ɐ sə'ɲorɐ 'donɐ]
Fräulein X.	**a menina X.** [ɐ mə'ninɐ]
Herr X.	**o senhor X.** [u sə'ɲor]
mein Mann.	**o meu marido.** [u meu mɐ'ridu]
meine Frau.	**a minha mulher.** [ɐ 'miɲɐ mu'ʎɛr]
mein Sohn.	**o meu filho.** [u meu 'fiʎu]
meine Tochter.	**a minha filha.** [ɐ 'miɲɐ 'fiʎɐ]
mein Freund / meine Freundin.	**o meu amigo / a minha amiga.** [u meu ɐ'migu/ɐ 'miɲ‿a'migɐ]

Abschied

Auf Wiedersehen!	**Bom dia! / Boa tarde! / Boa noite!** [bõ 'diɐ/'boɐ 'tardə/'boɐ 'noitə] **Adeus! /** *(Br)* **Até logo!** [ɐ'deuʃ/a'tɛ 'lɔgu]
Bis bald!	**Até breve!** [ɐ'tɛ 'brɛvɐ]
Bis später!	**Até logo!** [ɐ'tɛ 'lɔgu]
Bis morgen!	**Até amanhã!** [ɐtɛ amɐ'ɲẽ]
Gute Nacht!	**Boa noite!** ['boɐ 'noitə]
Tschüs!	**Adeus! /** *(Br)* **Tchau!** [ɐ'deuʃ/tʃau]
Gute Reise!	**Boa viagem!** ['boɐ 'vjaʒẽi]

Höflichkeit

Bitte und Dank

Bitte.	**Faz favor.** [faʃ fɐ'vor]
Ja, bitte.	**Sim, faz favor.** [sĩ faʃ fɐ'vor]
Nein, danke!	**Não, obrigado/obrigada!** [nẽu obri'gadu/obri'gadɐ]
Gestatten Sie?	**Dá licença?** [da li'sẽsɐ]

In Portugal sind die kleinen alltäglichen Höflichkeiten wichtig. Man legt Wert auf *faz favor, obrigado, desculpe*. Übrigens: Bedankt sich der Mann, sagt er *obrigado*, tut es die Frau, so sagt sie *obrigada* auf sich bezogen eben. Aber machen Sie sich deswegen nicht verrückt: Im Zweifelsfall verschlucken Sie einfach die Endung. Die Portugiesen tun es angeblich die ganze Zeit…

Können Sie mir bitte helfen?	**Pode-me ajudar, por favor?** ['pɔdəm_ɐʒu'dar pur fɐ'vor]
Danke!	**Obrigado/Obrigada!** [obri'gadu/obri'gadɐ]
Danke, sehr gern!	**Obrigado/Obrigada, com muito prazer.** [obri'gadu/obri'gadɐ kõ 'mũintu prɐ'zer]
Das ist nett, danke.	**Obrigado/Obrigada, é muito amável da sua/tua parte!** [obri'gadu/obri'gadɐ, ɛ 'mũint_ɐ'mavɛl dɐ 'suɐ/'tuɐ 'partɐ]
Bitte sehr. / Gern geschehen.	**De nada. / Não tem de quê.** [də 'nadɐ/nɐ̃u tɐ̃i də 'ke]

Entschuldigung

Entschuldigung!	**Desculpe!/Desculpa!** [dəʃ'kulpə/dəʃ'kulpɐ]
Es war nicht so gemeint.	**Não era isso que eu queria dizer.** [nɐ̃u 'ɛrɐ 'isu kjeu kə'riɐ di'zer]
Das ist leider nicht möglich.	**Infelizmente não é possível.** [ĩfəliʒ'mẽntə nɐ̃u ɛ pu'sivɛl]

Glückwunsch

Herzlichen Glückwunsch!	**Muitos parabéns!** ['mũintuʃ pɐrɐ'bɐ̃iʃ]
Alles Gute zum Geburtstag!	**Muitos parabéns pelo seu/teu aniversário!** ['mũintuʃ pɐrɐ'bɐ̃iʃ 'pelu seu/teu ɐnivɐr'sarju]
Viel Erfolg!	**Boa sorte!** ['boɐ 'sɔrtɐ]
Viel Glück!	**Felicidades!** [fələsi'dadəʃ]
Gute Besserung!	**Boas melhoras!** ['boɐʒ mə'ʎɔrɐʃ]
Schönen Feiertag!	**Bom feriado!** [bõ fə'rjadu]

Meinung und Gefühle

Zustimmung

Gut.	**Bem.** [bẽi]
Richtig.	**Certo.** ['sɛrtu]
Genau.	**Exa(c)tamente.** [izatɐ'mẽntə]
Das stimmt.	**É verdade.** [ɛ vər'dadə]
Das finde ich (sehr) gut.	**Acho isso (muito) bom.** [aʃu 'isu ('mũintu) 'bõ]
Mit Vergnügen!	**Com muito prazer!** [kõ 'mũintu prɐ'zer]

Ablehnung

Ich will nicht.	**Não quero.** [nẽu 'kɛru]
Dazu habe ich keine Lust.	**Não me apetece.** [nẽu m‿ɐpə'tɛsə]
Ich bin nicht einverstanden.	**Não estou de acordo.** [nẽu ʃto d‿ɐ'kordu]
Das kommt nicht in Frage!	**Isso está fora de questão!** ['isu ʃta 'fɔrɐ də kəʃ'tẽu]
Auf gar keinen Fall!	**De maneira nenhuma!** [də mɐ'neirɐ nə'ɲumɐ]

Vorlieben

Das gefällt mir (nicht).	**Isto agrada-me (não me agrada).** ['iʃtu ɐ'gradəmə (nẽu m‿ɐ'gradɐ)]
Ich möchte lieber …	**Prefiro …** [prɐ'firu]
Am liebsten wäre mir …	**O que mais me agradava era …** [u kə maiʒ m‿ɐgrɐ'davɐ 'ɛrɐ]

Gleichgültigkeit – Unentschiedenheit

Das ist mir egal.	**Tanto me faz.** ['tẽntu mə 'faʒ]
Ich weiß noch nicht.	**Ainda não sei.** [ɐ'ĩndɐ nẽu 'sei]

27

Körpersprache

Mir steht's bis dahin!

Wie war das?

Lass uns wegkommen!

Keine Ahnung …

Das schmeckt super!

„Angst"

Auf Taschendiebe achten!

Ausgezeichnet!

Ach du meine Güte!

Viel Glück!

Das kaufe ich dir nicht ab.

Scher dich zum Teufel!

Vielleicht.	**Talvez.** [tal'veʃ]
Wahrscheinlich.	**Provavelmente.** [pruvavɛl'mẽntə]

Freude

Großartig!	**Grandioso!** [grẽn'djozu]
Prima!	**Esplêndido!** ['ʃplẽndidu]
Toll!	**Fantástico!** [fẽn'taʃtiku]
Super!	**Ó(p)timo!** ['ɔtimu]

Erstaunen – Überraschung

Ach so!	**Ah!** [a]
Wirklich?	**A sério?** [ɐ 'sɛrju]
Unglaublich!	**Incrível!** [ĩŋ'krivɛl]

Ärger

Das ist ärgerlich.	**Isso é aborrecido.** ['isu ɛ ɐbuʀə'sidu]
So ein Mist.	**Que chatice.** [kə ʃɐ'tisə]
Jetzt reicht's!	**Já chega!** [ʒa 'ʃegɐ]

Bedauern – Enttäuschung

Oh je!	**Ai, ai!** [ai ai]
Es tut mir Leid.	**Lamento muito.** [lɐ'mẽntu 'mũintu]
Schade!	**Que pena!** [kə 'penɐ]

Komplimente

Wie herrlich!	**Que formidável!** [kə furmi'davɛl]
Das ist wirklich interessant.	**Isso é mesmo interessante!** ['isu ɛ 'meʃmu ĩntərə'sẽntə]

Wie nett von Ihnen!	**Que amável da sua parte!** [k‿ɐ 'mavɛl dɐ 'suɐ 'partɐ]
Es ist wirklich traumhaft hier!	**Isto aqui é mesmo fantástico!** [iʃt‿ɐ'ki ɛ 'meʃmu fɐ̃n'taʃtiku]
Was für ein niedliches Kind.	**Que criança amorosa.** [kɐ krj'ẽsɐ ɐmu'rɔzɐ]
Sie sprechen aber sehr gut Portugiesisch/Deutsch.	**Fala muito bem português/alemão.** ['falɐ 'mũintu 'bẽi purtu'geʃ/ɐlɐ'mẽu]
Wir haben selten so gut gegessen wie bei Ihnen.	**Raramente comemos tão bem como em sua casa.** [ʀaʀɐ'mẽntɐ ku'memuʃ tẽu 'bẽi kom‿'ẽi 'suɐ 'kazɐ]
Wir haben uns bei Ihnen sehr wohl gefühlt.	**Sentimo-nos muito bem em sua casa.** [sẽn'timunuʃ 'mũintu 'bẽi ẽi 'suɐ 'kazɐ]
angenehm	**agradável** [ɐgrɐ'davɛl]
beeindruckend	**impressionante** [ĩmprɐsju'nẽntɐ]
freundlich	**amável** [ɐ'mavɛl]
gemütlich	**confortável** [kõfur'tavɛl]
hübsch	**bonito** [bu'nitu], **giro** ['ʒiru]
lecker	**delicioso** [dɐli'sjozu]
liebenswürdig	**gentil** [ʒẽn'til]
schön	**lindo** ['lĩndu]

Smalltalk

Angaben zur Person

Wie alt sind Sie/bist du?	**Quantos anos tem/tens?** ['kwẽntuz‿'ɐnuʃ tẽi/tẽiʃ]
Ich bin 39.	**Tenho 39 anos.** ['teɲu 'trĩntɐ i 'nov‿'ɐnuʃ]
Was machen Sie/machst du beruflich?	**Qual é a sua/tua profissão?** [kwal‿ɛ ɐ 'suɐ/'tuɐ prufi'sẽu]
Ich bin …	**Sou …** [so]
Ich arbeite bei …	**Trabalho em …** [trɐ'baʎu ẽi]
Ich bin Rentner/in.	**Sou reformado/reformada.** [so ʀɐfur'madu/ʀɐfur'madɐ]
Ich gehe noch zur Schule.	**Ainda ando na escola.** [ɐ'ĩndɐ 'ẽndu nɐ 'ʃkɔlɐ]
Ich bin Student/in.	**Sou estudante universitário/universitária.** [so ʃtu'dẽnt‿univɐrsi'tarju/‿univɐrsi'tarjɐ]

31

Herkunft und Aufenthalt

Woher kommen Sie/ kommst du?	**Donde é que é/ que tu és?** ['dõnd_ɛ kjɛ/kə tu ɛʃ]
Ich bin aus Hamburg.	**Sou de Hamburgo.** [so d_ẽm'burgu]
Sind Sie/ Bist du schon lange hier?	**Já cá está/estás há muito tempo?** [ʒa ka ʃta/ʃtaz_a 'mũintu 'tẽmpu]
Ich bin seit einer Woche hier.	**Estou cá há uma semana** [ʃto ka a 'umɐ sə'menɐ]
Wie lange bleiben Sie/ bleibst du?	**Quanto tempo vai/vais cá ficar?** ['kwẽntu 'tẽmpu vai/vaiʃ ka fi'kar]
Sind Sie / Bist du zum ersten Mal hier?	**É a primeira vez que cá vem/vens?** [ɛ ɐ pri'meirɐ veʃ kə ka vẽi/vẽiʃ]
Wie finden Sie es?	**Que lhe parece?** [kə ʎə pɐ'rɛsə]

Familie

Die Portugiesen haben einen sehr ausgeprägten Familiensinn. Wundern Sie sich also nicht, wenn man Sie gleich nach Ihrer Familie fragt. Die Frage hat bestimmt nichts mit Indiskretion zu tun, sondern ist in Portugal ganz natürlich.

Sind Sie verheiratet?	**É casado/casada?** [ɛ kɐ'zadu/kɐ'zadɐ]
Haben Sie Kinder?	**Tem filhos?** [tẽi 'fiʎuʃ]
Ja, aber sie sind schon groß.	**Tenho, mas já são grandes.** ['teɲu mɐ_'ʒa sẽu 'grẽndəʃ]
Sie gehen noch in den Kindergarten.	**Ainda andam no jardim infantil.** [ɐ'ĩndɐ 'ẽndɐu nu ʒɐr'dĩ ĩfẽn'til]
Sie gehen noch zur Schule.	**Ainda andam na escola.** [ɐ'ĩndɐ 'ẽndɐu nɐ 'ʃkɔlɐ]
Sie studieren noch.	**Ainda andam na universidade.** [ɐ'ĩndɐ 'ẽndɐu nɐ univɐrsi'dadɐ]
Wie alt ist Ihr Sohn/ Ihre Tochter?	**Que idade tem o seu filho/ a sua filha?** [k_i'dadɐ tẽi u seu 'fiʎu/ɐ suɐ 'fiʎɐ]
Er/Sie ist 12.	**Tem doze anos.** [tẽi doz_'ɐnuʃ]

Hobbys ➤ auch Aktiv- und Kreativurlaub, S. 108

Was für Hobbys haben Sie / hast du?	**Quais são os seus/teus hobbies?** [kwaiʃ sẽu uʃ seuz_/teuz_'ɔbiʃ]
Ich verbringe viel Zeit mit meinen Kindern.	**Passo muito tempo com os meus filhos.** ['pasu 'mũintu 'tẽmpu kõ uʒ meuʃ 'fiʎuʃ]
Ich singe in einem Chor.	**Canto num coro.** ['kẽntu nũ 'koru]
Ich bastele gern.	**Gosto muito de fazer trabalhos manuais.** ['gɔʃtu 'mũintu də fɐ'zer trɐ'baʎuʒ mɐnw'aiʃ]
Ich male ein wenig.	**Pinto um pouco.** ['pĩnt_ũ 'poku]
Ich sammle Antiquitäten/ Briefmarken/Postkarten.	**Cole(c)ciono antiquidades/selos/ postais.** [kulɛsj'onu ẽntigwi'dadəʃ/ 'seluʃ /puʃ'taiʃ]
Ich interessiere mich für …	**Interesso-me por …** [ĩntɐ'rɛsumə pur]
Ich bin bei … aktiv.	**Faço parte de um/uma …** ['fasu 'partə d_ũ/_'umɐ]

faulenzen	**preguiçar** [prəgi'sar]
im Garten arbeiten	**jardinar** [ʒɐrdi'nar]
kochen	**cozinhar** [kuzi'ɲar]
lesen	**ler** [ler]
malen	**pintar** [pĩntar]
Musik hören	**ouvir música** [o'vir 'muzikɐ]
musizieren	**fazer música** [fɐ'zer 'muzikɐ]
zeichnen	**desenhar** [dəzə'ɲar]

Fitness ➤ auch Aktivurlaub, S. 108

Wie halten Sie sich fit?	**Como é que mantém a sua condição física?** ['komu ɛ kə mẽn'tẽi ɐ 'suɐ kõndi'sẽu 'fizikɐ]
Ich jogge/schwimme/fahre Rad.	**Faço jogging/natação/ciclismo.** ['fasu 'dʒɔgiɲ/nɐtɐ'sẽu/si'kliʒmu]
Ich spiele einmal in der Woche Squash/Tennis/Golf.	**Jogo uma vez por semana squash/ténis/golfe.** ['ʒɔgu umɐ veʃ pur sə'mɐnɐ skwɔʃ/'tɛniʃ/'gɔlfə]
Ich gehe regelmäßig ins Fitnesscenter.	**Vou com regularidade ao centro de manutenção física.** [vo kõ rəgulɐri'dadə au 'sẽntru də mɐnutẽ'sẽu 'fizikɐ]

Ich bin Mitglied in einem Bodybuilding-Club.	**Sou sócio/sócia de um clube de musculação.** [so ˈsɔsju/ˈsɔsjɐ d‿ũ ˈklubə də muskulɐˈsẽu]
Welchen Sport treiben Sie?	**Que desporto (*Br* esporte) pratica?** [kə dəʃˈportu (esˈpɔrti) prɐˈtikɐ]
Ich spiele …	**Eu jogo …** [eu ˈʒɔgu]
Ich bin ein Fan von …	**Sou entusiasta de …** [so ẽtuˈzjaʃtɐ də]
Ich gehe gern …	**Gosto de ir …** [ˈgɔʃtu d‿ir]
Kann ich mitspielen?	**Também posso jogar?** [tẽmˈbẽi ˈpɔsu ʒuˈgar]

Verabredung

Haben Sie / Hast du für morgen schon etwas vor?	**Já tem/tens alguns planos para amanhã?** [ʒa tẽi/tẽiz‿alˈgũʃ ˈplɐnuʃ pɐr‿amɐˈɲẽ]
Wollen wir zusammen hingehen?	**Vamos juntos?** [ˈvɐmuʒ‿ˈʒũntuʃ]
Wollen wir heute Abend gemeinsam etwas unternehmen?	**Vamos sair os dois hoje à noite?** [ˈvɐmuʒ sɐˈir‿uʒ doiʃ oʒ‿a ˈnoitə]
Darf ich Sie/dich zum Essen einladen?	**Posso convidá-lo/convidá-la/ convidar-te para almoçar? (*Mittagessen*) / para jantar? (*Abendessen*)** [ˈpɔsu kõviˈdalu/kõviˈdalɐ/kõviˈdartə pɐr‿ˈalmusar/ˈpɐrɐ ʒẽnˈtar]
Wann treffen wir uns?	**A que horas nos encontramos?** [ɐ ˈkjɔreʒ nuz‿ẽŋkõnˈtrɐmuʃ]
Treffen wir uns um 9 Uhr.	**Encontramo-nos às 9 horas.** [ˈẽŋkõnˈtrɐmunuz‿aʒ ˈnɔv‿ˈɔrɐʃ]
Ich hole Sie/dich ab.	**Vou buscá-lo/buscá-la/ buscar-te.** [vo buʃˈkalu/buʃˈkalɐ/buʃˈkartə]
Kann ich Sie/dich wieder sehen?	**Posso voltar a vê-lo/vê-la/ ver-te?** [ˈpɔsu vɔlˈtar‿ɐ ˈvelu/ˈvelɐ/ˈvertə]
Vielen Dank für den netten Abend.	**Muito obrigado/obrigada por este serão tão agradável.** [ˈmũint‿obriˈgadu/‿obriˈgadɐ pur‿ˈeʃtə sɐˈrẽu tẽu ɐgrɐˈdavɛl]

Flirt

Du hast wunderschöne Augen.	**Tens uns olhos maravilhosos.** [tẽiz_ũz_'ɔʎuʒ mɐrɐvi'ʎɔzuʃ]
Mir gefällt, wie du lachst.	**Gosto da maneira como ris.** ['gɔʃtu dɐ mɐ'neirɐ 'komu ʀiʃ]
Du gefällst mir.	**Agradas-me.** [ɐ'gradɐʃmɐ]
Ich mag dich.	**Gosto de ti.** ['gɔʃtu dɐ ti]
Ich finde dich ganz toll.	**Acho-te fantástico/fantástica.** ['aʃutɐ fẽn'taʃtiku/fẽn'taʃtikɐ]
Ich bin verrückt nach dir.	**Estou louco/louca por ti.** [ʃto 'loku/'lokɐ pur ti]
Ich liebe dich!	**Amo-te!** ['ɐmutɐ]
Hast du einen festen Freund / eine feste Freundin?	**Tens namorado/namorada?** [tẽiʒ nɐmu'radu/nɐmu'radɐ]
Ich möchte gerne die Nacht mit dir verbringen.	**Queria passar a noite contigo.** [kɐ'riɐ pɐ'sar_ɐ 'noitɐ kõn'tigu]
Komm, wir setzen uns an den Strand.	**Vamo-nos sentar na praia.** ['vɐmunuʃ sẽn'tar nɐ 'praiɐ]
Ich möchte mit dir schlafen.	**Queria dormir contigo.** [kɐ'riɐ dur'mir kõn'tigu]
Vielleicht später.	**Talvez mais tarde.** [tal'veʒ maiʃ 'tardɐ]
Nein, das geht mir zu schnell.	**Não, estás a andar depressa demais.** [nẽu ʃtaz_ãn'dar dɐ'prɛsɐ dɐ'maiʃ]
Ich möchte eigentlich nur kuscheln.	**Só queria aconchegar-me um boca-dinho a ti.** [sɔ kɐ'ri_akõnʃɐ'garmɐ ũm bukɐ'diɲ_ɐ ti]
Finger weg!	**Tira a mão!** ['tir_a mẽu]
Aber nur mit Kondom!	**Mas só com preservativo!** [mɐ_sɔ kõ prɐzɐrvɐ'tivu]
Hast du welche dabei?	**Tens alguns contigo?** [tẽiz_al'gũʃ kõn'tigu]
Wo kann ich welche kaufen?	**Onde é que se podem comprar?** [õnd_'ɛ kɐ sɐ 'pɔdẽi kõm'prar]
Hat es dir gefallen?	**Foi bom?** [foi bõ]
Es war wunderschön.	**Foi maravilhoso.** [foi mɐrɐvi'ʎozu]

Bitte geh jetzt!	**Agora vai-te embora, por favor!** [ɐˈgɔrɐ vait‿ẽmˈbɔrɐ pur fɐˈvor]
Zisch ab!	**Desaparece!** [dɐzɐpɐˈrɛsɐ]
Lassen Sie mich bitte in Ruhe!	**Por favor, deixe-me em paz!** [pur fɐˈvor ˈdeiʃɐm‿ɐ̃i paʃ]

Verständigungsschwierigkeiten

Wie bitte?	**Como?** [ˈkomu]
Ich verstehe Sie nicht. Bitte, wiederholen Sie es.	**Não compreendo. Pode repetir, faz favor?** [nɐ̃u kõmˈprjẽndu ˈpɔdɐ ʀɐpɐˈtir faʃ fɐˈvor]

Es wird behauptet, dass die Portugiesen sehr schnell sprechen. Das trifft in verschiedenen Regionen wohl auch zu. Was die Verständigung allerdings erschwert, ist eher, dass man Sprecheinheiten miteinander verbindet (s. allgemeine Hinweise zur Aussprache). Haben Sie ein bisschen Geduld! Es klappt, wenn Sie Ihren Ansprechpartner auf seine unbeabsichtigte Schnelligkeit aufmerksam machen. Das wird dann wahrscheinlich einer Ihrer wichtigsten Sätze auf Portugiesisch sein…

Bitte sprechen Sie etwas langsamer.	**Pode falar um pouco mais devagar, faz favor?** [ˈpɔdɐ fɐˈlar‿ũm ˈpoku maiʒ dɐvɐˈgar faʃ fɐˈvor]
Ich verstehe.	**Entendo.** [ẽnˈtẽndu]
Sprechen Sie / Sprichst du …	**Fala/Falas …** [ˈfalɐ/ˈfalɐʃ]
Deutsch?	**alemão?** [ɐlɐˈmɐ̃u]
Englisch?	**inglês?** [ĩŋˈgleʃ]
Französisch?	**francês?** [frɐ̃ˈseʃ]
Ich spreche nur wenig …	**Falo só um pouco de …** [ˈfalu sɔ ũm ˈpoku dɐ]
Schreiben Sie es mir bitte auf!	**Faça-me o favor de escrever isso.** [ˈfasɐm‿u fɐˈvor dɐ‿ʃkrɐˈver‿ˈisu]

Unterwegs

Durch das schöne Land – und womit?

Die Antwort hat mit einem wichtigen Faktor zu tun: der Strecke.
Die Hauptstrecke liegt zwischen Porto – Coimbra – Lissabon (ca. 320 km). Hier empfiehlt es sich, mit der Bahn zu fahren. Es gibt schnelle und bequeme Züge (z. B. den *Alfa*), die einen unabhängig von Nebel und Staus für wenig Geld problemlos ans Ziel bringen. Seit neuestem gibt es sogar einen *Alfa Pendular*, in dem man in der 1. Klasse mit allen möglichen Schikanen verwöhnt wird.
Das übrige Eisenbahnnetz ist nicht so gut ausgebaut. Für diese Strecken wäre es besser, es mit dem Pkw zu wagen. Und damit sind wir schon beim Problem: Die Portugiesen sind höflich und sanftmütig, auch nicht sehr hektisch und laut. Aber wehe sie setzen sich hinters Steuer… Die meisten sind wie verwandelt: Sie rasen, zeigen die Zähne, überholen mit Vorliebe kurz vor den Kurven, hupen… Sind Sie im Bilde?
Das Straßennetz ist mittlerweile gut ausgebaut. Es gibt nicht nur Autobahnen *(auto-estradas)*, die Mautgebühren kosten, sondern auch die neuen *IPs (itinerários principais)* und *ICs (itinerários complementares)*. Diese sind qualitativ ordentlich, aber fast zu wenig für das große Verkehrsaufkommen in den letzten Jahren. Im Klartext: Sie sind mobiler mit dem Pkw, aber Sie müssen damit rechnen, dass Sie unterwegs viel Geduld und Vorsicht brauchen. Aber hat nicht jemand gesagt, dass Geduld *(paciência)* eines der wichtigsten portugiesischen Wörter ist?

Fragen nach dem Weg

Ortsangaben

links	**à esquerda** [a ˈʃkerdɐ]
rechts	**à direita** [a diˈreitɐ]
geradeaus	**em frente** [ɐ̃i ˈfrɛ̃ntə], **a direito** [ɐ diˈreitu]
vor	**defronte de** [dəˈfrõntə də]
hinter	**atrás de** [ɐˈtraʒ də]
neben	**junto de** [ˈʒũntu də], **ao lado de** [ɐu ˈladu də]
gegenüber	**em frente (de)** [ɐ̃i ˈfrɛ̃ntə (də)]
hier	**aqui** [ɐˈki]
dort	**ali** [ɐˈli], **lá** [la], **aí** [ɐˈi]
nah	**perto** [ˈpɛrtu]
weit	**longe** [ˈlõʒə]
nach	**para** [ˈpɐrɐ]
Ampel	**semáforo** [səˈmafuru]
Straße	**rua** [ˈʀuɐ]
Kreuzung	**cruzamento** [kruzɐˈmẽntu]
Kurve	**curva** [ˈkurvɐ]

Wegbeschreibung

Entschuldigung, wie komme ich bitte nach…?	**Desculpe, por favor, como se vai para…?** [dəʃˈkulpə pur fɐˈvor ˈkomu sə vai ˈpɐɾɐ]
Immer geradeaus bis…	**Sempre em frente até…** [ˈsẽmpɾ‿ɐi ˈfɾẽnt‿ɐˈtɛ]
Dann bei der Ampel links/rechts abbiegen.	**Depois no semáforo vire à esquerda/direita.** [də ˈpoiz nu səˈmafuru ˈvir‿a ˈʃkerdɐ/diˈreitɐ]
Folgen Sie den Schildern.	**Siga as indicações das placas.** [ˈsigaz‿ĩndikɐˈsõiʒ dɐʃ ˈplakɐʃ]
Wie weit ist das?	**Quantos quilómetros são?** [ˈkwẽntuʃ kiˈlɔmətɾuʃ sɐu]
Ungefähr zwei Kilometer.	**Cerca de dois quilómetros.** [ˈserkɐ də doiʃ kiˈlɔmətɾuʃ]
Es ist ganz in der Nähe.	**É muito perto daqui.** [ɛ ˈmũintu ˈpɐrtu dɐˈki]
Bitte, ist das die Straße nach…?	**Faz favor, é esta a estrada para…?** [faʃ fɐˈvor ɛ ˈɛʃta ˈʃtɾadɐ ˈpɐɾɐ]
Bitte, wo ist…?	**Faz favor, onde é…?** [faʃ fɐˈvor ˈõnd‿ɛ]
Tut mir Leid, das weiß ich nicht.	**Lamento muito, mas não sei.** [lɐˈmẽntu ˈmũintu mɐʒ nɐu sei]
Gehen Sie geradeaus.	**Siga em frente.** [ˈsig‿ɐi ˈfɾẽntɐ]

Gehen Sie nach links/rechts.	**Vire à esquerda/direita.** ['vir‿a ʃkerdɐ/di'reitɐ]
Überqueren Sie …	**Atravesse …** [ɐtrɐ'vɛs‿]
die Brücke.	**a ponte.** [‿ɐ 'põntə]
den Platz.	**a praça.** [‿ɐ 'prasɐ]
Nehmen Sie am besten den Bus Nr. …	**O melhor é apanhar** (*Br* pegar) **o autocarro** (*Br* ônibus) **número …** [u mə'ʎɔr‿ɛ ɐpɐ'ɲar (pe'gar) u auto'kaʀu ('onibus) 'numəru]

An der Grenze

Passkontrolle

Ihren Pass, bitte!	**O seu passaporte, faz favor!** [u seu pasɐ'pɔrtə faʃ fɐ'vor]
Die Autopapiere, bitte!	**Os documentos do carro, faz favor!** [uʒ duku'mẽntuʒ du 'kaʀu faʃ fɐ'vor]

Zollkontrolle

Haben Sie etwas zu verzollen?	**Tem alguma coisa a declarar?** [tɐ̃i al'gumɐ 'koiza dəklɐ'rar]
Fahren Sie bitte rechts/links heran.	**Encoste ali à direita / à esquerda, faz favor.** [ẽŋ'kɔʃt‿ɐ'li a di'reitɐ/a 'ʃkerdɐ faʃ fɐ'vor]
Öffnen Sie bitte den Kofferraum / diesen Koffer.	**Abra a mala do carro / esta mala, faz favor.** ['abra 'malɐ du 'kaʀu/'ɛʃtɐ 'malɐ faʃ fɐ'vor]

Personalien

Familienname	apelido (*Br* o sobrenome) [ɐpə'lidu (u sobre'nomi)]
Familienstand	estado civil ['ʃtadu sə'vil]
ledig	solteiro [sol'teiru]
verheiratet	casado [kɐ'zadu]
verwitwet	viúvo ['vjuvu]
Geburtsdatum	data de nascimento ['datɐ də nɐʃsi'mẽntu]
Geburtsname	o nome de solteira [u 'nomə də sol'teirɐ]
Geburtsort	o local de nascimento [u lu'kal də nɐʃsi'mẽntu]

Staatsangehörigkeit	**a nacionalidade** [ɐ nɐsjuneli'dadə]
Vorname	**o nome de ba(p)tismo** [u 'nomə də ba'tiʒmu]
Wohnort	**domicílio** [dumi'silju]

Grenze

amtstierärztliches Gesundheitszeugnis	**certificado sanitário veterinário** [sərtəfi'kadu sɐni'tarju vətəri'narju]
Ausreise	**saída** [sɐ'idɐ]
Einreise	**entrada** [ẽn'tradɐ]
EU-Bürger	**o cidadão da UE** [u sidɐ'dẽu dɐ ue]
Führerschein	**carta** (*Br* **carteira**) **de condução** ['kartɐ (kar'tɐrɐ) də kõndu'sẽu]
Grenzübergang	**posto fronteiriço** ['poʃtu frõntei'risu]
grüne Versicherungskarte	**carta verde** ['kartɐ 'verdə]
gültig	**válido** ['validu]
internationaler Impfpass	**certificado internacional de vacina** [sərtəfi'kadu ĩntərnɐsju'nal də vɐ'sinɐ]
Nationalitätskennzeichen	**placa de nacionalidade** ['plakɐ də nɐsjuneli'dadə]
Nummernschild	**placa de matrícula** ['plakɐ də mɐ'trikulɐ]
Passkontrolle	**o controle de passaportes** [u kõn'trolə də pasɐ'pɔrtəʃ]
Personalausweis	**o bilhete** (*Br* **a carteira**) **de identidade** [u bɐ'ʎetə (a kar'tɐrɐ) d_idẽnti'dadə]
Reisepass	**o passaporte** [u pasɐ'pɔrtə]
Tollwutimpfbescheinigung	**certificado de vacina contra a raiva** [sərtəfi'kadu de vɐ'sinɐ 'kõntra 'ʀaivɐ]
Visum	**visto** ['viʃtu]
Zollgebühren	**os direitos alfandegários** [uʒ di'reituz_alfẽndɐ'garjuʃ]

Auto und Motorrad

Lassen Sie sich nicht von der Raserei der anderen anstecken. Das kann ganz schön teuer werden, auch für mitteleuropäische Verhältnisse! Um die Zahl der Verkehrsunfälle einzudämmen, wurde seit kurzem auf vielen Strecken die sogenannte „Nulltoleranz" *(Tolerância Zero)* eingeführt. Das bedeutet genau, was der Name sagt: Die Toleranz für Überschreitungen ist tatsächlich null! Fährt jemand 92 km/h statt 90 km/h oder wird eine durchgezogene Linie kurz überfahren (und das wird beobachtet), ist man schon dran…
Apropos Verkehrssünde: Die Höchstgeschwindigkeit beträgt in Portugal 120 km/h auf Autobahnen, 90 km/h bzw. 100 km/h auf Landstraßen und 50 km/h innerorts. Die Promillegrenze ist 0,5.

Reisewege, Vorschriften ...

Autobahn	**auto-estrada** ['auto 'ʃtradɐ]
Autobahngebühr	**a portagem** [ɐ pur'taʒẽi]
	(Br) **pedágio** [pe'daʒju]
Bußgeld	**multa** ['multɐ]
Hauptstraße	**rua principal** [ʀuɐ prĩsi'pal]
Landstraße	**estrada** ['ʃtradɐ]
Nebenstraße	**rua lateral** ['ʀuɐ lɛtə'ral]
Promillegrenze	**taxa de alcolémia máxima**
	['taʃɐ d_alku'lɛmjɐ 'masimɐ]
Radarkontrolle	**velocidade controlada por radar**
	[vəlusi'dadə kõtru'ladɐ pur ʀa'dar]
Rastplatz	**área de repouso** ['arjɐ də ʀə'pozu]
Raststätte	**área de serviço** ['arjɐ də sər'visu]
Schnellstraße	**via rápida** ['viɐ 'ʀapidɐ];
	IP (itinerário principal)
	[i'pe (itənə'rarju prĩsi'pal)
Stau	**engarrafamento** [ẽŋgɐʀɐfɐ'mẽtu]
trampen	**viajar à boleia** *(Br* **de carona)**
	[vjɐ'ʒar_a bu'lejɐ (di ka'ronɐ)]
Wegweiser	**o sinal itinerário**
	[u si'nal itənə'rarju]

Hinweise und Informationen

Alta tensão	Hochspannung
Alto	Halt
Atenção	Achtung
Crianças	auf Schulkinder achten
Curva perigosa	Gefährliche Kurve
Dê passagem	Vorfahrt achten
Desvio	Umleitung
Diminuir a velocidade	Langsamer fahren
Entrada proibida	Einfahrt verboten
Estacionamento proibido	Parken verboten
Fim da proibição de estacionar	Ende des Parkverbots
Hospital	Krankenhaus
Ir pela direita (esquerda)	Rechts (Links) fahren
Obras	Baustelle
Paragem proibida	Halten verboten
Pavimento escorregadio	Schleudergefahr
Perigos	Gefahr
Posto de socorros	Pannenhilfe, Straßenwacht
Prioridade à direita	Rechtsvorfahrt
Projecção de gravilha	Rollsplitt
Prudência	Vorsicht
Saída de auto-estrada	Autobahnausfahrt
Saída de automóveis	Ausfahrt freihalten
Saída de fábrica	Werksausfahrt
Veículos de carga	Lastwagen
Zona de estacionamento regulamentado	Kurzparkzone

Verkehrszeichen

Gefahrenstelle

Mautstelle

Zoll

Parken verboten
an ungeraden
Tagen
(1., 3., 5. etc.)

Parken verboten
an geraden
Tagen
(2., 4., 6. etc.)

Durchfahrt ver-
boten, außer für
Straßenbahnen

Getrennte Fahrspur
für Busse

Schneeketten auf
den Antriebsrädern
obligatorisch

Wegweiser

Pousada
oder
Estalagem

Camping
für Wohn-
wagen

Campig-
platz

Strand

Sehens-
würdigkeit

Thermal-
bad

Aussichts-
punkt

Winter-
sport

Angel-
platz

An der Tankstelle > auch Werkstatt, S. 46

Benzin ist in Portugal heute bleifrei. Wichtiger als die Bezeichnung *sem chumbo* an der Tankstelle sind aber die Oktanahlen 95 und 98. Im Moment gibt es für die Übergangszeit, in der noch Autos fahren, die nicht für bleifreies Benzin konzipiert sind, ein zusätzliches Benzin *(gasolina aditivada)*.

Wo ist bitte die nächste Tankstelle?	**Faz favor, onde é a estação de serviço mais próxima?** [faʃ fɐˈvor ˈõnd‿ɛ ɐ ʃtɐˈsɐ̃u də sərˈvisu maiʃ ˈprɔsimɐ]
Ich möchte … Liter	**… litros de …** [ˈlitruʒ də]
Normalbenzin bleifrei.	**gasolina sem chumbo com 95 octanas.** [gɐzuˈlinɐ sɐ̃i ˈʃũmbu kõ nuˈvẽnt‿i ˈsĩŋku okˈtɐnɐʃ]
Normalbenzin. *(Übergangszeit)*	**gasolina aditivada.** [gɐzuˈlin‿aditiˈvadɐ]
Super bleifrei.	**gasolina sem chumbo com 98 octanas.** [gɐzuˈlinɐ sɐ̃i ˈʃũmbu kõ nuˈvẽnt‿i ˈoitu okˈtɐnɐʃ]
Diesel.	**gasóleo.** [gɐˈzɔlju]
Gemisch.	**mistura.** [məʃˈturɐ]
Super bitte, für …	**… de sem chumbo 98, faz favor.** [ˈ… də sɐ̃i ˈʃũmbu nuˈvẽnt‿i ˈoitu faʃ fɐˈvor]
Voll tanken, bitte.	**Cheio, faz favor.** [ˈʃeju faʃ fɐˈvor]
Prüfen Sie bitte den Ölstand.	**Pode-me fazer o favor de verificar o nível do óleo?** [ˈpɔdəmə fɐˈzer‿u fɐˈvor də vərifiˈkar u ˈnivɛl du ˈɔlju]
Ich möchte eine Straßenkarte dieser Gegend, bitte.	**Queria um mapa desta região.** [kəˈriɐ ũ ˈmapɐ ˈdɛʃtɐ ʀəˈʒjɐ̃u]

Parken

Wie könnte es anders sein, auch in Portugal sind die Parkmöglichkeiten in den Großstädten sehr knapp. Es empfiehlt sich also z. B. in Lissabon, das Auto am Stadtrand zu parken und in aller Ruhe mit Fähre, Bus oder U-Bahn in die Stadt hineinzufahren.

Gibt es hier in der Nähe eine Parkmöglichkeit?	**Faz favor, há aqui perto um parque de estacionamento?** [faʃ fɐ'vor a ɐ'ki 'pɛrt‿ũm 'parkɐ dɐ‿ʃtɐsjunɐ'mẽntu]
Ist der Parkplatz bewacht?	**O parque é vigiado?** [u 'park‿ɛ viʒi'adu]
Wie hoch ist die Parkgebühr pro Stunde?	**Qual é o preço do estacionamento por hora?** [kwal‿ɛ u 'presu do ʃtɐsjunɐ'mẽntu pur 'ɔrɐ]
Ist das Parkhaus die ganze Nacht geöffnet?	**O parque está aberto toda a noite?** [u 'parkɐ ʃta ɐ'bɛrtu 'toda 'noitɐ]

Eine Panne

Ich habe eine Panne.	**Tenho uma avaria.** ['teɲ‿um‿avɐ'riɐ]
Wo ist hier in der Nähe eine Werkstatt?	**Há alguma oficina aqui perto?** [a al'gum‿ofɐ'sin‿a'ki 'pɛrtu]
Würden Sie bitte den Pannendienst anrufen?	**Podia fazer-me o favor de telefonar para o serviço de assistência?** [pu'diɐ fɐ'zerm‿u fɐ'vor dɐ tɐlɐfu'nar 'pɐrɐ u sɐr'visu d‿ɐsiʃ'tẽsjɐ]
Könnten Sie mir mit Benzin aushelfen?	**Podia-me dispensar um pouco de gasolina?** [pu'diɐmɐ dɐʃpẽ'sar‿ũ 'poku dɐ gɐzu'linɐ]
Könnten Sie mir beim Reifenwechsel helfen?	**Podia ajudar-me a mudar a roda?** [pu'di‿aʒu'darm‿ɐ mu'dar‿ɐ 'rɔdɐ]
Würden Sie mich bis zur nächsten Werkstatt mitnehmen?	**Podia levar-me até à oficina mais próxima?** [pu'diɐ lɐ'varm‿ɐ'tɛ a ofɐ'sinɐ maiʃ 'prɔsimɐ]

abschleppen	**rebocar** [ʀɐbu'kar]
Abschleppseil	**cabo de reboque** ['kabu dɐ ʀɐ'bɔkɐ]
Abschleppwagen	**carro de reboque** ['kaʀu dɐ ʀɐ'bɔkɐ]
Benzinkanister	**o bidão (Br a lata) de gasolina** [u bi'dẽu (a 'latɐ) dɐ gɐzu'linɐ]
Ersatzrad	**roda sobresselente** ['ʀɔdɐ sobrɐsɐ'lẽntɐ]
Notrufsäule	**o telefone de socorro** [u tɐlɐ'fɔnɐ dɐ su'koru]
Panne	**avaria** [ɐvɐ'riɐ]
Pannendienst	**serviço de assistência** [sɐr'visu d‿ɐsiʃ'tẽsja]
Starthilfekabel	**cabo de ligação** ['kabu dɐ ligɐ'sẽu]

Wagenheber	**macaco** [mɐ'kaku]
Warnblinker	**o sinal de pisca-pisca de emergência** [u si'nal də 'piʃkɐ 'piʃkɐ d_imər'ʒẽsjɐ]
Warndreieck	**triângulo** [tri'ẽŋgulu]
Werkzeug	**ferramenta** [fərɐ'mẽntɐ]

In der Werkstatt

Mein Wagen springt nicht an.	**O meu carro não pega.** [u meu 'kaʀu nẽu 'pɛgɐ]
Mit dem Motor stimmt was nicht.	**O motor não funciona bem.** [u mu'tor nẽu fũ'sjonɐ bẽi]
… ist/sind defekt.	**… está avariado / estão avariados.** [ʃta ɐvɐ'rjadu/ʃtẽu ɐvɐ'rjaduʃ]
Der Wagen verliert Öl.	**O carro perde óleo.** [u 'kaʀu 'pɛrd_'ɔlju]
Können Sie mal nachsehen?	**Pode-me fazer o favor de verificar?** ['pɔdɐmɐ fɐ'zer_u fɐ'vor də vərifi'kar]
Wann ist der Wagen / das Motorrad fertig?	**Quando é que o carro / a mota está pronto/pronta?** ['kwẽndwɛ kju 'kaʀu/ɐ 'mɔtɐ ʃta 'prõntu/'prõntɐ]
Was wird es kosten?	**Quanto é que isso irá custar?** ['kwẽntwɛ k_'isu i'ra kuʃ'tar]
Abblendlicht	**os médios** [uʒ 'mɛdjuʃ]
Alarmanlage	**dispositivo de alarme** [dəʃpuzi'tivu d_ɐ'larmɐ]
Anlasser	**o motor de arranque** [u mu'tor d_ɐ'ʀẽnkɐ]
Auspuff	**o escape** [u 'ʃkapɐ]
Automatik(getriebe)	**caixa de velocidades automática** ['kaiʃɐ də vəlusi'dadəz_autu'matikɐ]
Benzinpumpe	**bomba de gasolina** ['bõmbɐ də gɐzu'linɐ]
Blinker	**o pisca-pisca** [u 'piʃkɐ 'piʃkɐ]
Bremse	**o travão** [u trɐ'vẽu], *(Br)* freio ['freju]
Bremsflüssigkeit	**líquido dos travões** (*Br* dos freios) ['likidu duʃ trɐ'võiʃ (duʃ 'frejus)]
Bremslichter	**as luzes dos travões** (*Br* dos freios) [ɐʒ 'luzəʒ duʃ trɐ'võiʃ (duʃ 'frejus)]
Defekt	**falha** ['faʎɐ]
Gang	**a velocidade** [ɐ vəlusi'dadɐ]
erster Gang	**primeira (velocidade)** [pri'meirɐ (vəlusi'dadɐ)]
Leerlauf	**ponto morto** ['põntu 'mortu]

Rückwärtsgang	**marcha atrás** [ˈmarʃ‿aˈtraʃ]
	(Br) **marcha à ré** [ˈmarʃ‿a ʀɛ]
Getriebe	**caixa de velocidades**
	[ˈkaiʃɐ də vəlusiˈdadəʃ]
Handbremse	**o travão** (*Br* **freio**) **de mão**
	[u trɐˈvɐ̃u (ˈfreju) də mɐ̃u]
Kabel	**cabo** [ˈkabu]
Keilriemen	**correia** [kuˈʀɐjɐ]
Kolben	**o pistão** [u piʃˈtɐ̃u]
Kühler	**o radiador** [u ʀɐdjɐˈdor]
Kühlwasser	**água de refrigeração**
	[ˈagwɐ də ʀɐfriʒɐɾɐˈsɐ̃u]
Kupplung	**a embraiagem** [ɐ ẽmbrɐˈjaʒɐi]
Kurzschluss	**curto-circuito** [ˈkurtu sirˈkuitu]
Lichtmaschine	**o alternador** [alternɐˈdor],
	dínamo [ˈdinɐmu]
Luftfilter	**filtro de ar** [ˈfiltru d‿ar]
Motor	**o motor** [u muˈtor]
Öl	**óleo** [ˈɔlju]
Ölwechsel	**mudança de óleo** [muˈdɐ̃sɐ d‿ˈɔlju]
Platten	**furo** [ˈfuru]
Rad	**roda** [ˈʀɔdɐ]
Reifen	**o pneu** [u pneu]
Rücklicht	**as luzes traseiras** [ɐʒ ˈluzəʃ trɐˈzeirɐʃ]
Rückspiegel	**o retrovisor** [u ʀɛtrɔviˈzor]
Scheibenwischer	**o limpa-pára-brisas**
	[u ˈlĩmpɐ ˈparɐ ˈbrizɐʃ]
Scheinwerfer	**o farol** [u fɐˈrɔl]
Schraube	**parafuso** [pɐrɐˈfuzu]
Sicherheitsgurt	**cinto de segurança**
	[ˈsĩntu də səguˈrɐ̃sɐ]
Standlicht	**os mínimos** [uʒ ˈminimuʃ]
Stoßstange	**o pára-choques** [u ˈparɐ ˈʃɔkəʃ]
Tachometer	**o conta-quilómetros**
	[u ˈkõntɐ kiˈlɔmɐtruʃ]
Tank	**depósito** [dɐˈpɔzitu]
Vergaser	**o carburador** [u kɐrburɐˈdor]
Verteiler	**o distribuidor** [u dɐʃtribwiˈdor]
Wegfahrsperre, elektronische	**o imobilizador ele(c)trónico**
	[u imubilizɐˈdor ilɛˈtrɔniku]
Werkstatt	**oficina** [ofɐˈsinɐ]
Windschutzscheibe	**o pára-brisas** [u ˈparɐ ˈbrizɐʃ]
Zündkerze	**vela** [ˈvɛlɐ]
Zündung	**a ignição** [ɐ igniˈsɐ̃u]
Zylinderkopf	**cabeça do cilindro**
	[kɐˈbesɐ du səˈlĩndru], **culaça** [kuˈlasɐ]

Verkehrsunfall

Es ist ein Unfall passiert.	**Houve um acidente.** ['ov‿ũ ɐsi'dẽntɐ]
Rufen Sie bitte schnell…	**Faz favor, chame depressa…** [faʃ fɐ'vor 'ʃɐmɐ də'prɛsɐ]
einen Krankenwagen.	**uma ambulância.** [um‿ẽmbu'lɐ̃sjɐ]
die Polizei.	**a polícia.** [ɐ pu'lisjɐ]
die Feuerwehr.	**os bombeiros.** [uʒ bõm'beiruʃ]
Sie haben…	**O senhor / A senhora…** [u sə'ɲor/ɐ sə'ɲorɐ]
die Vorfahrt nicht beachtet.	**não respeitou a prioridade.** [nẽu ʀɐʃpei'to ɐ prjuri'dadɐ]
nicht geblinkt.	**não fez sinal com o pisca-pisca.** [nẽu feʃ si'nal kõ u 'piʃkɐ 'piʃkɐ]
Sie sind…	**O senhor / A senhora…** [u sə'ɲor/ɐ sə'ɲorɐ]
zu schnell gefahren.	**ia depressa de mais.** ['iɐ də'prɛsɐ də maiʃ]
bei Rot über die Kreuzung.	**passou com o vermelho.** [pɐ'so kõ u vər'meʎu]
Geben Sie mir bitte Ihren Namen und Ihre Anschrift.	**Pode-me dizer o seu nome e o seu endereço, faz favor?** [pɔdəmə di'zer‿u seu 'nom‿i u seu ẽndə'resu faʃ fɐ'vor]
Vielen Dank für Ihre Hilfe.	**Muito obrigado/obrigada pela sua ajuda.** ['mũint‿obri'gadu/‿obri'gadɐ 'pelɐ su‿a'ʒudɐ]

Auto-, Motorrad- und Fahrradvermietung

Ich möchte für zwei Tage / eine Woche … mieten.	**Queria alugar por dois dias / uma semana…** [kə'ri‿ɐlu'gar pur doiʒ dieʃ / umɐ sə'mɐnɐ]
einen (Gelände-)Wagen	**um carro (todo-o-terreno).** [ũ 'kaʀu ('todu tə'ʀenu)]
ein Motorrad	**uma mota.** ['umɐ 'mɔtɐ]
einen Motorroller	**uma lambreta/vespa.** ['umɐ lẽm'bretɐ/'veʃpɐ]
ein Moped	**um ciclomotor.** [ũ siklɔmu'tor]

ein Mofa	**um velomotor.** [ũ vɛlɔmu'tor]
ein Fahrrad	**uma bicicleta.** ['umɐ bɘsi'klɛtɐ]
Wie hoch ist die Tages-/ Wochenpauschale?	**Qual é a tarifa por dia / por semana?** [kwal_ɛ ɐ tɐ'rifɐ pur 'diɐ/pur sɘ'mɐnɐ]
Wie viel verlangen Sie pro gefahrenen Kilometer?	**Quanto se paga por quilómetro?** ['kwɐ̃ntu sɘ 'pagɐ pur ki'lɔmɐtru]
Ist das Fahrzeug vollkasko-versichert?	**O veículo tem seguro contra todos os riscos?** [u ve'ikulu tɐ̃i sɘ'guru 'kõntrɐ 'toduz_uʒ 'ʀiʃkuʃ]
Führerschein	**carta (*Br* carteira) de condução** ['kartɐ (kar'terɐ) dɘ kõndu'sɐ̃u]
Kindersitz	**assento para criança** [ɐ'sɛ̃ntu 'perɐ krj'ɐ̃sɐ]
Kaution	**a caução** [ɐ kau'sɐ̃u]
Papiere	**os documentos** [uʒ duku'mɛ̃ntuʃ]
Schiebedach	**te(c)to-de-abrir** ['tɛtu d_ɐ'brir]
Sturzhelm	**o capacete** [u kɐpɐ'setɐ]
Teilkasko	**seguro contra terceiros, roubo e incêndio** [sɘ'guru 'kõntrɐ tɐr'seiruʒ 'ʀob_i ĩ'sɛ̃ndju]
Versicherungskarte, grüne	**carta verde** ['kartɐ 'verdɐ]
Wochenendpauschale	**tarifa de fim-de-semana** [tɐ'rifɐ dɘ fĩm dɘ sɘ'mɐnɐ]
Zündschlüssel	**a chave de ignição** [ɐ 'ʃavɐ d_igni'sɐ̃u]

Flugzeug

Einen Flug buchen

Wann fliegt die nächste Maschine nach …?	**A que horas parte o próximo avião para …?** [ɐ 'kjɔrɐʃ 'part_u 'prɔsim_ɐ'vjɐ̃u 'perɐ]
Sind noch Plätze frei?	**Ainda há lugares?** [ɐ'ĩnd_a lu'garɐʃ]
Ich möchte einen einfachen Flug nach … buchen.	**Quero marcar uma passagem simples de avião para …** ['kɛru mɐr'kar_'umɐ pɐ'saʒɐ̃i 'sĩmplɐʒ d_ɐ'vjɐ̃u 'perɐ]
Ich möchte einen Hin- und Rückflug nach … buchen.	**Quero marcar uma passagem de ida e volta para …** ['kɛru mɐr'kar_'umɐ pɐ'saʒɐ̃i d_'idɐ i 'vɔltɐ 'perɐ]
Raucher oder Nichtraucher?	**Fumador ou não fumador?** [fumɐ'dor o nɐ̃u fumɐ'dor]
Ich möchte bitte …	**Faz favor, queria …** [faʃ fɐ'vor kɐ'riɐ]

einen Fensterplatz.	**um lugar à janela.** [ũ lu'gar‿a ʒɐ'nɛlɐ]
einen Platz am Gang.	**um lugar junto ao corredor.** [ũ lu'gar ʒũnt‿'au kuʀə'dor]
Ich möchte diesen Flug stornieren.	**Queria cancelar este voo (ôo).** [kə'riɐ kẽsə'lar‿'eʃtə 'vou]

Am Flughafen

Wo ist der Schalter der …-Fluggesellschaft?	**Onde é o balcão da…?** [õnd‿ɛ u bal'kɐ̃u dɐ]
Könnte ich bitte Ihren Flugschein sehen?	**Pode-me mostrar o seu bilhete, faz favor?** ['pɔdəmə muʃ'trar‿u seu bə'ʎetɐ faʃ fɐ'vor]
Kann ich das als Handgepäck mitnehmen?	**Posso levar isto como bagagem de mão?** ['pɔsu lə'var‿'iʃtu 'komu bɐ'gaʒɐ̃i dɐ mɐ̃u]

An Bord

Könnten Sie mir bitte ein Glas Wasser bringen?	**Pode-me trazer um copo de água, faz favor?** ['pɔdəmə trɐ'zer‿ũm 'kɔpu d‿'agwɐ faʃ fɐ'vor]
Könnte ich bitte noch ein Kissen / eine Decke haben?	**Pode-me trazer mais uma almofada / mais uma manta, faz favor?** ['pɔdəmə trɐ'zer maiz‿um‿almu'fadɐ/maiz‿umɐ 'mɐ̃ntɐ faʃ fɐ'vor]
Würde es Ihnen etwas ausmachen, mit mir den Platz zu tauschen?	**Importava-se de trocar de lugar comigo?** [ĩmpur'tavəsɐ dɐ tru'kar dɐ lu'gar ku'migu]

Ankunft ➤ auch Fundbüro, S. 158

Mein Gepäck ist verloren gegangen.	**A minha bagagem perdeu-se.** [ɐ 'miɲɐ bɐ'gaʒɐ̃i pər'deusɐ]
Mein Koffer ist beschädigt worden.	**A minha mala está estragada.** [ɐ 'miɲɐ 'malɐ ʃta ʃtrɐ'gadɐ]

Vom Flughafen können Sie in der Regel mit dem Express-Bus zu den zentralen Plätzen in der Stadt fahren. Schauen Sie danach, es ist vielleicht ein netter Einstieg in die Fremde. Und Sie können gleich Ihre Sprachkenntnisse auf die Probe stellen …

Von wo fährt der Bus in Richtung … ab?

Donde parte o autocarro (*Br* ônibus) na dire(c)ção de …? ['dõndɐ 'part_u autɔ'kaʀu ('onibus) nɐ diʀɛ'sẽu də]

➣ auch Eisenbahn, S. 54

Abflug	**partida** [pɐr'tidɐ]
Ankunft	**chegada** [ʃə'gadɐ]
Anschluss	**a ligação** [ɐ ligɐ'sẽu]
	***(Br)* a conexão** [a konɛ'ksẽu]
Auslandsflug	**voo (ôo) internacional** ['vou ĩntɐrnɐsju'nal]
Bordkarte	**o cartão de embarque** [u kɐr'tẽu d_ẽm'barkɐ]
einchecken	**fazer o check-in** [fɐ'zer_u ʃɛ'kin]
Flug	**voo (ôo)** ['vou]
Fluggesellschaft	**companhia de aviação** [kõmpɐ'ɲiɐ d_ɐvjɐ'sẽu]
Flughafen	**aeroporto** [ɐɛro'portu]
Flughafenbus	**autocarro (*Br* o ônibus) do aeroporto** [auto'kaʀu (u 'onibus) du ɐɛro'portu]
Flughafengebühr	**taxa de aeroporto** ['taʃɐ d_ɐɛro'portu]
Flugsteig	**porta de embarque** ['pɔrtɐ d_ẽm'barkɐ]
Gepäck	**a bagagem** [ɐ bɐ'gaʒẽi]
Gepäckausgabe	**entrega da bagagem** [ẽn'trɛgɐ dɐ bɐ'gaʒẽi]
Gepäckwagen	**carro de bagagem** ['kaʀu dɐ bɐ'gaʒẽi]
Inlandsflug	**voo (ôo) doméstico** ['vou du'mɛʃtiku]
Landung	**a aterragem** [a_tə'ʀaʒẽi]
	***(Br)* a aterrissagem** [a_ateʀi'saʒẽi]
Notausgang	**saída de emergência** [sɐ'idɐ d_imɐr'ʒẽsjɐ]
Notlandung	**a aterragem (*Br* aterrissagem) forçada** [a_tə'ʀaʒẽi (ateʀi'saʒẽi) fur'sadɐ]
Notrutsche	**o tobogã de emergência** [u tɔbɔ'gẽ d_imɐr'ʒẽsjɐ]
Passagier	**passageiro** [pɐsɐ'ʒeiru]
Pilot	**piloto** [pi'lotu]
Schwimmweste	**o colete de salvação** [u ku'letɐ dɐ salvɐ'sẽu]
Sicherheitsgebühr	**taxa de seguranÁa** ['taʃɐ dɐ səgu'ʀẽsɐ]
Steward/ess	**comissário** [kumi'sarju], **hospedeira** [ɔʃpə'deirɐ], ***(Br)* aeromoça** [ɐɛro'mosɐ]
stornieren	**cancelar** [kẽsə'lar]
Terminal	**o terminal** [u tərmi'nal]
Verspätung	**atraso** [ɐ'trazu]
zollfreier Laden	**loja franca** ['lɔʒɐ 'frẽŋkɐ] **duty-free shop** ['djuti fri ʃɔp]
Zwischenlandung	**escala** ['ʃkalɐ]

Eisenbahn

Fahrkarten kaufen

Das Lösen einer Fahrkarte für einen Schnellzug *(expresso, Alfa …)* ist in Portugal immer mit einer Platzreservierung gekoppelt. Das heißt, dass man ohne Platzkarte in diesen Zügen keinen oder nur schwer einen Sitzplatz bekommt. Außerdem ist das Nachlösen im Zug teuer. Es empfiehlt sich daher, die Fahrkarte vor Fahrtantritt zu besorgen.

Eine einfache Fahrt 2. Klasse / 1. Klasse nach …, bitte.	**Um bilhete de segunda / de primeira classe para …, faz favor.** [ũ bə'ʎetə də sə'gũndɐ/də pri'meirɐ 'klasə 'pɐrɐ … faʃ fɐ'vor]
Zweimal … hin und zurück, bitte.	**Dois bilhetes de ida e volta para …, faz favor.** [doiʒ bə'ʎetəʒ d_'idɐ i 'vɔltɐ 'pɐrɐ … faʃ fɐ'vor]
Gibt es eine Ermäßigung für Kinder/Studenten/Senioren?	**Há redução para crianças / estudantes / a terceira idade?** [a ʀɐdu'sẽu 'pɐrɐ krj'ẽsəʃ / ʃtu'dẽntəʃ / _a tər'seir_i'dadə]
Bitte eine Platzkarte für den Zug um … Uhr nach …	**Queria reservar um lugar no comboio (Br trem) das … para …** [kə'riɐ ʀəzər'var_ũ lu'gar nu kõm'bɔju (trẽi) dəʃ … 'pɐrɐ]
Ich möchte einen Liegewagenplatz/Schlafwagenplatz.	**Queria um lugar em couchette / vagão-cama (Br vagão-leito).** [kə'riɐ ũ lu'gar_ẽi ku'ʃɛtə / va'gẽu 'kɐmɐ (va'gẽu 'leitu)]
Habe ich in … Anschluss nach …?	**Em … tenho ligação (Br conexão) para …?** [ẽi … 'teɲu ligɐ'sẽu (konɛ'ksẽu) 'pɐrɐ]
(Wo) Muss ich umsteigen?	**(Onde) Tenho de mudar de comboio (Br trem)?** [('õndə) 'teɲu də mu'dar də kõm'bɔju (trẽi)]

Im Bahnhof

Ich möchte diesen Koffer als Reisegepäck aufgeben.	**Queria despachar esta mala com o bilhete.** [kə'riɐ dəʃpɐ'ʃar_'ɛʃtɐ 'malɐ kõ u bə'ʎetɐ]
Wo kann ich mein Fahrrad aufgeben?	**Onde posso despachar a minha bicicleta?** ['õndə 'posu dəʃpɐ'ʃar_ɐ 'miɲɐ bəsi'klɛtɐ]

Von welchem Gleis fährt der Zug nach… ab?	**De que linha parte o comboio (*Br* trem) para…?** [də kə 'liɲɐ 'part‿u kõm'bɔju (trẽi) 'pɐrɐ]

Schauen Sie lieber zweimal nach, ob Ihr Zug wirklich vom angekündigten Gleis abfährt. Im Sommer, wenn viele Leute unterwegs sind, ist es nicht selten, dass Gleisänderungen in letzter Minute vorgenommen werden.

Im Zug

Verzeihung, ist dieser Platz noch frei?	**Desculpe, este lugar está livre?** [dəʃ'kulpə 'eʃtɐ lu'gar ʃta 'livrɐ]
Darf ich das Fenster öffnen/schließen?	**Posso abrir/fechar a janela?** ['pɔsu ɐ'brir/fə'ʃar‿ɐ ʒɛ'nɛlɐ]
Entschuldigen Sie, das ist mein Platz. Ich habe eine Platzkarte.	**Desculpe, esse lugar é meu. Tenho aqui o bilhete de reserva.** [dəʃ'kulpə 'esə lu'gar‿ɛ meu. 'teɲu ɐ'ki u bə'ʎetə də ʀə'zɛrvɐ]

Wenn Sie mit einem Zug unterwegs sind, der öfters anhält, schauen Sie an den Bahnhöfen aus dem Fenster – es lohnt sich. Viele kleine Bahnhöfe auf dem Land sind mit wunderschönen Kacheln geschmückt. Auch sonst ist das Geschehen vor allem an Markttagen anders, als Sie es gewöhnt sind.

Hinweise und Informationen

Acesso às gares	Zu den Bahnsteigen
Água não potável	Kein Trinkwasser
Bebidas	Erfrischungen
Casas de banho (*Br* Banheiros)	Toiletten
Chegada	Ankunft
Couchette	Liegewagen
Gare/Linha	Bahnsteig/Gleis
Homens	Herren
Horário	Fahrplan
Informações	Auskunft
Lavabos	Waschraum
Livre	Frei
Não fumadores	Nichtraucher
Ocupado	Besetzt
Saída	Ausgang
Sala de espera	Wartesaal
Senhoras	Damen
Sinal de alarme (*Br* Freio de emergência)	Notbremse
Vagão-cama	Schlafwagen
Vagão-restaurante	Speisewagen
WC	Toilette

➤ auch Flugzeug, S. 51

Abfahrt	**partida** [pɐrˈtidɐ]
Abfahrtszeit	**hora de partida** [ˈɔrɐ də pɐrˈtidɐ]
Abteil	**compartimento** [kõmpɐrtiˈmẽntu]
ankommen	**chegar** [ʃəˈgar]
Aufenthalt	**a paragem** [ɐ pɐˈraʒẽi]
aussteigen	**descer** [dəʃˈser]
Autoreisezug	**comboio** (*Br* o **trem**) **para transporte de automóveis** [kõmˈbɔju (u trẽi) ˈpɐrɐ trẽʃˈpɔrtə d_autuˈmɔveiʃ]
Bahnhof	**a estação** [ɐ ʃteˈsɐ̃u]
einsteigen	**subir** [suˈbir]
Ermäßigung	**a redução** [ɐ ʀɐduˈsɐ̃u]
Fahrkarte	**o bilhete** [u bəˈʎetɐ]
Fahrkartenkontrolle	**o controle dos bilhetes** [u kõnˈtrɔlə duʒ bəˈʎetəʃ]
Fahrkartenschalter	**bilheteira** [bəʎəˈteirɐ]
Fahrplan	**horário** [oˈrarju]
Fahrpreis	**preço do bilhete** [ˈpresu du bəˈʎetɐ]
Fensterplatz	**o lugar à janela** [u luˈgar_a ʒəˈnɛlɐ]
Gang	**o corredor** [u kuʀɐˈdor]
Gepäck	**a bagagem** [ɐ bəˈgaʒẽi]
Gepäckaufbewahrung	**depósito de bagagens** [dəˈpɔzitu də bəˈgaʒẽiʃ]
Gepäckschalter	**o balcão da bagagem** [u balˈkɐ̃u də bəˈgaʒẽi]
Gleis	**linha** [ˈliɲɐ]
Großraumwagen	**a carruagem de salão** [ɐ kɐʀuˈaʒẽi də səˈlɐ̃u]
Hauptbahnhof	**a estação central** [ɐ ʃteˈsɐ̃u sẽnˈtral]
Kinderfahrkarte	**meio-bilhete** [ˈmeju bəˈʎetɐ]
Nichtraucherabteil	**compartimento para não fumadores** [kõmpɐrtiˈmẽntu ˈpɐrɐ nɐ̃u fuməˈdorəʃ]
Platzkarte	**o bilhete de reserva de lugar** [u bəˈʎetɐ də ʀəˈzɛrvə də luˈgar]
Raucherabteil	**compartimento para fumadores** [kõmpɐrtiˈmẽntu ˈpɐrɐ fuməˈdorəʃ]
Reservierung	**reserva** [ʀəˈzɛrvɐ]
Rückfahrkarte	**o bilhete de ida e volta** [u bəˈʎetɐ d_ˈidɐ i ˈvɔltɐ]
Schließfach	**cacifo** [kəˈsifu]
Speisewagen	**o vagão-restaurante** [u vaˈgɐ̃u ʀəʃtauˈrẽntɐ]
Wagennummer	**número da carruagem** (*Br* do **vagão**) [ˈnuməru də kəˈʀwaʒẽi (du vaˈgɐ̃u)]
Wartesaal	**sala de espera** [ˈsalə də_ʃpɛrɐ]
Zug	**comboio** [kõmˈbɔju], *(Br)* o **trem** [u trẽi]
Zuschlag	**suplemento** [supləˈmẽntu]

Schiff

Fahren Sie bei schönem Wetter in Lissabon doch einmal mit der Fähre (*cacilheiro*) nach Cacilhas auf die andere Seite des Flusses. Schauen Sie sich Lissabon von unterwegs an, in einem ganz anderen Licht…

Auskunft

Wann fährt das nächste Schiff / die nächste Fähre nach… ab?	**Quando parte o próximo navio / o próximo ferry-boat (*Br* a próxima barca) para…?** ['kwẽndu 'part‿u 'prɔsimu nɐ'viu/u 'prɔsimu 'fɛri bot (a 'prɔsimɐ 'barkɐ) 'pɐrɐ]
Wie lange dauert die Überfahrt?	**Quanto tempo dura a travessia?** ['kwẽntu 'tẽmpu 'dur‿a trɐvɐ'siɐ]
Wann legen wir in… an?	**Quando chegamos a…?** ['kwẽndu ʃɐ'gɐmuz‿ɐ]
Wie lange haben wir Aufenthalt in…?	**Quanto tempo é a paragem em…?** ['kwẽntu 'tẽmpu ɛ ɐ pɐ'raʒẽi ẽi]
Ich möchte eine Schiffskarte nach…	**Queria uma passagem para…** [kɐ'riɐ 'umɐ pɐ'saʒẽi 'pɐrɐ]
1. Klasse	**primeira classe** [pri'meirɐ 'klasə]
Touristenklasse	**classe turística** ['klasɐ tu'riʃtikɐ]
Ich möchte eine Karte für die Rundfahrt um… Uhr.	**Queria um bilhete para a excursão das… (horas).** [kɐ'riɐ ũm bɐ'ʎetɐ 'pɐr‿a ʃkur'sɐ̃u dɐʃ … ('ɔrɐʃ)]

An Bord

Wo ist der Speisesaal / der Aufenthaltsraum?	**Onde é a sala de jantar / o salão?** [ond‿ɛ ɐ 'salɐ də ʒẽn'tar/u sɐ'lɐ̃u]
Ich fühle mich nicht wohl.	**Não me sinto bem.** [nɐ̃u mə 'sĩntu bẽi]
Rufen Sie bitte den Schiffsarzt!	**Faça-me o favor de chamar o médico de bordo!** ['fasɐm‿u fɐ'vor də ʃɐ'mar‿u 'mɛdiku də 'bɔrdu]
Geben Sie mir bitte ein Mittel gegen Seekrankheit.	**Pode-me dar um remédio contra o enjoo (ôo), faz favor?** ['pɔdəmə dar‿ũ ʀɐ'mɛdju 'kõntrɐ u ẽ'ʒou faʃ fɐ'vor]

anlegen in	**atracar em** [ɐtrɐ'kar_ẽi]
Buchung	**reserva** [ʀə'zɛrvɐ]
Deck	**o convés** [u kõ'vɛʃ]
Fähre	**o ferry-boat** [u 'fɛri bot]
	(in Lissabon) **cacilheiro** [kɐsi'ʎeiru]
Autofähre	**o ferry-boat** [u 'fɛri bot]
	(Br) **barca** ['barkɐ]
Fahrkarte	**o bilhete** [u bɐ'ʎetɐ]
Hafen	**porto** ['portu]

Kabine	**o camarote** [u kɐmɐ'rɔtɐ]
Kapitän	**o comandante** [u kumẽn'dẽntɐ]
Kreuzfahrt	**cruzeiro** [kru'zeiru]
Küste	**costa** ['kɔʃtɐ]
Landausflug	**a excursão a terra** [ɐ ʃkur'sẽu ɐ 'tɛʀɐ]
Luftkissenboot	**o hovercraft** [u ovɐr'kraft]
Rettungsboot	**barco salva-vidas** ['barku 'salvɐ 'vidɐʃ]
Rettungsring	**bóia salva-vidas** ['bɔjɐ 'salvɐ 'vidɐʃ]
Rundfahrt	**volta** ['vɔltɐ], **a excursão** [ɐ ʃkur'sẽu]
Schwimmweste	**o colete de salvação** [u ku'letɐ dɐ salvɐ'sẽu]
Seegang	**a ondulação** [ɐ õndulɐ'sẽu]
seekrank	**enjoado** [ẽ'ʒwadu]
Tragflügelboot	**o hidrofoil** [u idrɔ'fɔil]

Nahverkehrsmittel

In den großen Städten ist das Netz der öffentlichen Verkehrsmittel gut
ausgebaut. U-Bahn gibt es bis jetzt nur in Lissabon, ab dem Jahr 2002/03
wird auch in Porto der erste Streckenabschnitt fertig gestellt sein.
Die Straßenbahn, Lissabons liebstes Kind, ist vor allem zu empfehlen,
wenn man etwas Zeit hat. Versuchen Sie es mit der Linie Nummer 28!
Ein praktischer Tipp: Kaufen Sie Mehrfahrkarten im Voraus oder eine Ta-
geskarte. Sie sind u.a. an Kiosken und in den U-Bahnstationen erhältlich.
Für Lissabon gibt es eine Karte *(cartão Lisboa)* für 1 bis 3 Tage. Andern-
falls müssen Sie die Einheitskarte lösen, die verhältnismäßig teuer ist.

Bitte, wo ist die nächste …	**Faz favor, onde é a… mais próxima?** [faʃ fɐ'vor õnd‿ɛ ɐ … maiʃ 'prɔsimɐ]
Bushaltestelle?	**paragem do autocarro (*Br* parada do ônibus)** [pɐ'raʒẽi du auto'kaʀu (pa'radɐ du 'onibus)]
Straßenbahnhaltestelle?	**paragem do eléctrico (*Br* parada do bonde)** [pɐ'raʒẽi du i'lɛtriku (pa'radɐ du 'bõndi)]
U-Bahnstation?	**estação do metro (*Br* metrô)** [ʃtɐ'sẽu du 'mɛtru (me'tro)]
Welche Linie fährt nach…?	**Qual é a linha que vai para…?** [kwal‿ɛ ɐ 'liɲɐ kɐ vai 'pɐɐ]
Wann fährt die erste/letzte U-Bahn nach…?	**A que horas é o primeiro/último metro (*Br* metrô) para…?** [ɐ 'kjɔrɐz‿ɛ u pri'meiru/'ultimu 'mɛtru (me'tro) 'pɐɐ]
Ist dies der richtige Bus nach…?	**É este o autocarro (*Br* ônibus) para…?** [ɛ 'eʃt‿u auto'kaʀu ('onibus) 'pɐɐ]
Wie viele Haltestellen sind es?	**Quantas paragens (*Br* paradas) são?** ['kwẽntɐʃ pɐ'raʒẽiʃ (pa'radɐs) sẽu]
Wo muss ich aussteigen/umsteigen?	**Onde tenho que descer/mudar?** ['õndɐ 'teɲu kɐ dɐʃ'ser/mu'dar]
Geben Sie mir bitte Bescheid, wenn ich ausstei-gen muss.	**Pode-me avisar quando eu tiver de descer?** ['pɔdɐm‿ɐvi'zar 'kwẽndu eu ti'vɛr dɐ dɐʃ'ser]
Bitte, einen Fahrschein nach…	**Um bilhete para…, faz favor.** [ũm bɐ'ʎetɐ 'pɐɐ … faʃ fɐ'vor]

Es ist in Portugal üblich, an den Bus- oder Straßenbahnhaltestellen Schlange zu stehen. Lustigerweise ist die Schlange indirekt auch eine Art Fahrplan: Ist sie sehr lang, so wird der Bus / die Straßenbahn bald kommen…

Achtung! Bus oder Straßenbahn halten nicht automatisch an den Haltestellen, auch wenn dort Leute stehen. Man muss schon den Arm herausstrecken, und zwar so, dass der Fahrer das Zeichen von weitem sieht. Dies hat damit zu tun, dass an einer Haltestelle meistens mehrere Linien halten. Erst das Handzeichen sagt dem Fahrer, dass jemand gern mitfahren möchte.

Abfahrt	**partida** [pɐrˈtidɐ]
Bus	**autocarro** (*Br* **o ônibus**) [autoˈkaʀu (u ˈonibus)]
Busbahnhof	**a estação rodoviária** [ɐ ʃtɐˈsɐ̃u ʀɔdɔˈvjarjɐ]
einsteigen	**subir** [suˈbir]
Endstation	**término** [ˈtɛrminu]
entwerten	**obliterar** [oblitɐˈrar]
Fahrkartenautomat	**máquina automática de bilhetes** [ˈmakinɐ autuˈmatikɐ dɐ bɐˈʎetɐʃ]
Fahrplan	**horário** [oˈrarju]
Fahrpreis	**preço do bilhete** [ˈpresu du bɐˈʎetɐ]
Fahrschein	**o bilhete** [u bɐˈʎetɐ]
Fahrscheinentwerter	**o obliterador de bilhetes** [u oblitɐrɐˈdor dɐ bɐˈʎetɐʃ]
Haltestelle	**a paragem** [ɐ pɐˈraʒẽi] (*Br*) **parada** [paˈradɐ]

Bushaltestellen auf Überlandstrecken sind oft nur auf einer Straßenseite durch ein Halteschild gekennzeichnet. Dieses Schild gilt jedoch für beide Straßenseiten und damit für beide Richtungen.

Kontrolleur	**o revisor** [u ʀɐviˈzor]
Mehrfahrtenkarte	**o bilhete múltiplo** [u bɐˈʎetɐ ˈmultiplu]
Nahverkehrszug	**comboio** (*Br* **o trem**) **suburbano** [kõˈbɔju (u trẽi) suburˈbɐnu]
Obus	**o trólei** [u ˈtrɔlei] (*Br*) **o trolebus** [u trɔleˈbus]
Richtung	**a dire(c)ção** [ɐ dirɛˈsɐ̃u]
S-Bahn	**comboio** (**o trem**) **rápido suburbano** [kõˈbɔju (u trẽi) ˈʀapidu suburˈbɐnu]
Schaffner	**o condutor** [u kõduˈtor], **o revisor** [u ʀɐviˈzor]
Stadtbus	**autocarro** [autoˈkaʀu] (*Br*) **o ônibus** [u ˈonibus]
Straßenbahn	**eléctrico** [iˈlɛtriku] (*Br*) **o bonde** [u ˈbõndi]

Tageskarte	**o bilhete diário** [u bəˈʎetə diˈarju]
U-Bahn	**metropolitano** [mətrupuliˈtɐnu], **metro** [ˈmɛtru], *(Br)* **o metrô** [u meˈtro]
Überlandbus	**camioneta** (*Br* **o ônibus interurbano**) [kamjuˈnɛtɐ (u ˈonibus ĩntɛrurˈbɐnu)]
Wochenkarte	**o passe semanal** [u ˈpasə səmɐˈnal]
Zahnradbahn	**linha de cremalheira** [ˈliɲɐ də krəmɐˈʎeirɐ]
Zeitkarte	**o passe** [u ˈpasə]

Taxi

Taxifahren ist in Portugal kein Luxus. Die Preise sind wirklich sehr günstig. Wenn Sie z. B. zu viert sind, lohnt es sich immer, das Taxi zu nehmen. Aber nicht vergessen: Für Koffer muss man eine Extragebühr bezahlen.

Früher konnte man Taxis sofort erkennen, sie waren die einzigen schwarzen Autos mit hellgrünem Dach. Leider kam man im Zuge der EU-Standardisierung auf die Idee, alle portugiesischen Taxis auf Beige umlackieren zu lassen. In der Großstadt erkennt man die Wagen an der Aufschrift *Taxi* auf den Vordertüren und dem Dach. In kleineren Städten und Gemeinden kennzeichnet nur ein „A" an den Vordertüren die Taxis. Sie fahren dort auch nicht mit Taxameter, sondern man muss mit dem Fahrer den Fahrpreis im Voraus ausmachen.

Apropos Preis: Beim Taxifahren gilt der alte Spruch „Vertrauen ist gut, Kontrolle ist besser". Für eine längere Strecke (auch mit den normalen Taxis) fragen Sie lieber vorher, mit wie viel Sie bis zu Ihrem Ziel rechnen müssen. Das hilft … Wenn Sie jedoch das Gefühl haben, dass zu viel kassiert wurde, verlangen Sie eine Quittung *(recibo)*, um sich damit notfalls beschweren zu können. Doch solch schwarze Schafe sind eher die Ausnahme …

Wo ist der nächste Taxistand?	**Pode-me dizer onde é a praça de táxis mais próxima?** [ˈpɔdəmə diˈzer ˈond‿ɛ ɐ ˈprasɐ də ˈtaksiʒ maiʃ ˈprɔsimɐ]
Zum Bahnhof.	**Para a estação.** [ˈpɐra ʃtɐˈsɐ̃u]
Zum … Hotel.	**Para o hotel …** [ˈpɐrɐ u ɔˈtɛl]
In die …-Straße.	**Rua …** [ˈʀuɐ]
Nach …, bitte.	**Para …, faz favor.** [ˈpɐrɐ … faʃ fɐˈvor]
Wie viel kostet es nach …?	**Quanto terei de pagar para ir até …?** [ˈkwɐntu təˈrei də pɐˈgar ˈpɐrɐ ir‿ɐˈtɛ]

Halten Sie bitte hier.	**Pare aqui, por favor.** ['par‿ɐ'ki pur fɐ'vor]
Ich hätte gerne die Quittung.	**Queria o recibo, faz favor.** [kə'riɐ u rə'sibu faʃ fɐ'vor]
Das ist für Sie.	**Isto é para si (*Br* para você).** ['iʃtu ɛ 'pɐrɐ si ('pɐrɐ vɔ'se)]

halten	**parar** [pɐ'rar]
Hausnummer	**número da porta** ['numəru dɐ 'pɔrtɐ]
Kilometerpreis	**preço por quilómetro (ô)** ['presu pur ki'lɔmətru]
Pauschalpreis	**preço total** ['presu tu'tal]
Quittung	**recibo** [ʀə'sibu]
Taxifahrer	**o motorista de táxi** [u mutu'riʃtɐ dɐ 'taksi]
Taxistand	**praça de táxis** ['prasɐ dɐ 'taksiʃ]
Trinkgeld	**gorjeta** [gur'ʒetɐ]

Reisen mit Kindern

Kinderliebe Improvisationskünstler
Zuerst die gute Nachricht: Portugiesen mögen Kinder sehr gerne. Das sagt man nicht nur, man spürt es auch. Kinder dürfen sich wie Kinder bewegen, sie werden akzeptiert und nicht nur toleriert. Wundern Sie sich also nicht, wenn Ihr Kind von Fremden angesprochen und sogar gestreichelt wird.
Übrigens: In den öffentlichen Transportmitteln fahren Kinder bis 4 Jahre kostenlos. Kinder zwischen 4 und 12 Jahren zahlen nur 50%.
Und jetzt die schlechtere Nachricht: Die Infrastruktur für Kinder unterwegs ist nicht perfekt. Nicht auf jedem Rastplatz wird es eine Wickelkommode geben. Man wird oft improvisieren müssen. Auch in den Restaurants werden Sie nicht immer Hochstühle für Kinder finden. Doch der Ober wird bestimmt Kissen bringen, bis das Kind zwar wackelig sitzt, sich aber wie ein/e König/in fühlt.

Nützliches für hier und dort

Gibt es hier einen Kinderspielplatz?
Há aqui um parque infantil?
[a ɐ'ki ũ 'park_ĩfẽn'til]

Gibt es hier Kinderbetreuung?
Há aqui baby-sitting?
[a ɐ'ki 'beibi 'sitiŋ]

Ab welchem Alter?
A partir de que idade?
[ɐ pɐr'tir də k_i'dade]

Kennen Sie jemand, der bei uns babysitten kann?
Conhece alguém que possa fazer baby-sitting para nós? [ku'ɲɛs_al'gẽi kə 'pɔsɐ fɐ'zer 'beibi 'sitiŋ 'pɐrɐ nɔʃ]

Haben Sie ein Babyfon?
Tem um interfone para bebés?
[tẽi ũ ĩntɐr'fɔnə 'pɐrɐ bɛ'bɛʃ]

Gibt es Veranstaltungen für Kinder?
Há a(c)tividades para as crianças?
[a ɐtivi'dadeʃ 'pɐr_aʒ krj'ẽsɐʃ]

Bekommen Kinder eine Ermäßigung?
Há desconto para crianças?
[a dɐʃ'kõntu 'pɐrɐ krj'ẽsɐʃ]

Wo bekomme ich Windeln?
Onde é que posso comprar fraldas?
[õnd_ɛ kə 'pɔsu kõm'prar 'fraldɐʃ]

Unterwegs

Wir reisen mit Kind. Können wir einen Platz ganz vorn bekommen?
Vamos com uma criança. Pode-nos dar um lugar mesmo à frente?
['vɐmuʃ kõ 'umɐ krj'ẽsɐ. 'pɔdənuʃ dar_ũ lu'gar 'meʃm_a 'frẽntɐ]

Haben Sie einen Kindersicherheitsgurt?
Tem um cinto de segurança para criança? [tẽi ũ 'sĩntu də səgu'rẽsɐ 'pɐrɐ krj'ẽsɐ]

Haben Sie vielleicht Stifte und Papier? **Tem por acaso lápis e papel?** [tẽi pur‿ɐ'kazu 'lapiz‿i pɐ'pɛl]

Verleihen Sie Kinderautositze? **Aluga assentos de automóvel para criança?** [ɐ'lug‿a'sẽntuʒ d‿autu'mɔvɛl 'pɐrɐ krj'ẽsɐ]

Im Restaurant

Bringen Sie bitte noch einen Kinderstuhl. **Traga mais uma cadeira para criança, faz favor.** ['tragɐ maiz‿'umɐ kɐ'deirɐ 'pɐrɐ krj'ẽsɐ faʃ fɐ'vor]

Gibt es auch Kinderportionen? **Há também doses para crianças?** [a tẽm'bẽi 'dɔzɐʃ 'pɐrɐ krj'ẽsɐʃ]

Könnten Sie mir bitte das Fläschchen warm machen? **Pode-me aquecer o biberão, faz favor?** ['pɔdɐm‿ɐkɛ'ser‿u bibɐ'rẽu faʃ fɐ'vor]

Gibt es hier einen Wickelraum? **Há aqui um fraldário?** [a ɐ'ki ũ fral'darju]

Wo kann ich stillen? **Onde é que posso dar de mamar ao bebé?** [õnd‿ɛ kɐ 'pɔsu dar dɐ mɐ'mar‿au bɛ'bɛ]

Babyfon — **o interfone para bebés** [u ĩntɐr'fɔnɐ 'pɐrɐ bɛ'bɛʃ]

Babyschale *(fürs Auto)* — **cadeira concha para bebé** [kɐ'deirɐ 'kõʃɐ 'pɐrɐ bɛ'bɛ]

Fläschchenwärmer — **o aquecedor de biberão** [u ɐkɛsɐ'dor dɐ bibɐ'rẽu]

Insektenfrei-Steckdose — **anti-insectos elé(c)trico** [ẽn'ti ĩ'sɛtuz‿i'lɛtriku]

Junge — **menino** [mɐ'ninu]

Kinderbecken — **piscina para crianças** [pɐʃ'sinɐ 'pɐrɐ krj'ẽsɐʃ]

Kinderbett — **cama de criança** ['kemɐ dɐ krj'ẽsɐ]

Kinderermäßigung — **desconto para crianças** [dɐʃ'kõntu 'pɐrɐ krj'ẽsɐʃ]

Kindernahrung — **a alimentação infantil** [ɐ ɐli'mẽntɐ'sẽu ĩfẽn'til]

Kindersitz *(fürs Auto)* — **assento de automóvel para criança** [ɐ'sẽntu d‿autu'mɔvɛl 'pɐrɐ krj'ẽsɐ]

Kindersitzkissen *(fürs Auto)* — **almofada de criança para o automóvel** [almu'fadɐ dɐ krj'ẽsɐ pɐr‿u autu'mɔvɛl]

Kinderspielplatz — **o parque infantil** [u 'park‿ĩfẽn'til]

Mädchen — **menina** [mɐ'ninɐ]

Malbuch — **caderno para colorir** [kɐ'dɛrnu 'pɐrɐ kulu'rir]

Planschbecken	**piscina de chapinhar** [pəʃ'sinɐ də ʃepi'ɲar]
Sandkasten	**caixa de areia** ['kaiʃɐ d_ɐrejɐ]
Sauger	**tetina** [tə'tinɐ]
Saugflasche	**o biberão** [u bibə'rēu]
Schildmütze	**o boné** [u bɔ'nɛ]
Schnuller	**chupeta** [ʃu'petɐ]
Schwimmflügel	**as braçadeiras de natação** [ɐʒ brɐsɐ'deireʒ də nɐtɐ'sēu]
Sonnenschutz	**a prote(c)ção solar** [ɐ prutɛ'sēu su'lar]
Spielkamerad	**companheiro/companheira de brincar** [kōmpɐ'ɲeiru/kōmpɐ'ɲeirɐ də brĩn'kar]
Spielsachen	**os brinquedos** [uʒ brĩn'keduʃ]
Trinkflasche	**o biberão de água (ou chá)** [u bibə'rēu d_'agwɐ (o ʃa)]
Wickeltisch	**cómoda muda-fraldas** ['kɔmudɐ 'mudɐ 'fraldeʃ]
Windeln	**as fraldas** [ɐʃ 'fraldeʃ]

Gesundheit ➤ auch Gesundheit, S. 143

Gibt es hier einen Kinderarzt?	**Há aqui um pediatra?** [a ɐ'ki_ūm pədi'atrɐ]
Mein Kind hat …	**O meu filho / A minha filha tem …** [u meu 'fiʎu / ɐ 'miɲɐ 'fiʎɐ tēi]
Es ist allergisch gegen …	**É alérgico/alérgica a …** [ɛ ɐ'lɛrʒiku/ɐ'lɛrʒikɐ ɐ]
Es ist gestochen worden.	**Foi picado/picada.** [foi pi'kadu/pi'kadɐ]
Allergie	**alergia** [ɐlər'ʒiɐ]
Ausschlag	**o eczema** [u ek'zemɐ]
Elektrolytlösung	**a solução de rehidratação** [ɐ sulu'sēu də rəidrɐtɐ'sēu]
Fieber	**a febre** [ɐ 'fɛbrɐ]
Heilnahrung	**a alimentação terapêutica** [ɐ ɐlimēntɐ'sēu tɐrɐ'peutikɐ]
Impfpass	**certificado de vacina** [sərtɐfi'kadu də vɐ'sinɐ]
Kinderkrankenhaus	**o hospital pediátrico** [u oʃpi'tal pədi'atriku]
Kinderkrankheit	**doença infantil** [dw'ēs_ĩfēn'til]
Masern	**sarampo** [sɐ'rēmpu]
Mumps	**papeira** [pɐ'peirɐ]
Pilz	**a micose** [ɐ mi'kɔzɐ]
Röteln	**rubéola** [ʀu'bɛulɐ]
Scharlach	**escarlatina** [ʃkɐrlɐ'tinɐ]
Windpocken	**varicela** [vɐri'sɛlɐ]

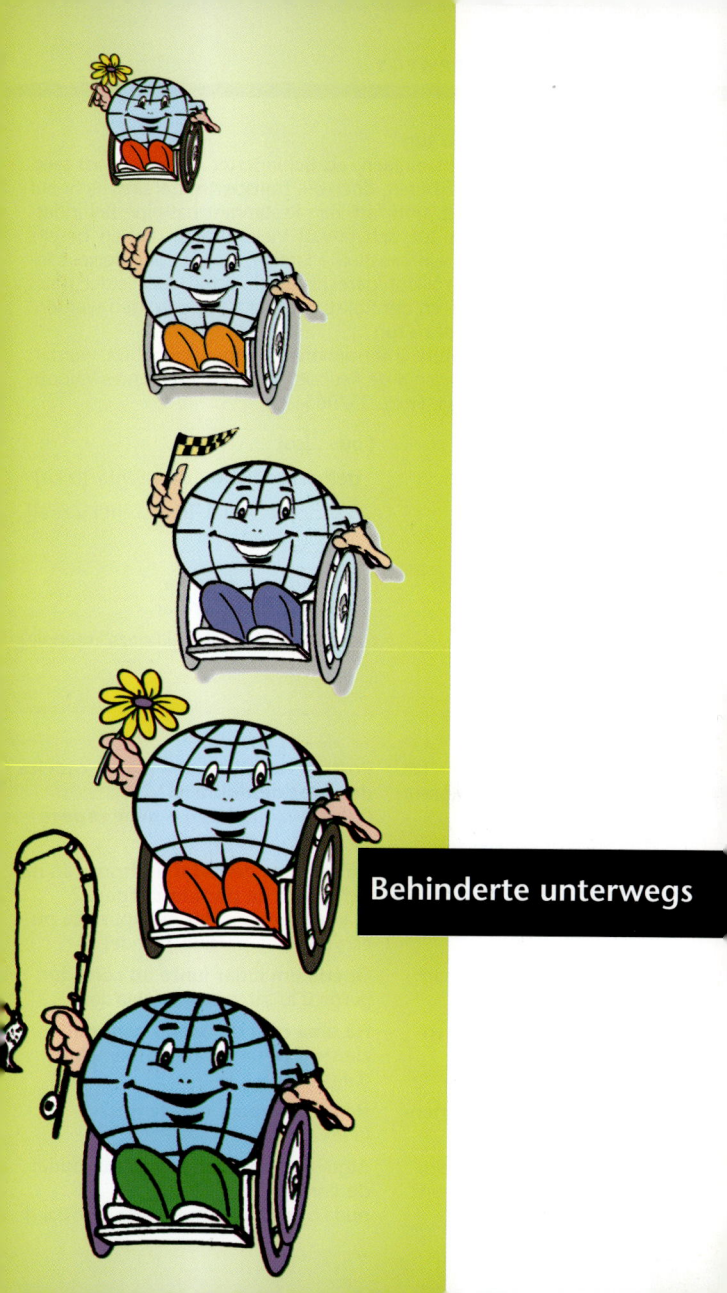

Behinderte unterwegs

Es bleibt noch viel zu tun

In Portugal ist es nicht einfach, als Behinderter unterwegs zu sein. Zwar sind alle sehr hilfsbereit, doch die Transportmittel sind nicht auf Behinderte vorbereitet, und fast kein Restaurant hat eine Behindertentoilette. Allerdings tut sich etwas! Viele Straßen haben bereits Rampen und die Ampeln akustische Signale für Sehbehinderte. Moderne Gebäude sind rollstuhlgerecht ausgestattet, aber leider muss bei den meisten anderen der Rollstuhlfahrer noch getragen werden. Es bleibt also noch viel zu tun…

Einzelheiten und weitere Informationen können eingeholt werden beim *Secretariado Nacional de Reabilitação*, Avenida Conde Valbom 63, P-1069-178 Lisboa, Fax (21)7965182.

Ich bin …	**Sou** … [so]
körperbehindert.	**deficiente físico.** [dəfəsi'ēntə 'fiziku]
sehbehindert.	**deficiente visual.** [dəfəsi'ēntə vizu'al]
Ich habe …	**Tenho** … ['teɲu]
eine Gehbehinderung.	**dificuldade no andar.** [dəfikul'dadə nu ēn'dar]
Multiple Sklerose.	**esclerose múltipla.** [ʃklə'rɔzə 'multiplɐ]

Unterwegs

Kann ich einen eigenen faltbaren Rollstuhl im Flugzeug mitnehmen?	**Posso levar no avião a minha cadeira de rodas desdobrável?** ['pɔsu lə'var nu ɐvi'ɐ̃u ɐ 'miɲɐ kɐ'deirɐ də 'rɔdeʒ dəʃdu'bravɛl]
Wird ein Rollstuhl am Abflug-/Zielflughafen bereitgestellt?	**Há cadeiras de rodas à disposição no aeroporto de partida/chegada?** [a kɐ'deirɐʒ də 'rɔdez‿a diʃpuzi'sɐ̃u nu ɛɛrɔ'portu də per'tidɐ/ʃə'gadɐ]
Ich möchte einen Sitz am Gang.	**Queria um lugar junto ao corredor.** [kə'riɐ ũ lu'gar ʒũnt‿au kuʀɐ'dor]
Gibt es eine Behindertentoilette?	**Há uma casa de banho para deficientes?** [a 'umɐ 'kazɐ də 'bɐɲu 'pɐrɐ dəfəsi'ēntəʃ]
Gibt es einen Behindertenwaschraum?	**Há lavabos para deficientes?** [a lɐ'vabuʃ 'pɐrɐ dəfəsi'ēntəʃ]
Könnte mir jemand beim Umsteigen behilflich sein?	**Alguém me poderia ajudar a mudar de comboio?** [al'gēi mə pudɐ'ri‿aʒu'dar ɐ mu'dar də kõm'bɔju]

Ist der Einstieg in die Wagen ebenerdig?

A entrada para as carruagens é ao nível do chão? [ɐ ẽn'tradɐ 'pɐr_ɐʃ kɐʀu'aʒẽiz_ɛ au 'nivɛl du ʃẽu]

Gibt es Niederflurbusse?

Há autocarros com piso rebaixado? [a auto'kaʀuʃ kõ 'pizu rɐbai'ʃadu]

Sind die Bahnsteige über Rampen für Rollstuhlfahrer zugänglich?

Há rampas de acesso às gares para pessoas em cadeiras de rodas? [a 'rẽmpɐʒ dɐ ɐ'sɛsu aʒ 'garɐʃ 'pɐre pɐ'soɐz_ẽi kɐ'deirɐʒ dɐ 'ʀɔdɐʃ]

Gibt es für Körperbehinderte Leihwagen mit Handgas?

Há carros com acelerador manual para deficientes físicos? [a 'kaʀuʃ kõ ɐsɐlɐrɐ'dor mɐnu'al 'pɐre dɐfɐsi'ẽntɐʃ 'fizikuʃ]

Vermieten Sie rollstuhlgerechte Wohnmobile?

Aluga autocaravanas equipadas para deficientes em cadeiras de rodas? [ɐ'lugɐ autokɐrɐ'vɐnɐz_iki'padɐʃ 'pɐre dɐfɐsi'ẽntɐz_ẽi kɐ'deirɐʒ dɐ 'ʀɔdɐʃ]

Kann man hier irgendwo Behindertenfahrräder leihen?

Há aqui algum sítio onde se possam alugar bicicletas para deficientes? [a ɐ'ki al'gũ 'sitju 'õndɐ sɐ 'pɔsẽ ɐlu'gar bɐsi'klɛtɐʃ 'pɐre dɐfɐsi'ẽntɐʃ]

Unterkunft

Können Sie mir bitte Informationen senden, welche Hotels in … für Rollstuhlfahrer geeignet sind.

Poderia enviar-me informações sobre hotéis em … adequados para pessoas em cadeiras de rodas? [pudɐ'riɐ ẽnvi'armɐ ĩfurmɐ'sõiʃ 'sobrɐ o'tɛiz_ẽi … ɐdɐ'kwaduʃ 'pɐre pɐ'soɐz_ẽi kɐ'deirɐʒ dɐ 'ʀɔdɐʃ]

Welche Hotels und Campingplätze haben behindertengerechte Einrichtungen?

Quais são os hotéis e parques de campismo equipados para deficientes? [kwaiʃ sẽu uz_o'tɛiʃ i 'parkɐʒ dɐ kẽm'piʃmu iki'paduʃ 'pɐre dɐfɐsi'ẽntɐʃ]

Was für einen Bodenbelag hat das Zimmer?

Como está revestido o chão do quarto? ['komu_ʃta rɐvɐʃ'tidu u ʃẽu du 'qwartu]

Sind die Badezimmer behindertengerecht ausgestattet?

As casas de banho estão equipadas para deficientes? [ɐʃ 'kasɐʒ dɐ 'bɐɲu ʃ'tẽu iki'padɐʃ 'pɐre dɐfɐsi'ẽntɐʃ]

Museen, Sehenswürdigkeiten, Theater ...

Ist die Ausstellung für Gehbehinderte über Aufzüge / stufenlose Zugänge erreichbar?

A exposição é acessível a pessoas com dificuldade no andar por meio de elevadores / entradas sem degraus? [ɐ ʃpuzi'sɐ̃u ɛ ɐsɐ'sivɛl ɐ pɐ'soɐʃ kõ dɐfikul'dadɐ nu‿ɐ̃ndar pur 'meju d‿ilevɐ'doraʃ/‿ɐ̃ntradɐʃ sɐ̃i dɐ'grauʃ]

Gibt es behindertengerecht konzipierte Führungen / Stadtführungen für Gehörlose?

Há visitas guiadas especiais para deficientes / voltas à cidade para pessoas surdas? [a vi'zitɐʒ gi'adɐʃ spɐ'sjaiʃ 'pɐrɐ dɐfɐsi'ɛ̃ntɐʃ/'voltɐʒ‿a si'dadɐ 'pɐrɐ pɐ'soɐʃ 'surdɐʃ]

Können Induktionsschleifen für Hörbehinderte eingeschaltet werden?

Podem-se ligar indutores magnéticos para deficientes auditivos? ['pɔdɐ̃isɐ li'gar ĩndu'toraʒ mɐ'gnɛtikuʃ 'pɐrɐ dɐfɐsi'ɛ̃ntɐs audi'tivuʃ]

Gibt es Museumsführungen / Theateraufführungen für Taubstumme/Blinde?

Há visitas do museu / representações de teatro para surdos-mudos/cegos? [a vi'zitɐʒ du mu'zeu/rɐprɐzɐ̃ntɐ'sõiʒ dɐ 'tjatru 'pɐrɐ 'surduʒ'muduʃ/'sɐguʃ]

barrierefrei	**sem obstáculos** [sɐ̃i obʃ'takuluʃ]
befahrbar	**transitável** [trɐ̃zi'tavɛl]
Begleitperson	**pessoa acompanhante** [pɐ'so‿akõmpɐ'ɲɛ̃ntɐ]
Behindertenausweis	**o cartão de deficiente** [u kɐr'tɐ̃u dɐ dɐfɐsi'ɛ̃ntɐ]
behindertengerecht	**equipado para deficientes** [iki'padu 'pɐrɐ dɐfɐsi'ɛ̃ntɐʃ]
Behindertenparkplatz	**estacionamento para deficientes** [ʃtɐsjunɐ'mɐ̃ntu 'pɐrɐ dɐfɐsi'ɛ̃ntɐʃ]
Behindertentoilette	**casa de banho para deficientes** ['kasɐ dɐ 'bɐɲu 'pɐrɐ dɐfɐsi'ɛ̃ntɐʃ]
Behindertenverband	**a associação de deficientes** [asusjɐ'sɐ̃u dɐ dɐfɐsi'ɛ̃ntɐʃ]
Betreuungsdienst	**serviço de assistência** [sɐr'visu d‿ɐsiʃ'tɛ̃nsjɐ]
blind	**cego** ['sɛgu]
Blinde/r	**cego/cega** ['sɛgu/'sɛgɐ]
Blindenhund	**o cão de cegos** [u kɐ̃u dɐ 'sɛguʃ]
Braille	**o Braille** [u 'brailɐ]
Breite	**largura** [lɐr'gurɐ]
Duschsitz	**assento para o duche** [ɐ'sɐ̃ntu 'pɐr‿u 'duʃɐ]

ebenerdig	**ao nível do chão** [au 'nivɛl du ʃẽu]
Einstiegshilfe	**auxílio para subir** [au'silju 'peɾɐ su'bir]
Epilepsie	**epilepsia** [ipilɛp'sjɐ]
Fahrdienst	**serviço de transporte** [sɐr'visu də trẽʃ'pɔrtɐ]
Flurbreite	**largura do corredor** [lɐr'guɾɐ du kuɾɐ'dor]
gehbehindert	**com dificuldade no andar** [kõ dəfikul'dadə nu_ẽndar]
Gehbehinderte/r	**pessoa com dificuldade no andar** [pə'soɐ kõ dəfikul'dadə nu_ẽndar]
gehörlos	**surdo** ['surdu]
Gehörlose/r	**o surdo / a surda** [u 'surdu/ɐ 'surdɐ]
geistig behindert	**deficiente mental** [dəfəsi'ẽntɐ 'mẽntal]
Haltegriff	**manípulo** [mɐ'nipulu]
Handbike	**andarilho** [ẽndɐ'riʎu]
Handgas *(Auto)*	**o acelerador manual** [u ɐsələɾɐ'dor mɐnu'al]
Handlauf	**o corrimão** [u kuɾi'mẽu]
Hebebühne	**plataforma elevadora** [plɐtɐ'form_iləvɐ'dorɐ]
Hilfsdienst, sozialer	**serviço de auxílio social** [sɐr'visu d_au'silju susi'al]
Höhe	**altura** [al'turɐ]
Hörbehinderte/r	**o/a deficiente auditivo/auditiva** [u/ɐ dəfəsi'ẽnt_audi'tivu/audi'tivɐ]
Hörgeschädigte/r	**pessoa com defeito auditivo** [pə'soɐ kõ də'feitu_audi'tivu]
Hublift	**equipamento elevador** [ikipɐ'mẽntu iləvɐ'dor]
Induktionsschleife	**o indutor magnético** [u ĩndu'tor mɐg'nɛtiku]
Kopfhörer	**o auscultador** [u auʃkultɐ'dor]
Körperbehinderung	**deficiência física** [dəfəsi'ẽsjɐ 'fizikɐ]
Krücke	**muleta** [mu'letɐ]
Lenkrad-Drehknopf *(Auto)*	**o volante com maçaneta** [u vu'lẽntɐ kõ mɐsɐ'netɐ]
Mobilitätsbehinderte/r	**pessoa com mobilidade reduzida** [pə'soɐ kõ mubəli'dadə rɐdu'zidɐ]
pflegebedürftig	**com necessidade de auxílio** [kõ nəsəsi'dad_au'silju]
Pflegestation, ambulante	**centro de cuidados ambulante** ['sẽntru də kui'daduz_ẽmbu'lẽntɐ]
querschnittsgelähmt	**paraplégico** [pɐɾɐ'plɛʒiku]
Rampe	**rampa** ['rẽmpɐ]
Rollstuhl	**cadeira de rodas** [kɐ'deiɾɐ də 'rɔdɐʃ]
Bordrollstuhl	**cadeira de rodas de transporte** [kɐ'deiɾɐ də 'rɔdɐʃ də trẽʃ'pɔrtɐ]
Elektrorollstuhl	**cadeira de rodas elé(c)trica** [kɐ'deiɾɐ də 'rɔdɐz_i'lɛtrikɐ]

Faltrollstuhl	**cadeira de rodas desdobrável** [kɐˈdeirɐ dɐ ˈrɔdɐʃ dɐʒduˈbravɛl]
Rollstuhl mit Hebelantrieb	**cadeira de rodas com a(c)ciona-mento por alavanca** [kɐˈdeirɐ dɐ ˈrɔdɐʃ kõ‿ɐsjunɐˈmẽntu pur‿ɐlɐˈvẽkɐ]
Rollstuhlfahrer	**pessoa em cadeira de rodas** [pɐˈsoɐ ɐ̃i kɐˈdeirɐ dɐ ˈrɔdɐʃ]
rollstuhlgängiger Wagen *(Zug)*	**a carruagem transitável para cadeira de rodas** [ɐ kɐʀuˈaʒɐ̃i trɐ̃ziˈtavɛl ˈpɐrɐ kɐˈdeirɐ dɐ ˈrɔdɐʃ]
rollstuhlgerecht	**equipado para cadeira de rodas** [ikiˈpadu ˈpɐrɐ kɐˈdeirɐ dɐ ˈrɔdɐʃ]
Rollstuhlkabine *(Schiff)*	**o camarote equipado para cadeira de rodas** [u kɐmɐˈrɔt‿ikiˈpadu ˈpɐrɐ kɐˈdeirɐ dɐ ˈrɔdɐʃ]
Rollstuhllifter *(Auto)*	**plataforma elevadora para cadeira de rodas** [plɐtɐˈfɔrm‿ilɐvɐˈdorɐ ˈpɐrɐ kɐˈdeirɐ dɐ ˈrɔdɐʃ]
Sanitäreinrichtungen	**as instalações sanitárias** [ɐz‿ĩʃtɐlɐˈsõiʃ sɐniˈtarjɐʃ]
Schwerstbehinderte/r	**o/a deficiente total** [u/ɐ dɐfɐsiˈẽntɐ tuˈtal]
sehbehindert	**deficiente visual** [dɐfɐsiˈẽntɐ vizuˈal]
Sehbehinderte/r	**o/a deficiente visual** [u/ɐ dɐfɐsiˈẽntɐ vizuˈal]
Sozialstation	**centro social de cuidados** [ˈsẽntru susiˈal dɐ kuiˈdaduʃ]
Steigung	**subida** [suˈbidɐ]
Stufe	**o degrau** [u dɐˈgrau]
stufenloser Zugang	**acesso sem degraus** [ɐˈsɛsu sɐ̃i dɐˈgrauʃ]
stumm	**mudo** [ˈmudu]
Taststock	**vara de cego** [ˈvarɐ dɐ ˈsɛgu]
taub	**surdo** [ˈsurdu]
taubstumm	**surdo-mudo** [ˈsurdu ˈmudu]
Taubstumme/r	**o surdo-mudo / a surda-muda** [u ˈsurdu ˈmudu/ɐ ˈsurdɐ ˈmudɐ]
Treppenstufe	**o degrau de escada** [u dɐˈgrau d‿ɐʃˈkadɐ]
Tür, automatische	**porta automática** [ˈpɔrt‿autuˈmatikɐ]
Türbreite	**largura da porta** [lɐrˈgurɐ dɐ ˈpɔrtɐ]
Türöffner, automatischer	**o abridor automático de portas** [u ɐbriˈdor‿autuˈmatiku dɐ ˈpɔrtɐʃ]
Türschwelle	**soleira da porta** [suˈleirɐ dɐ ˈpɔrtɐ]
Unterarmstützen	**as canadianas** [ɐʃ kɐnɐdiˈanɐʃ]
Zeichensprache	**a linguagem gestual** [ɐ lĩˈgwaʒɐ̃i ʒɛʃtuˈal]
Zugänglichkeit	**a acessibilidade** [ɐsɐsibiliˈdadɐ]

Unterkunft

> **Wie man sich bettet…**
> Sie können sich nach der Zahl der Sterne richten, nach einer persönlichen Empfehlung oder ganz einfach nach Ihrem Geldbeutel…
> Unterkünfte gibt es in jeder Farbe und Schattierung. Allgemein ist das Preisniveau nicht viel niedriger als bei Ihnen zu Hause. In der Hochsaison sind die Preise sogar ziemlich hoch.
> Ein Tipp sind die *Pousadas*. Dies sind staatlich-private, sehr gut geführte Hotels in besonders schönen Gebieten. Oft sind sie in historischen Gebäuden untergebracht.

Auskunft

Können Sie mir bitte … empfehlen?	**Faz favor, pode-me recomendar…** [faʃ fɐˈvor ˈpɔdəmə ʀɐkuˈmẽnˈdar]
ein gutes Hotel	**um bom hotel?** [ũm bõ ɔˈtɛl]
ein einfaches Hotel	**um hotel simples?** [ũ ɔˈtɛl ˈsĩmpləʃ]
eine Pension	**uma pensão?** [ˈumɐ pẽˈsɐ̃u]
Ist es zentral / ruhig / in Strandnähe gelegen?	**Fica no centro / num sítio sossegado / perto da praia?** [ˈfikɐ nu ˈsẽntru / nũ ˈsitju susəˈgadu / ˈpɛrtu dɐ ˈprajɐ]
Gibt es hier eine Jugendherberge / einen Campingplatz?	**Há aqui uma pousada de juventude / um parque de campismo (*Br* um camping)?** [a ɐˈki ˈumɐ poˈzadɐ də ʒuvẽnˈtudə/ũm ˈparkə dɐ kẽmˈpiʒmu (ũ ˈkẽmpiŋ)]

Hotel – Pension – Privatzimmer

An der Rezeption

Ich habe bei Ihnen ein Zimmer reserviert. Mein Name ist…	**Eu reservei um quarto. O meu nome é…** [eu ʀɐzɐrˈvei ũ ˈkwartu. u meu ˈnom‿ɛ]
Haben Sie noch Zimmer frei?	**Ainda tem quartos livres?** [ɐˈĩndɐ tẽi ˈkwartuʒ ˈlivrəʃ]
… für eine Nacht.	**… para uma noite.** [ˈpɐrɐ ˈumɐ ˈnoitɐ]
… für zwei Tage.	**… para dois dias.** [ˈpɐrɐ doiʒ ˈdiɐʃ]
… für eine Woche.	**… para uma semana.** [ˈpɐrɐ ˈumɐ səˈmɐnɐ]

Nein, wir sind leider belegt.	**Lamento, mas está tudo cheio.** [lɐˈmẽntu mɐʃ_ʃˈta ˈtudu ˈʃeju]
Ja, was für ein Zimmer wünschen Sie?	**Temos, sim. Que espécie de quarto deseja?** [ˈtemuʃ sĩ. kə ˈʃpɛsjə də ˈkwartu dəˈzeʒə]
ein Einzelzimmer	**um quarto individual** [ũ ˈkwartu ĩndəviˈdwal]
ein Zweibettzimmer	**um quarto de casal** [ũ ˈkwartu də kɐˈzal]
ein ruhiges Zimmer	**um quarto sossegado** [ũ ˈkwartu susəˈgadu]
mit Dusche	**com duche (*Br* ducha)** [kõ ˈduʃə (ˈduʃe)]
mit Bad	**com casa de banho (*Br* banheiro)** [kõ ˈkazɐ də ˈbɐɲu (baˈɲeru)]
mit Blick aufs Meer	**com vista para o mar** [kõ ˈviʃtɐ ˈpɐrɐ u mar]
Kann ich das Zimmer ansehen?	**Posso ver o quarto?** [ˈpɔsu ver_u ˈkwartu]
Können Sie noch ein drittes Bett / Kinderbett dazustellen?	**Pode pôr mais uma cama / uma cama de criança?** [ˈpɔdə por maiz_ˈumɐ ˈkɐmɐ/ˈumɐ ˈkɐmɐ də krjˈɐ̃sɐ]
Was kostet das Zimmer mit...	**Quanto custa o quarto com...** [ˈkwẽntu ˈkuʃtɐ u ˈkwartu kõ]
Frühstück?	**pequeno almoço (*Br* café da manhã)?** [pəˈken_alˈmosu (kaˈfɛ da maˈɲɐ)]
Halbpension?	**meia pensão?** [ˈmejɐ pẽˈsɐ̃u]
Vollpension?	**pensão completa?** [pẽˈsɐ̃u kõmˈplɛtɐ]
Bitte lassen Sie das Gepäck auf mein Zimmer bringen.	**Podem-me fazer o favor de levar a bagagem para o quarto?** [ˈpɔdẽimə fɐˈzer_u fɐˈvor də ləˈvar_ɐ bɐˈgaʒɐ̃i ˈpɐrɐ u ˈkwartu]
Wo kann ich den Wagen abstellen?	**Onde posso deixar o carro?** [ˈõndə ˈpɔsu deiˈʃar_u ˈkaʁu]
In unserer Garage. / Auf unserem Parkplatz.	**Na nossa garagem. / No nosso parque de estacionamento.** [nɐ ˈnɔsɐ gɐˈraʒɐ̃i / nu ˈnɔsu ˈparkə də_ʃtɐsjunɐˈmẽntu]

Fragen und Bitten ➤ auch Frühstück, S. 88

Ab wann gibt es Frühstück?	**A partir de que horas se pode tomar o pequeno almoço (*Br* o café da manhã)?** [ɐ pɐr'tir dɐ 'kjɔrɐʃ sɐ 'pɔdɐ tu'mar_u pɐ'ken_al'mosu (u ka'fɛ da ma'ɲɐ̃)]
Wann sind die Essenszeiten?	**A que horas são as refeições?** [ɐ 'kjɔrɐʃ sɐ̃u ɐʒ ʀɐfei'sõiʃ]
Wo ist der Speisesaal?	**Onde é a sala de jantar?** [õnd_ɛ ɐ 'salɐ dɐ ʒɐ̃n'tar]
Wecken Sie mich bitte morgen früh um ... Uhr.	**Acorde-me amanhã às ... horas, faz favor.** [ɐ'kɔrdɐm_amɐ'ɲɐ̃ aʃ ... 'ɔrɐʃ faʃ fɐ'vor]
Würden Sie mir bitte ... bringen?	**Podia fazer o favor de me trazer...** [pu'diɐ fɐ'zer_u fɐ'vor dɐ mɐ trɐ'zer]

Beanstandungen

Das Zimmer ist nicht gereinigt worden.	**O quarto não foi limpo.** [u 'kwartu nɐ̃u foi 'lĩmpu]
... funktioniert nicht.	**... não funciona.** [nɐ̃u fũsj'onɐ]
Der Wasserhahn tropft.	**A torneira pinga.** [ɐ tur'neirɐ 'pĩngɐ]
Es kommt kein (warmes) Wasser.	**Não corre água (quente).** [nɐ̃u 'koʀ_'agwɐ ('kẽntɐ)]
Die Toilette / Das Waschbecken ist verstopft.	**A retrete (*Br* privada)/bacia do lavatório está entupida.** [ɐ ʀɐ'trɛtɐ (pri'vadɐ)/bɐ'siɐ du lɐvɐ'tɔrju ʃta ɛ̃ntu'pidɐ]
Ich hätte gern ein anderes Zimmer.	**Queria que me desse outro quarto.** [kɐ'riɐ kɐ mɐ 'dɛs_'otru 'kwartu]

Abreise

Ich reise heute Abend / morgen um ... Uhr ab.	**Parto esta tarde / amanhã às ... horas.** ['partu 'ɛʃtɐ 'tardɐ/amɐ'ɲɐ̃ aʃ ... 'ɔrɐʃ]
Nehmen Sie Kreditkarten?	**Aceitam cartões de crédito?** [ɐ'seitɐ̃u kɐr'tõiʃ dɐ 'krɛditu]
Vielen Dank für alles. Auf Wiedersehen.	**Muito obrigado/obrigada por tudo. Adeus.** ['mũint_obri'gadu/obri'gadɐ pur 'tudu. ɐ'deuʃ]

Abendessen	**o jantar** [u ʒẽn'tar]
Anmeldung	**a recepção** [ɐ ʀɐsɛ'sẽu]
Aschenbecher	**cinzeiro** [sĩ'zeiru]
Aufenthaltsraum	**sala de estar** ['salɐ də_ʃtar]
Aufzug	**o elevador** [u iləvə'dor]
Badewanne	**banheira** [bɐ'ɲeirɐ]
Badezimmer	**casa de banho** ['kazɐ də 'beɲu]
	(Br) **banheiro** [ba'ɲeru]
Balkon	**varanda** [vɐ'rẽndɐ]
Bett	**cama** ['kɐmɐ]
Bettdecke	**colcha** ['kolʃɐ]; *(wollene)* **o cobertor**
	[u kubɐr'tor]
Bettwäsche	**roupa de cama** ['ʀopɐ də 'kɐmɐ]
Dusche	**o duche** [u 'duʃə]; *(Br)* **a ducha** [a 'duʃɐ]
Etage	**o andar** [u ẽn'dar]
Fenster	**janela** [ʒɐ'nɛlɐ]
Fernseher	**a televisão** [ɐ tələvi'zẽu]
Fernsehraum	**sala de televisão** ['salɐ də tələvi'zẽu]
Frühstück	**pequeno almoço** [pə'ken_al'mosu]
	(Br) **o café da manhã** [u ka'fɛ da ma'ɲẽ]
Frühstücksraum	**sala do pequeno almoço** *(Br* **do café**
	da manhã) ['salɐ du pə'ken_al'mosu
	(du ka'fɛ da ma'ɲẽ)]
Garage	**a garagem** [ɐ gɐ'raʒẽi]
Halbpension	**a meia pensão** [ɐ 'meiɐ pẽ'sẽu]
Handtuch	**toalha** ['twaʎɐ]
Hauptsaison	**estação alta** [ʃtɐ'sẽu 'altɐ]
Heizung	**aquecimento** [ɐkɛsi'mẽntu]
Kleiderbügel	**cruzeta** [kru'zetɐ]
Klimaanlage	**o ar condicionado** [u ar kõndəsju'nadu]
Kopfkissen	**almofada** [almu'fadɐ],
	travesseiro [trɐvə'seiru]
Lampe	**candeeiro** [kẽn'djeiru]
Licht	**a luz** [ɐ luʃ]
Lichtschalter	**o interruptor** [u ĩntərup'tor]
Matratze	**o colchão** [u kol'ʃẽu]
Minibar	**o minibar** [u mini'bar]
Mittagessen	**almoço** [al'mosu]
Motel	**o motel** [u mo'tɛl]
Nachttisch	**mesa-de-cabeceira**
	['mezɐ də kɐbɐ'seirɐ]
Nachttischlampe	**candeeiro de mesa-de-cabeceira**
	[kẽn'djeiru dɐ 'mezɐ dɐ kɐbɐ'seirɐ]
Nebensaison	**estação baixa** ['ʃtɐ'sẽu 'baiʃɐ]
Parkplatz	**o parque de estacionamento**
	[u 'parkə də_ʃtɐsjunɐ'mẽntu]
Pension	**a pensão** [ɐ pẽ'sẽu]
Radio	**rádio** ['ʀadju]
reinigen	**limpar** [lĩm'par]

75

Reservierung	**reserva** [ʀəˈzɛrvɐ]
Rezeption	**a recepção** [ɐ ʀəsɛˈsẽu]
Safe	**o cofre** [u ˈkɔfrə]
Schlüssel	**a chave** [ɐ ˈʃavə]
Schrank	**armário** [ɐrˈmarju]
Sessel	**cadeira de braços** [kɐˈdeirɐ dɐ ˈbrasuʃ]
Speisesaal	**sala de jantar** [ˈsalɐ dɐ ʒẽnˈtar]
Spiegel	**espelho** [ˈʃpeʎu]
Steckdose	**tomada** [tuˈmadɐ]
Stecker	**ficha** [ˈfiʃɐ], *(Br)* **plugue** [ˈplugi]
Terrasse	**terraço** [təˈʀasu]
Toilette	**casa de banho** [ˈkazɐ dɐ ˈbɐɲu] *(Br)* banheiro [baˈɲeru]
Toilettenpapier	**o papel higiénico (ê)** [u pɐˈpɛl_iˈʒjɛniku]
Transferbus	**o transferbus** [u trẽʃfɛrˈbus]
Türcode	**código de acesso** [ˈkɔdigu d_ɐˈsɛsu]
Übernachtung	**dormida** [durˈmidɐ] *(Br)* **o pernoite** [u perˈnoiti]
Ventilator	**o ventilador** [u vẽntilɐˈdor]
Verlängerungswoche	**semana suplementar** [səˈmɐnɐ supləmẽnˈtar]
Vollpension	**a pensão completa** [ɐ pẽˈsẽu kõmˈplɛtɐ]
Waschbecken	**lavatório** [lɐvɐˈtɔrju]
Wäschewechsel	**mudança de roupa** [muˈdẽsɐ dɐ ˈʀopɐ]
Wasser	**água** [ˈagwɐ]
kaltes Wasser	**água fria** [ˈagwɐ ˈfriɐ]
warmes Wasser	**água quente** [ˈagwɐ ˈkẽntɐ]
Wasserglas	**copo de água** [ˈkɔpu d_ˈagwɐ]
Wasserhahn	**torneira** [turˈneirɐ]
Zimmer	**quarto** [ˈkwartu]
Zimmermädchen	**criada de quarto** [krjˈadɐ dɐ ˈkwartu]
Zwischenstecker	**tomada intermediária** [tuˈmad_ĩntərməˈdjarjɐ], **a extensão múltipla** [ɐ ʃtẽˈsẽu ˈmultiplɐ]; *(Br)* **o benjamim** [u bẽʒaˈmĩ]

Ferienhäuser und Ferienwohnungen

Ist der Strom-/Wasser-verbrauch im Mietpreis ent-halten?	**O consumo de ele(c)tricidade / de água está incluído no aluguer?** [u kõˈsumu d_ilɛtrəsiˈdadɐ/d_ˈagwɐ ʃta ĩɲˈklwidu nu ɐluˈgɛr]
Sind Haustiere erlaubt?	**São permitidos animais domésticos?** [sẽu pərmiˈtiduz_ɐniˈmaiʒ duˈmɛʃtikuʃ]
Müssen wir die Endreini-gung selbst übernehmen?	**Temos de pagar nós a limpeza final?** [ˈtemuʒ dɐ pɐˈgar nɔz_ɐ lĩmˈpezɐ fiˈnal]

> auch Hotel – Pension – Privatzimmer, S.75

Anreisetag	**o dia da chegada** [u 'diɐ dɐ ʃə'gadɐ]
Apartment	**apartamento** [ɐpɐrtɐ'mẽntu]
Bauernhof, Urlaub auf dem ~	**turismo no espaço rural** [tu'riʒmu nu 'ʃpasu ʀu'ral]
Bungalow	**o bangaló (ô)** [u bẽngɐ'lɔ]
Endreinigung	**limpeza final** [lĩm'pezɐ fi'nal]
Etagenbett	**os beliches** [uʒ bə'liʃəʃ]
Ferienanlage	**aldeamento turístico** [aldjɐ'mẽntu tu'riʃtiku]
Ferienhaus	**casa de férias** ['kazɐ dɐ 'fɛrjɐʃ]
Geschirr	**louça** ['losɐ]
Geschirrtuch	**pano da louça** ['pɐnu dɐ 'losɐ]
Hausbesitzer/in	**proprietário/proprietária (da casa)** [pruprjɐ'tarju/pruprjɐ'tarjɐ (dɐ 'kazɐ)]
Haustiere	**os animais domésticos** [uz ɐni'maiʒ du'mɛʃtikuʃ]
Herd	**o fogão** [u fu'gɐ̃u]
Kaffeemaschine	**máquina de café** ['makinɐ dɐ kɐ'fɛ]
Kochnische	**a kitchenette** [ɐ kitʃi'nɛtə]
Kühlschrank	**frigorífico** [frigu'rifiku] *(Br)* **geladeira** [ʒelɐ'derɐ]
Miete	**renda** ['ʀẽndɐ]
Mikrowelle	**o micro-ondas** [u 'mikrɔ'õndɐʃ]
Müll	**lixo** ['liʃu]
Nebenkosten	**as despesas extraordinárias** [ɐʒ dəʃ'pezɐz ɐʃtrɐordi'narjɐʃ]
Schlafzimmer	**quarto de dormir** ['kwartu dɐ dur'mir]
Schlüsselübergabe	**entrega das chaves** [ẽn'trɛgɐ dɐʃ 'ʃavɐʃ]
Strom	**a ele(c)tricidade** [ɐ ilɛtrɐsi'dadɐ]
Studio	**estúdio** ['ʃtudju]
Toaster	**torradeira** [tuʀɐ'deirɐ]
vermieten	**alugar** [ɐlu'gar]
Wasserverbrauch	**consumo de água** [ko'˜sumu d_'agwɐ]
Wohnzimmer	**sala de estar** ['salɐ dɐ_ʃtar]
Zentralheizung	**aquecimento central** [ɐkɛsi'mẽntu sẽn'tral]

Camping

Gibt es in der Nähe einen Campingplatz?	**Há aqui perto um parque de campismo (Br um camping)?** [a ɐ'ki 'pɛrt_ũ 'parkə dɐ kẽm'piʒmu (ũ 'kẽmpiŋ)]
Haben Sie noch Platz für einen Wohnwagen / ein Zelt?	**Ainda tem lugar para uma caravana (Br um trailer) / uma tenda?** [ɐ'ĩndɐ tɐ̃i lu'gar 'pɐrɐ 'umɐ kɐrɐ'vɐnɐ (ũ 'treilɐ)/'umɐ 'tẽndɐ]

Wie hoch ist die Gebühr für… **Quanto se paga por…** ['kwẽntu sə 'page pur‿]

das Auto? **um carro?** [‿ũ 'kaʀu]

den Wohnwagen? **uma caravana (*Br* um trailer)?** [‿'umɐ kɐʀɐ'vɐnɐ (ũ 'treilɐ)]

das Wohnmobil? **uma autocaravana?** [‿'umɐ autɔkɐʀɐ'vɐnɐ]

das Zelt? **uma tenda?** [‿'umɐ 'tẽndɐ]

Vermieten Sie stationäre Wohnwagen? **Aluga caravanas (*Br* trailers) fixos?** [ɐ'lugɐ kɐʀɐ'vɐnɐʃ ('treilɐs) 'fiksuʃ]

Wir bleiben … Tage/Wochen. **Pensamos ficar … dias/semanas.** [pẽ'sɐmuʃ fi'kar … 'dieʃ/sə'mɐnɐʃ]

Wo sind… **Onde são…** ['õndɐ sɐ̃u]

die Toiletten? **as casas de banho (*Br* os banheiros)?** [ɐʃ 'kazeʒ də 'bɐɲu (uz ba'ɲerus)]

die Waschräume? **os lavabos?** [uʒ lɐ'vabuʃ]

die Duschen? **os duches (*Br* as duchas)?** [uʒ 'duʃəʃ (az 'duʃes)]

Campingausweis **o cartão de campista** [u kɐr'tɐ̃u də kɐ̃m'piʃtɐ]

Campingführer **o guia de campismo** [u 'giɐ də kɐ̃m'piʒmu]

Campingplatz **o parque de campismo** [u 'parkə də kɐ̃m'piʒmu], *(Br)* **o camping** [u 'kɐ̃mpiŋ]

Gasflasche **botija de gás** [bu'tiʒɐ də gaʃ]
Gaskartusche **cartucho de gás** [kɐr'tuʃu də gaʃ]
Geschirrspülbecken **o lava-louça** [u 'lavɐ 'losɐ]
Kocher **o fogão** [u fu'gɐ̃u]
Petroleumlampe **candeeiro de petróleo** [kɐ̃n'djeiru də pə'trɔlju]

Steckdose **tomada** [tu'madɐ]
Strom **a corrente** [ɐ ku'ʀẽntɐ]
Stromanschluss **tomada de corrente** [tu'madɐ də ku'ʀẽntɐ]

Trinkwasser **água potável** ['agwɐ pu'tavɛl]
Voranmeldung **pré-aviso** [prɛ ɐ'vizu], **a marcação prévia** [ɐ mɐrkɐ'sɐ̃u 'prɛvjɐ]

Waschraum **os lavabos** [uʒ lɐ'vabuʃ]
Wäschetrockner **secadora de roupa** [sɐkɐ'dorɐ də 'ʀopɐ]
Wasser **água** ['agwɐ]
zelten **acampar** [ɐkɐ̃m'par]

Gastronomie

Stockfisch über alles
Portugals Nationalgericht ist der Stockfisch *(bacalhau)*. Er wird zwar nicht an portugiesischen Küsten gefangen, ist aber tief verwurzelt in der gastronomischen Tradition von Norden bis Süden, von Westen bis Osten. Manche behaupten, es gibt 1000 Arten, Stockfisch zuzubereiten. Andere meinen, es seien nur 365 Arten, also eine für jeden Tag des Jahres. Wie auch immer: Es gibt tatsächlich sehr viele, gute Stockfischgerichte. Probieren Sie in Lissabon *Bacalhau à Brás*, in Porto *Bacalhau à Zé do Pipo* und überall *Bacalhau Assado na Brasa*. Übrigens, einmal im Jahr ist die ganze Nation durch das Essen vereint: Am Heiligen Abend ist es Sitte, Stockfisch zu essen. Da gibt es (meistens) *Bacalhau da Consoada*, gekocht mit Kohl und Kartoffeln.

Essen gehen

Wo gibt es hier …

Pode-me dizer, faz favor, onde há aqui … ['pɔdəmə di'zer faʃ fɐ'vor õnd_a ɐ'ki …]

ein gutes Restaurant?

um bom restaurante? [ũ bõ ʀɐʃtau'ʀẽntə]

ein nicht zu teures Restaurant?

um restaurante não muito caro? [ũ ʀɐʃtau'ʀẽntə nẽu 'mũintu 'karu]

einen Schnellimbiss?

um snack-bar (*Br* uma lanchonete)? [ũ snɛk bar ('uma lẽʃo'nɛti)]

Wo kann man hier in der Nähe gut/preiswert essen?

Onde se pode comer bem/barato aqui perto? ['õndə sə 'pɔdə ku'mer bẽi/bɐ'ratu ɐ'ki 'pɛrtu]

Bezeichnung portugiesischer Gaststätten
café – bietet vorwiegend warme und kalte Getränke, aber auch kleine Imbisse und einfache kleine Kuchen. Hat einen eigenen Charakter (s. auch S. 83).
pastelaria ist eine Konditorei und entspricht in etwa dem deutschen Café.
café-restaurante – Café, in dem man auch zu Mittag und zu Abend essen kann.
restaurante – serviert Mittag- und Abendessen, meistens Tagesessen, touristische Menüs oder à la carte. Entspricht dem deutschen Speiselokal.
snack-bar – Lokal, in dem man an der Theke oder am Tisch Getränke sowie Sandwiches, Vorspeisen und einige Gerichte bekommt.
bar – Lokal, in dem man Getränke aller Art bekommt.

cervejaria – Bierlokal, in dem man meistens auch *mariscos* (Meeres-früchte) essen kann.

tasca – kleines, volkstümliches Lokal, in dem man außer Getränken auch einfache Speisen bekommt.

esplanada – eine Art Straßencafé, bei schönem Wetter eine Verlän-gerung der Lokale auf die Straße (in Fußgängerzonen) oder auf den Bürgersteig.

Im Restaurant

Reservieren Sie uns bitte für heute Abend einen Tisch für 4 Personen.	**Pode-nos reservar para hoje à noite uma mesa para quatro pessoas, faz favor?** [ˈpɔdənuʒ ʀəzərˈvar ˈpɐɐ ˈoʒ_a ˈnoitə ˈumɐ ˈmezɐ ˈpɐɐ ˈkwatru pəˈsoɐʃ faʃ fɐˈvor]
Ist dieser Tisch/Platz noch frei?	**Esta mesa / Este lugar está livre?** [ˈɛʃtɐ ˈmezɐ/ˈeʃtɐ luˈgar ʃta ˈlivrə]
Einen Tisch für zwei/drei Personen, bitte.	**Uma mesa para duas/três pessoas, faz favor.** [ˈumɐ ˈmezɐ ˈpɐɐ ˈduɐʃ/treʃ pəˈsoɐʃ faʃ fɐˈvor]
Wo sind bitte die Toiletten?	**Onde é a casa de banho (*Br* o ban-heiro), por favor?** [ˈõnd_ɛ ɐ ˈkazɐ də ˈbɐɲu (u baˈɲeru) pur fɐˈvor]
Darf ich rauchen?	**Dá-me licença que fume?** [ˈdamə liˈsẽsɐ kə ˈfumə]

Bestellung

Vergessen Sie in einem Restaurant nicht, extra zu sagen, dass Sie die Getränke gleich haben möchten. Meistens werden sie erst mit dem Essen gebracht.

Herr Ober/Bedienung, …	**Faz favor …** [faʃ fɐˈvor]
die Speisekarte,	**a lista (*Br* o cardápio).** [ɐ ˈliʃtɐ (u karˈdapju)]
die Getränkekarte, bitte.	**a lista das bebidas.** [ɐ ˈliʃtɐ deʒ bəˈbidɐʃ]
die Weinkarte, bitte.	**a carta de vinhos.** [ɐ ˈkartɐ də ˈviɲuʃ]
Was können Sie mir emp-fehlen?	**O que é que me aconselha?** [u kjɛ kə m_ɐkõˈseʎɐ]

Gibt es auch Kinderportionen?	**Tem também doses para crianças?** [tẽi tẽm'bẽi 'dɔzəʃ 'pɐɾe krj'ẽsəʃ]
Haben Sie schon gewählt?	**Já escolheu/escolheram?** [ʒa ʃku'ʎeu/ʃku'ʎerẽu]
Ich nehme…	**Quero…** ['kɛru]
Als Vorspeise/Nachtisch/ Hauptgericht nehme ich…	**Como entrada / De sobremesa / Como prato principal quero…** ['komu ẽn'tradɐ/də sobrə'mezɐ/'komu 'pratu prĩsi'pal 'kɛru]
Ich möchte keine Vorspeise, danke.	**Eu não quero nenhuma entrada.** [eu nẽu 'kɛru nə'ɲum_ẽn'tradɐ]
Wir haben leider kein/e … (mehr).	**Lamento muito, mas (já) não temos…** [lɐ'mẽntu 'mũintu mɐʒ (ʒa) nẽu 'temuʃ]
Dieses Gericht servieren wir nur auf Bestellung.	**Este prato só é feito por encomenda.** ['eʃtɐ 'pratu sɔ ɛ 'feitu pur_ẽŋku'mẽndɐ]
Könnte ich statt … … haben?	**Eu queria … em vez de … Será possível?** [eu kə'riɐ … ẽi veʒ də … sə'ra pu'sivɛl]
Ich vertrage kein/e … Könnten Sie das Gericht ohne … zubereiten?	**Eu não posso comer … Pode-me fazer este prato sem …, por favor?** [eu nẽu 'pɔsu ku'mer … 'pɔdəmə fɐ'zer_'eʃtɐ 'pratu sẽi … pur fɐ'vor]
Wie möchten Sie Ihr Steak haben?	**Como deseja o bife?** ['komu də'zeʒɐ u 'bifə]
gut durch	**bem passado** [bẽi pɐ'sadu]
halb durch	**meio passado** ['meju pɐ'sadu]
englisch	**mal passado** [mal pɐ'sadu]
Was wollen Sie trinken?	**O que é que deseja/desejam beber?** [u kjɛ kə də'zeʒɐ/də'zeʒẽu bə'ber]
Bitte ein Glas…	**Um copo de …, faz favor.** [ũ 'kɔpu də … faʃ fɐ'vor]
Bitte eine Flasche / eine halbe Flasche…	**Uma garrafa / Meia garrafa de …, faz favor.** ['umɐ gɐ'ʀafɐ/'meje gɐ'ʀafɐ də … faʃ fɐ'vor]
Mit Eis, bitte.	**Com gelo, faz favor.** [kõ 'ʒelu faʃ fɐ'vor]

Könnten Sie bitte die Getränke vor dem Essen bringen?	**Podia trazer as bebidas antes da comida, faz favor?** [pu'diɐ trɐ'zer_eʒ bɐ'bidɐz_ẽntɐʒ dɐ ku'midɐ faʃ fɐ'vor]
Guten Appetit!	**Bom apetite!** [bõ ɐpɐ'titɐ]
Zum Wohl!	**À sua saúde!** [a suɐ sɐ'udɐ]
Haben Sie noch einen Wunsch?	**Deseja/Desejam mais alguma coisa?** [dɐ'zeʒɐ/dɐ'zeʒɐ̃u maiz_ɐl'gumɐ 'koizɐ]
Bitte bringen Sie uns…	**Traga-nos, faz favor…** ['tragɐnuʃ faʃ fɐ'vor]
Könnten wir noch etwas Brot/Wasser/Wein bekommen?	**Pode-nos trazer mais pão/água/vinho, faz favor?** ['pɔdɐnuʃ trɐ'zer maiʃ pɐ̃u/'agwɐ/'viɲu faʃ fɐ'vor]

Café

An den kleinen Tischen sitzen Frauen, Männer und Kinder, es ist laut, die Düsen des Espressoautomaten zischen geschäftig, es riecht nach Kaffee, aber auch etwas nach Zigarettenrauch, der Boden ist nicht super sauber: Wir sind im portugiesischen Café!

Das Café ist sozusagen die verlängerte Wohnung der Portugiesen. Das Frühstück schmeckt dort am allerbesten. Für wiederholte Kaffeepausen findet sich immer ein Vorwand. Der Kleinimbiss ist auch schnell auf dem Tisch. Nach Feierabend müsste man eigentlich noch auf einen Sprung vorbei, und natürlich nach dem Abendessen für den kleinen „Verdauungskaffee".

So sind die Cafés immer voller Leben. Man trifft sich dort mit Freunden, geht mit der ganzen Familie hin, liest in Ruhe die (mitgebrachte) Zeitung, lässt die Schuhe nebenbei auf Hochglanz bringen oder beobachtet einfach das Geschehen.

Keiner stört sich daran, wenn Kinder lachen, schreien oder einem in die Beine rennen.

Eine Sache ist aber tabu (dies gilt auch für Restaurants usw.): Setzen Sie sich zu niemandem an den Tisch, auch wenn es sonst keinen Platz gibt!

So, und jetzt probieren Sie einfach alles. Sicher ist: Sie werden das portugiesische Café vermissen, wenn Sie wieder zu Hause sind…

Bringen Sie mir bitte einen Espresso.	**Faz favor, traga-me um café.** [faʃ fɐ'vor 'tragɐm_ũm kɐ'fɛ]
Sind die Rührküchlein frisch? Dann möchte ich eines.	**Os queques são frescos? Então quero um.** [uʃ 'kɛkɐʃ sɐ̃u 'freʃkuʃ ẽn'tɐ̃u 'kɛr_ũ]

Ich möchte zahlen.	**Queria pagar.** [kə'riɐ pɐ'gar]
Auf Wiedersehen, bis morgen!	**Bom dia, até amanhã!** [bõ 'diɐ ɐtɛ amɐ'ɲẽ]
o café [u kɐ'fɛ] *(Lissabon)* **bica** ['bikɐ]	Espresso
(N-Portugal) **pingo** ['pĩngu] *(Lissabon)* **garoto** [gɐ'rotu]	Espresso mit etwas Milch
o carioca de café [u kɐrj'ɔkɐ də kɐ'fɛ]	Espresso mit Wasser verdünnt
meia de leite ['mejɐ də 'lejtɐ]	starker Kaffee und Milch, normale Tasse
o galão [u gɐ'lẽu]	starker Kaffee und Milch, großes Glas
copo de leite ['kɔpu də 'lejtɐ]	Glas Milch
o carioca de limão [u kɐrj'ɔkɐ də li'mẽu]	kleine Tasse echter Zitronentee *(aus Zitronenschale!)*
fino ['finu], **a imperial** [ɐ 'ĩmpɐrjal]	kleines Bier vom Fass
caneca [kɐ'nɛkɐ]	großes Bier vom Fass
sumo de laranja ['sumu də lɐrẽʒɐ]	Orangensaft
laranjada [lɐrẽʒadɐ]	Orangeade
água mineral ['agwɐ minɐ'ral]	Mineralwasser
torrada [tu'ʀadɐ]	Riesenbuttertoast
tosta mista ['tɔʃtɐ 'miʃtɐ]	warmer, gemischter Toast (mit Schinken u. Käse)
francesinha [frẽsə'ziɲɐ]	warmer Toast, üppig gefüllt, mit pikanter Sauce
cachorro (quente) [kɐ'ʃoʀu ('kẽntə)]	Hotdog
prego ['prɛgu]	kleines Naturschnitzel im Brötchen
as sandes [ɐʃ 'sẽndəʃ]	belegte Brötchen
o queque [u 'kɛkə]	einfaches Küchlein aus Rührteig *(ideal für Kinder)*
os bolos [uʒ 'boluʃ]	kleine Kuchen *(keine Torten)*
o croissant [u krwa'sẽ]	Hörnchen
o croissant com fiambre [u krwa'sẽ kõ 'fjẽmbrə]	Hörnchen mit gekochtem Schinken

Beanstandungen

Auch wenn Ihnen nicht danach ist: Vergessen Sie nicht das Zauber-wörtchen *desculpe* vor der Beschwerde und ein Lächeln. So kommen Sie mit Sicherheit durch.

Hier fehlt ein/e…	**Falta aqui um …/ uma…** ['falt‿a'ki ũ/'umɐ]
Haben Sie mein/e … verges-sen?	**Esqueceu-se do meu …/ da minha…?** [ʃkɛ'seusə du meu .../dɐ 'miɲɐ ...]
Das habe ich nicht bestellt.	**Não foi isto que eu pedi.** [nɐ̃u foi 'iʃtu kjeu pə'di]
Die Suppe ist kalt/versalzen.	**A sopa está fria/salgada** [ɐ 'sopɐ ʃta 'friɐ/sal'gadɐ]
Das Fleisch ist zäh / zu fett.	**A carne é dura / tem muita gordura.** [ɐ 'karn‿ɛ 'durɐ/tɐ̃i 'mũintɐ gur'durɐ]
Der Fisch ist nicht frisch.	**O peixe não é fresco.** [u 'peiʃɐ nɐ̃u ɛ 'freʃku]
Nehmen Sie es bitte zurück.	**Leve isto para trás, faz favor.** [lɛv‿'iʃtu 'pɐrɐ traʃ faʃ fɐ'vor]
Holen Sie bitte den Chef.	**Chame o chefe, faz favor.** ['ʃem‿u 'ʃɛfɐ faʃ fɐ'vor]

Die Rechnung

Wenn man à la carte isst, wird das *Couvert* – bestehend aus Brot und Butter – berechnet.

Bezahlen, bitte.	**A conta, faz favor.** [ɐ 'kõntɐ faʃ fɐ'vor]
Bitte alles zusammen.	**Tudo junto, faz favor.** ['tudu 'ʒũntu faʃ fɐ'vor]
Getrennte Rechnungen, bitte.	**Contas separadas, faz favor.** ['kõntɐʃ sɐpɐ'radɐʃ faʃ fɐ'vor]
Ist die Bedienung inklusive?	**O serviço é incluído?** [u sər'visu ɛ ĩnklu'idu]
Die Rechnung scheint mir nicht zu stimmen.	**Parece-me que a conta não está certa.** [pɐ'rɛsəmə kjɐ 'kõntɐ nɐ̃u ʃta 'sɛrtɐ]
Das habe ich nicht gehabt. Ich hatte…	**Isto não veio. O que veio foi…** ['iʃtu nɐ̃u 'veju. u kə 'veju foi]

Hat es geschmeckt?	**Estava bom?** [ˈʃtavɐ bõ]
Das Essen war ausgezeichnet.	**A comida estava excelente.** [ɐ kuˈmidɐ ˈʃtavɐ ʃsɐˈlẽntɐ]
Das ist für Sie.	**Isto é para si (*Br* para você).** [ˈiʃtu ɛ ˈpɐrɐ si (ˈpɐrɐ vɔˈse)]
Es stimmt so.	**Fica assim.** [ˈfik_aˈsĩ]

➤ auch Lebensmittel, S. 132

Abendessen	**o jantar** [u ʒẽnˈtar]
alkoholfrei	**sem álcool** [sẽi ˈalkwɔl]
Aschenbecher	**cinzeiro** [sĩˈzeiru]
Besteck	**o talher** [u tɐˈʎɛr]
Bestellung	**pedido** [pɐˈdidu]
Bier vom Fass	**cerveja a copo** [sɐrˈveʒa ˈkɔpu], **a imperial** [ɐ ĩmpɐˈrjal], *(Br)* **o chope** [u ˈʃopi]
Diabetiker/in	**diabético/diabética** [djɐˈbɛtiku/djɐˈbɛtikɐ]
Dressing	**molho** [ˈmoʎu]
Essig	**o vinagre** [u viˈnagrɐ]
Fleck	**nódoa** [ˈnɔdwɐ]
Frühstück	**pequeno almoço** [pɐˈken_alˈmosu] *(Br)* **o café da manhã** [u kaˈfɛ da maˈɲã]
Gabel	**garfo** [ˈgarfu]
Gang	**prato** [ˈpratu]
Gedeck	**o couvert** [u kuˈvɛr]
Gericht	**prato** [ˈpratu]
Getränk	**bebida** [bɐˈbidɐ]
Gewürz	**condimento** [kõndiˈmẽntu]
Glas	**copo** [ˈkɔpu]
Wasserglas	**copo de água** [ˈkɔpu d_ˈagwɐ]
Weinglas	**copo de vinho** [ˈkɔpu dɐ ˈviɲu]
Gräte	**espinha** [ˈʃpiɲɐ]
Hauptspeise	**prato principal** [ˈpratu prĩsiˈpal]
hausgemacht	**de fabrico caseiro** [dɐ fɐˈbriku kɐˈzeiru]
heiß	**quente** [ˈkẽntɐ]
hungrig sein	**ter fome** [ter ˈfɔmɐ]
Karaffe	**garrafa** [gɐˈʀafɐ]
Kellner/in	**empregado/empregada** [ẽmprɐˈgadu/ẽmprɐˈgadɐ], *(Br)* **o garçom / a garçonete** [u garˈsõ/a garsoˈnɛti]
Ketschup	**o ketchup** [u kɛˈtʃɐp]
Kinderteller	**prato de criança** [ˈpratu dɐ krjˈẽsɐ]
Knochen	**osso** [ˈosu]

Koch	**cozinheiro** [kuzəˈɲeiru]
Korkenzieher	**o saca-rolhas** [u ˈsakɐ ˈʀoʎɐʃ]
lieblich *(Wein)*	**doce** [ˈdosə]
Löffel	**a colher** [ɐ kuˈʎɛr]
Teelöffel	**a colher de chá** [ɐ kuˈʎɛr də ʃa]
Majonäse	**a maionese** [ɐ majoˈnɛzə]
Menü	**ementa** [iˈmẽntɐ], **o menu** [u meˈnju]
Messer	**faca** [ˈfakɐ]
Mittagessen	**almoço** [alˈmosu]
Nachtisch	**sobremesa** [sobrəˈmezɐ]
Ober *(Anrede)*	**o chefe** [u ˈʃɛfɐ]
	(Br) **o garçom** [u garˈsõ]
Öl	**óleo** [ˈɔlju]
Pfannengericht	**prato feito na frigideira** [ˈpratu ˈfeitu nɐ frəʒəˈdeirɐ]
Pfeffer	**pimenta** [piˈmẽntɐ]
Portion	**a dose** [ɐ ˈdɔzə]
Rost	**grelha** [ˈgreʎɐ]
Salatbüfett	**o buffet de saladas** [u bjuˈfe də sɐˈladɐʃ]
Salz	**o sal** [u sal]
Scheibe	**fatia** [fɐˈtiɐ]
Schonkost	**dieta** [ˈdjɛtɐ]
Schüssel	**prato** [ˈpratu], **travessa** [trɐˈvɛsɐ]
Senf	**mostarda** [muʃˈtardɐ]
Serviette	**guardanapo** [gwɐrdɐˈnapu]
Soße	**molho** [ˈmoʎu]
Speisekarte	**lista** [ˈliʃtɐ], **ementa** [iˈmẽntɐ]
	(Br) **cardápio** [karˈdapju]
Spezialität	**a especialidade** [ɐ ʃpəsjeliˈdadə]
Strohhalm	**palhinha** [pɐˈʎiɲɐ]
Suppe	**sopa** [ˈsopɐ]
Suppenteller	**prato de sopa** [ˈpratu də ˈsopɐ]
Süßstoff	**o adoçante** [u ɐduˈsẽntɐ]
Tagesgericht	**prato do dia** [ˈpratu du ˈdiɐ]
Tagesmenü	**ementa / o menu do dia** [iˈmẽntɐ / u meˈnju du ˈdiɐ]
Tasse	**chávena** [ˈʃavənɐ], *(Br)* **xícara** [ˈʃikarɐ]
Untertasse	**o pires** [u ˈpirəʃ]
Teller	**prato** [ˈpratu]
Tischtuch	**toalha de mesa** [ˈtwaʎɐ də ˈmezɐ]
touristisches Menü	**ementa turística** [iˈmẽntɐ tuˈriʃtikɐ]
Trinkgeld	**gorjeta** [gurˈʒetɐ]
trocken *(Wein)*	**seco** [ˈseku]
vegetarisch	**vegetariano** [vəʒətɐˈrjɐnu]
Vorspeise	**entrada** [ẽnˈtradɐ]
Wasser	**água** [ˈagwɐ]
würzen	**temperar** [tẽmpəˈrar]
Zahnstocher	**palito** [pɐˈlitu]
Zucker	**o açúcar** [u ɐˈsukar]

Zubereitung

durchgebraten	**bem passado** [bɐ̃i pɐ'sadu]
gebacken	**assado** [ɐ'sadu]
gebraten	**frito** ['fritu]
am Spieß	**no espeto** [nu 'ʃpetu]
vom Grill	**na grelha** [nɐ 'greʎɐ]
in der Pfanne	**na frigideira** [nɐ frəʒə'deirɐ]
gedünstet	**estufado** [ʃtu'fadu]
gefüllt	**recheado** [ʀɐ'ʃjadu]
gekocht	**cozido** [ku'zidu]
geräuchert	**(de)fumado** [(də)fu'madu]
geröstet	**(Kartoffeln) coradas** [kɔ'radɐʃ]
geschmort	**estufado** [ʃtu'fadu]
überbacken	**gratinado** [grɐti'nadu]
gar	**bem cozido** [bɐ̃i ku'zidu], **assado** [ɐ'sadu]
hart (gekocht)	**(Ei) cozido** [ku'zidu]
mager	**magro** ['magru]
roh	**cru** [kru]
saftig	**suculento** [suku'lẽtu]
sauer	**ácido** ['asidu]
scharf	**picante** [pi'kẽtɐ]
süß	**doce** ['dosə]
weich (gekocht)	**(Ei) quente** ['kẽtɐ]
zäh	**duro** ['duru]
zart	**tenro** ['tẽʀu]

Ementa   Speisekarte

Pequeno almoço   Frühstück

Café [kɐ'fɛ]	schwarzer Kaffee
Café com leite [kɐ'fɛ kõ 'leitə]	Kaffee mit Milch
Descafeinado [dəʃkɐfɐi'nadu]	koffeinfreier Kaffee
Chá com leite/limão [ʃa kõ 'leitə/li'mẽu]	Tee mit Milch/Zitrone
Chá de ervas medicinais [ʃa d_'ɛrvɐʒ mədəsi'naiʃ]	Kräutertee
Chocolate quente [ʃuku'latə 'kẽtɐ]	Schokolade
Sumo de fruta ['sumu də 'frutɐ]	Fruchtsaft
Ovo quente ['ovo 'kẽtɐ]	weiches Ei
Ovos mexidos ['ɔvuʒ mə'ʃiduʃ]	Rühreier
Ovos com bacon ['ɔvuʃ kõ 'beikõ]	Eier mit Speck
Pão/pãozinho/pão torrado [pẽu/pẽu'ziɲu/pẽu tu'ʀadu]	Brot/Brötchen/Toast

Croissant [krwa'sẽ]	Hörnchen
Croissant com fiambre	Hörnchen mit Schinken
[krwa'sẽ kõ 'fjẽmbrɐ]	
Torrada [tu'ʁadɐ]	Riesenbuttertoast
Manteiga [mẽn'teigɐ]	Butter
Queijo ['keiʒu]	Käse
Carnes frias ['karnɐʃ 'friɐʃ]	Wurstaufschnitt
Fiambre ['fjẽmbrɐ]	gekochter Schinken
Presunto [prɐ'zũntu]	roher Schinken
Mel [mɛl]	Honig
Doce ['dosɐ]	Marmelade
Muesli ['musli]	Müsli
Iogurte [jo'gurtɐ]	Joghurt
Fruta ['frutɐ]	Obst

Sopas

Suppen

Açorda [ɐ'sordɐ]	Brot- und Knoblauchsuppe
Caldo verde ['kald‿u 'verdɐ]	Portugiesische Kohlsuppe
Canja ['kẽʒɐ]	Hühnersuppe (mit Reis)
Sopa de legumes	Gemüsesuppe
['sopɐ dɐ lɐ'gumɐʃ]	
Sopa de marisco	Meeresfrüchtesuppe
['sopɐ dɐ mɐ'riʃku]	
Sopa de peixe ['sopɐ dɐ 'peiʃɐ]	Fischsuppe
Sopa de tomate e cebola	
['sopɐ dɐ tu'mat‿i sɐ'bolɐ]	Tomaten- und Zwiebelsuppe

Acepipes

Vorspeisen

Amêijoas com limão	Herzmuscheln mit Zitrone
[ɐ'meiʒwɐʃ kõ li'mẽu]	
Pão com azeitonas	Brot mit Oliven
[pẽu kõ ɐzei'tonɐʃ]	
Caracóis *(Lissabon)*	Schnecken
[kɐrɐ'kɔiʃ]	
Melão com presunto	Melone mit Schinken
[mɐ'lẽu kõ prɐ'zũntu]	
Salada de atum	Thunfischsalat
[sɐ'ladɐ d‿ɐ'tũ]	
Salada de polvo	Polypsalat
[sɐ'ladɐ dɐ 'polvu]	
Sardinhas em azeite	Sardinen in Olivenöl
[ser'diɲɐz‿ẽi ɐ'zeitɐ]	

Peixe

Atum [ɐ'tũ]
Bacalhau com todos
[bɐkɐ'ʎau kõ 'toduʃ]
Caldeirada [kaldei'radɐ]
Carapau [kɐrɐ'pau]
Ensopado de enguias
[ẽsu'padu d_ẽŋ'gieʃ]
Espadarte [ʃpɐ'dartɐ]
Filetes de cherne
[fi'lɛtɐʒ dɐ 'ʃɛrnɐ]
Linguado [liŋ'gwadu]
Pargo ['pargu]
Peixe espada ['peiʃɐ_'ʃpadɐ]
Pescada à portuguesa
[pɐʃ'kad_a purtu'gezɐ]
Salmão grelhado
[sal'mẽu grɐ'ʎadu]
Sardinhas assadas
[sɐr'diɲɐʒ_ ɐ'sadɐʃ]
Tamboril [tẽm'buril]
Truta ['trutɐ]

Fischgerichte

Thunfisch
Stockfisch garniert

Fischeintopf
Stichling
Aaleintopf

Sägefisch
Silberbarschfilets

Seezunge
Seebrasse
Schwertfisch
Schellfisch auf portugiesische Art

gegrillter Lachs

gegrillte Sardinen

Seeteufel
Forelle

Mariscos

Amêijoas ao natural
[ɐ'meiʒwez_ɐu nɐtu'ral]
Camarão grelhado
[kɐmɐ'rẽu grɐ'ʎadu]
Cataplana *(Algarve)* [kɐtɐ'plɐnɐ]

Gambas na grelha
['gẽmbɐʒ nɐ 'grɐʎɐ]
Lagosta cozida [lɐ'goʃtɐ ku'zidɐ]
Lavagante [lɐvɐ'gẽntɐ]
Lulas recheadas ['luleʃ ʀɐ'ʃjadɐʃ]
Lulas à sevilhana
['lulez_a sɐvi'ʎɐnɐ]
Mexilhões de cebolada
[mɐʃi'ʎõiʒ dɐ sɐbu'ladɐ]

Meeresfrüchte

Herzmuscheln Natur

gegrillte Krabben

Pfannengericht aus Muscheln,
Fisch bzw. Fleisch, Paprika,
Zwiebeln
gegrillte Garnelen

gekochte Languste
Hummer
gefüllter Tintenfisch
gebackene Tintenfischringe

Miesmuscheln mit Zwiebeln

Carne

Bife à portuguesa
[bif_a purtu'gezɐ]
Bife de cebolada
['bifɐ də səbu'ladɐ]
Cabrito [kɐ'britu]
Carne de porco à Alentejana
['karnɐ də 'porku a ɐlẽtɐ'ʒenɐ]
Churrasco [ʃu'ʀaʃku]
Costeleta de porco
[kuʃtɐ'letɐ də 'porku]
Dobrada *(Zentrum u. Süden)*
[du'bradɐ]
Escalope à milanesa
[ʃkɐ'lɔp _a milɐ'nezɐ]
Escalope de vitela
[ʃkɐ'lɔpə də vi'tɛlɐ]
Febras na grelha
['febrɐʒ nɐ 'greʎɐ]
Iscas *(Lissaboner Gegend)* ['iʃkɐʃ]

Leitão assado [lei'tɐ̃u ɐ'sadu]
Língua de vaca ['lĩgwɐ də 'vakɐ]
Lombo de carneiro
['lõmbu də kɐr'neiru]
Perna de vitela ['pɛrnɐ də vi'tɛlɐ]
Pimentões recheados
[pimẽ'tõiʒ ʀɐ'ʃjaduʃ]
Porco assado ['porku ɐ'sadu]
Rolinhos de carne
[ru'liɲuʒ də 'karnɐ]
Rosbife [ʀɔʒ'bifɐ]
Tripas *(Norden)* ['tripɐʃ]

Fleischgerichte

Portugiesisches Rindersteak

Zwiebelsteak

Zicklein
Schweinefleisch mit
Herzmuscheln
Fleisch vom Holzkohlengrill
Schweinekotelett

Kutteln

paniertes Schnitzel mit Spaghetti
und Tomatensauce
Kalbsschnitzel

gegrilltes Schweinefleisch

gebratene Leber mit Knoblauch
und Salzkartoffeln
Spanferkelbraten
Ochsenzunge
Hammelrücken

Kalbskeule
gefüllte Paprikaschoten

Schweinebraten
Rouladen

Roastbeef
Kutteln

Aves e caça

Bife de peru ['bifɐ də pɐ'ru]
Codorniz [kudur'niʃ]
Coelho ['kwɛʎu]
Frango assado ['frẽngu ɐ'sadu]
Lebre ['lɛbrɐ]
Pato ['patu]
Perdiz [pɐr'diʃ]

Geflügel und Wild

Truthahnsteak
Wachtel
Kaninchen
gebratenes Hähnchen
Hase
Ente
Rebhuhn

Legumes

Alcachofras [alkɐˈʃɔfrɐʃ]
Alface [alˈfasə]
Batatas [bɐˈtatɐʃ]
Beringelas fritas [bərĩˈʒɛlɐʃ ˈfritɐʃ]
Cenouras [səˈnorɐʃ]
Cogumelos [kuguˈmɛluʃ]
Ervilhas [irˈviʎɐʃ]
Espargos [ˈʃparguʃ]
Feijão-frade [feiˈʒẽu ˈfradə]
Feijão verde [feiˈʒẽu ˈverdə]
Grão-de-bico [grẽu də ˈbiku]
Grelos [ˈgreluʃ]
Pepinos [pəˈpinuʃ]

Gemüse

Artischocken
Kopfsalat
Kartoffeln
gebratene Auberginen
Karotten
Pilze
Erbsen
Spargel
Mönchsbohnen
Schnittbohnen
Kichererbsen
Weißrübenspross
Gurken

Acompanhamentos

Arroz [ɐˈʁoʃ]
Arroz de legumes
[ɐˈʁoʒ də ləˈguməʃ]
Arroz de tomate
[ɐˈʁoʒ də tuˈmatə]
Batatas coradas [bɐˈtatɐʃ kɔˈradɐʃ]
Batatas cozidas [bɐˈtatɐʃ kuˈzidɐʃ]
Batatas fritas [bɐˈtatɐʃ ˈfritɐʃ]
Esparguete [ʃparˈgɛtə]
Legumes [ləˈguməʃ]
Massa [ˈmasɐ]
Salada mista [sɐˈladɐ ˈmiʃtɐ]

Beilagen

Reis
Gemüsereis

Tomatenreis

geröstete Kartoffeln
Salzkartoffeln
Pommes Frites / Chips’
Spaghetti
Gemüse
Teigwaren
gemischter Salat

Sobremesa

Arroz doce [ɐˈʁoʒ ˈdosə]
Compota de maçã
[kõmˈpɔtɐ də mɐˈsẽ]
Fruta da época [ˈfrutɐ dɐ ˈɛpukɐ]
Gelado misto [ʒəˈladu ˈmiʃtu]
Leite creme [ˈleitə ˈkrɛmə]

Nachtisch

Milchreis
Apfelkompott

Obst der Saison
gemischtes Eis
Milchspeise

In Portugal gibt es außer dem obigen „Standardnachtisch" viele wunderbare süße Speisen, nicht selten in den Klosterküchen entstanden und regional ganz verschieden. Sie enthalten meistens (Un)Mengen von Eidottern, schmecken sehr süß, aber lecker. Wenn Ihr Cholesterinspiegel es erlaubt, versuchen Sie auf jeden Fall solche regionalen Süßspeisen. Nur einige Beispiele, damit Sie sich auf die Suche machen können: *Queijadas de Sintra* (Sintra), *Pastéis de Belém* (Lissabon), *Foguetes de Amarante* (Amarante), *Clarinhas de Fão* (Ofir-Fão), *Ovos Moles de Aveiro* (Aveiro), *Trouxas das Caldas* (Caldas da Rainha), *Fatias de Tomar* (Tomar), *Morgados de Amêndoas* (Algarve).

Maçã assada [mɐ'sẽ ɐ'sadɐ]	Bratapfel
Mousse de chocolate	Schokoladencreme
['musə də ʃuku'latɛ]	
Pudim flan [pu'dĩ flẽ]	Karamellpudding
Queijo da Serra ['keiʒu dɐ 'sɛʀɐ]	Schafskäse aus der Estrela-Bergkette
Tarte de amêndoa	Mandelkuchen
['tartə d‿ ɐ'mẽndwɛ]	

Lista de bebidas — Getränkekarte

Licores, Brandies, Aguardentes e Aperitivos — Liköre, Branntweine, Schnäpse und Aperitifs

Aguardente de figos [agwar'dẽntə də 'figuʃ]	Feigenschnaps
Bagaço [bɐ'gasu]	Tresterschnaps
Ginjinha [ʒĩ'ʒiɲɐ]	Kirschlikör
Licor Beirão [li'kor bei'rẽu]	Kräuterlikör
Macieira [mɐ'sjeirɐ]	Portugiesischer Weinbrand
Madeira [mɐ'deirɐ]	Madeirawein
Medronho [mə'droɲu]	Baumerdbeerschnaps
Porto ['portu]	Portwein

Vinhos   Weine

Wenn Sie für Wein etwas übrig haben, dann sind Sie in Portugal richtig. Die Vielfalt der Anbaugebiete ist groß, und alle sind gut. Es würde an dieser Stelle ins Unendliche führen, über die spezifischen Weine Portugals zu sprechen.

Nur ein paar Tipps: Wenn noch nicht geschehen, sollten Sie den *Vinho Verde branco* probieren. Dieser Wein stammt aus einem Anbaugebiet im Nordwesten Portugals. Er ist nicht so stark wie die anderen Weine, schmeckt spritzig und leicht und soll kühl serviert werden (ca. 5°C). Ideal für den Sommer!

In den einfachen Restaurants empfiehlt es sich, den Wein des Hauses *(vinho da Casa)* zu trinken. Die Sorte wechselt je nach Gegend. Aber meistens ist er gut und sehr günstig.

Vinho da casa ['viɲu dɐ 'kazɐ]	Wein des Hauses
Vinho branco ['viɲu 'brɐ̃ŋku]	Weißwein
Vinho tinto ['viɲu 'tĩntu]	Rotwein
Vinho rosé ['viɲu ro'ze]	Roséwein

Bucelas [bu'sɛleʃ]	herber Weißwein
Colares [ku'larəʃ]	herber Tischwein
Dão [dẽu]	Wein aus Mittelportugal
Vinho verde ['viɲu 'verdə]	leichter Wein mit natürlicher Säure

Bebidas não alcoólicas   Alkoholfreie Getränke

Água mineral ['agwɐ minə'ral]	Mineralwasser
com/sem gás [kõ/sẽi gaʃ]	mit/ohne Kohlensäure
Bica ['bikɐ]	Schwarzer Kaffee (klein)
Café (com leite) [kɐ'fɛ (kõ 'leitə)]	Kaffee (mit Milch)
Galão [gɐ'lẽu]	Milchkaffee im Glas
Garoto [gɐ'rotu]	Kleiner Kaffee mit Milch
Chá com leite/limão [ʃa kõ 'leitə/li'mẽu]	Tee mit Milch/Zitrone
Laranjada [lɐrɐ̃'ʒadɐ]	Orangeade
Limonada [limu'nadɐ]	Limonade
Sumo de laranja ['sumu dɐ lɐ'rɐ̃ʒɐ]	Orangensaft

Besichtigungen und Ausflüge

Vielgestaltige Landschaften

Obwohl Portugal eine relativ kleine Fläche hat, ist die Vielfalt der Landschaften und „Modi vivendi" sehr groß. Aus touristischer Sicht lassen sich fünf Regionen unterscheiden:

Die Hauptstadt **Lissabon** und Umgebung wie z.B. die *Estoril/Cascais*-Küste. Hier ist das ganze Jahr „Saison", man verbindet das Kulturelle in allen Sparten mit den Tag-und-Nacht-Unterhaltungsmöglichkeiten.

Die **Algarve**-Küste ist vor allem für ihr angenehmes Wetter, ihre wunderschönen Strände und ihre tausend Sonnenstunden im Jahr berühmt. Nur: In der Hochsaison laufen Sie Gefahr, nicht viel Portugiesisch zu hören und sprechen zu können.

Die **Westküste** im Norden und Zentrum (wobei man *Porto,* die zweitgrößte Stadt Portugals, extra nennen sollte). Diese Küste hat einladende kilometerlange Sandstrände. Allerdings hat der Atlantik hier ein anderes Gesicht, die Wellen sind hoch und die Wassertemperatur liegt immer niedriger, als an der *Algarve*. Hier kann man wunderbar am Meer entlangwandern und Jod für das ganze Jahr tanken.

Die vierte Region ist das wenig bekannte bergige **Landesinnere von Nord- und Mittelportugal**. Hier liegt der höchste Berg *(Serra da Estrela)* mit knapp 2.000 Metern. Man verbindet die Naturschönheit von Bergen, Wäldern, Stauseen, Naturschutzgebieten mit der historischen Bedeutung der vielen Bauwerke. Das *Douro*-Tal mit seinen steilen Hängen, an denen der berühmte Portwein wächst, ist nur eine der vielen Gegenden, die Sie besuchen sollten.

Das Landesinnere südlich des *Tejo* bis zum Algarve-Gebirge: **Alentejo**. Eine weite und ebene Landschaft mit sehr wenig Regen, bekannt als die Kornkammer Portugals. Sehr spärlich besiedelt, ist sie von besonderer Schönheit vor allem für Menschen, die Ruhe und Wärme lieben. Hier ist ein Besuch der Stadt *Évora*, die schon zur Römerzeit von Bedeutung war, zu empfehlen. Pferdeliebhaber sollten *Alter do Chão* bei *Portalegre* nicht auslassen. Hier liegt das Nationalgestüt, das die einzige portugiesische Pferderasse züchtet, das lusitanische Pferd *(Lusitano)*.

Im Fremdenverkehrsamt

Ich möchte einen Stadtplan von … haben.

Queria uma planta de …
[kə'riɐ 'umɐ 'plɛ̃ntɐ də]

Haben Sie einen Veranstaltungskalender für diese Woche?

Tem um programa dos espe(c)táculos desta semana? [tɐ̃ĩ ũm pru'grɐmɐ duz_əʃpɛ'takuluʒ 'dɛʃtɐ sə'mɐnɐ]

Gibt es Stadtrundfahrten?

Há excursões para visita à cidade?
[a ʃkur'sõiʃ 'pɐrɐ və'zita si'dadɐ]

Was kostet die Rundfahrt?

Quanto custa a excursão?
['kwɐ̃ntu 'kuʃta ʃkur'sɐ̃u]

Sehenswürdigkeiten – Museen

Die meisten Museen sind zwischen 10 und 17 Uhr geöffnet, aber viele schließen in der Mittagspause von 12 bis 14 Uhr. Ganz kleine oder private Museen können evtl. andere Öffnungszeiten haben.

Öffnungszeiten, Führungen, Eintrittskarten

Welche Sehenswürdigkeiten gibt es hier?	**O que há aqui de interessante para ver?** [u kja ɐ'ki d_ĩntərə'sẽntə 'pɐɾɐ ver]
Sie müssen unbedingt … besichtigen/besuchen.	**Não pode deixar de visitar / ir ver …** [nɐ̃u 'pɔdə dei'ʃar də vəzi'tar/ir ver]
Wann ist das Museum geöffnet?	**Quando é que o museu está aberto?** ['kwɐ̃ndw_ɛ kju mu'zeu ʃta ɐ'bɛrtu]
Wann beginnt die Führung?	**A que horas começa a visita guiada?** [ɐ 'kjɔɾeʃ ku'mɛs_ɐ vɐ'zitɐ 'gjadɐ]
Gibt es auch eine Führung in Deutsch?	**Há também uma visita guiada em alemão?** [a tẽm'bɐ̃i 'umɐ vɐ'zitɐ 'gjad_ɐ̃i ɐlɐ'mɐ̃u]
Darf man hier fotografieren?	**Aqui podem-se tirar fotografias?** [ɐ'ki 'pɔdɐ̃isə ti'rar futugrɐ'fieʃ]
Zwei Eintrittskarten, bitte.	**Duas entradas, faz favor** ['duɐz_ẽn'tradeʃ faʃ fɐ'vor]
Zwei Erwachsene und ein Kind.	**Dois adultos e uma criança.** [doiz_ɐ'dultuz_i 'umɐ krj'ẽsɐ]
Gibt es Ermäßigungen für …	**Há reduções para …** [a rɐdu'sõiʃ 'pɐɾɐ]
Kinder?	**crianças?** [krj'ẽsɐʃ]
Studenten?	**estudantes universitários?** [ʃtu'dẽntɐz_univɐrsi'tarjuʃ]
Senioren?	**a terceira idade?** [ɐ tɐr'seir_i'dadɐ]
Gruppen?	**grupos?** ['grupuʃ]
Gibt es einen Katalog zur Ausstellung?	**Há um catálogo da exposição?** [a ũ kɐ'talugu dɐ ʃpuzi'sɐ̃u]

Was? Wann? Wo?

Ist das ...?

Isto é ...? / É este o ...? / É esta a ...?
['iʃtu ɛ / ɛ 'eʃt‿u / ɛ 'ɛʃta]

Wann wurde dieses
Gebäude erbaut/restauriert?

**Quando foi construído/restaurado
este edifício?** ['kwẽndu foi
kõʃ'trwid‿/ʀəʃtau'rad‿'eʃt‿idə'fisju]

Aus welcher Epoche stammt
dieses Bauwerk?

De que época é esta construção? [də
'kjɛpukɐ ɛ 'ɛʃtɐ kõʃtru'sẽu]

Von wem ist dieses Bild?

Quem é o autor deste quadro? [kẽi ɛ
u au'tor 'deʃtɐ 'kwadru]

Haben Sie das Bild als
Poster/Postkarte/Dia?

**Tem um poster/postal/diapositivo
com este quadro?** [tẽi ũm
'pɔstɐr/puʃ'tal/djɐpuzi'tivu kõ 'eʃtɐ
'kwadru]

Wasseranlage mit „Azulejos", Queluz

Allgemeines

Besichtigung — **visita** [və'zitɐ]

Denkmalschutz — **a prote(c)ção dos monumentos**
[ɐ prutɛ'ʃẽu duʒ munu'mẽntuʃ]

Fremdenführer — **o guia** [u 'giɐ]

Führung — **visita guiada** [və'zitɐ 'gjadɐ]

Funde — **os vestígios arqueológicos**
[uʃ vəʒ'tiʒjuʃ ɐrkju'lɔʒikuʃ]]

Fußgängerzone — **zona para peões** (*Br* **pedestres**)
['zonɐ 'pɐrɐ pjõiʃ (pe'dɛstris)]

Gasse	**travessa** [trɐˈvɛsɐ], **viela** [ˈvjɛlɐ]
Geburtsstadt	**a cidade natal** [ɐ siˈdadɐ nɐˈtal]
Geschichte	**história** [iˈʃtɔrjɐ]
Haus	**casa** [ˈkazɐ]
Innenstadt	**baixa** [ˈbaiʃɐ]
Kaiser/in	**o imperador / a imperatriz** [u ĩmpɐrɐˈdor / ɐ ĩmpɐrɐˈtriʃ]
König/in	**o rei / a rainha** [u ˈʀei / ɐ ʀɐˈiɲɐ]
Kunst	**a arte** [ɐ ˈartɐ]
Markt	**mercado** [mɐrˈkadu]
Museum	**o museu** [u muˈzeu]
Multivisionsschau	**espe(c)táculo de multivisão** [ʃpɛˈtakulu də multiviˈzẽu]
Park	**o parque** [u ˈparkɐ]
Pilgerfahrt	**a peregrinação** [ɐ pɐrɐɡrinɐˈsẽu]
rekonstruieren	**reconstruir** [ʀɐkõʃˈtrwir]
Religion	**a religião** [ɐ ʀɐlɐˈʒjẽu]
restaurieren	**restaurar** [ʀɐʃtauˈrar]
Sehenswürdigkeiten	**os monumentos** [uʒ munuˈmẽntuʃ]
Stadtrundfahrt	**visita à cidade** [vɐˈzit_a siˈdadɐ]
Stadtteil	**bairro** [ˈbaiʀu]
Stadtzentrum	**centro da cidade** [ˈsẽntru dɐ siˈdadɐ]
Straße	**rua** [ˈʀuɐ]
Überreste	**os restos** [uʒ ˈʀɛʃtuʃ]
Volkskundemuseum	**o museu de etnologia** [u muˈzeu d_ɛtnuluˈʒiɐ]
Vorort	**subúrbio** [suˈburbju], **bairro periférico** [ˈbaiʀu pɐriˈfɛriku]
Wahrzeichen	**símbolo** [ˈsĩmbulu]

Architektur

Wer sich für Architektur interessiert, sollte in Portugal auf den Spuren des manuelinischen Stils wandeln. Als Abwandlung der Spätgotik ist er im Zeitalter der Entdeckungen entstanden und wurde stark von der Seefahrt geprägt. So sind z. B. überall in den Dekorationen Schiffstaue und -knoten zu finden. Andere Elemente sind das Christuskreuz *(Cruz de Cristo)*, unter dessen Zeichen die Entdeckungsreisen unternommen wurden, und die Sphärenkugel *(Esfera Armilar)*, die die Erdkugel darstellt.
Beste Zeugen dieses Stils sind: Das Hieronymus-Kloster *(Mosteiro dos Jerónimos)* und der Belém-Turm *(Torre de Belém)* in *Belém* (Lissabon), der Kreuzgang und die unvollendeten Kapellen im Batalha-Kloster *(Mosteiro da Batalha)* und das berühmte, dem Meer im Westen zugewandte Fenster in der Christusritterburg in *Tomar (Janela do Convento de Cristo)*.

Abtei	**abadia** [ɐbɐ'diɐ]
Altar	**o altar** [u al'tar]
Altstadt	**a parte antiga da cidade** [ɐ 'part_ɐ̃n'tigɐ dɐ si'dadɐ], **centro histórico** ['sɐ̃ntru 'ʃtɔriku]
Amphitheater	**anfiteatro** [ɐ̃fi'tjatru]
Archäologie	**arqueologia** [ɐrkjulu'ʒiɐ]
Architekt/in	**arquite(c)to/arquite(c)ta** [ɐrki'tɛtu/ɐrki'tɛtɐ]
Architektur	**arquite(c)tura** [ɐrkitɛ'turɐ]
Arena	**arena** [ɐ'renɐ]
Ausgrabungen	**as escavações** [ɐz_ɐʃkɐvɐ'sõiʃ]
Bauwerk	**edifício** [idɐ'fisju], **a construção** [ɐ kõʃtru'sɐ̃u]

Belém

Bogen	**arco** ['arku]
Brücke	**a ponte** [ɐ 'põntɐ]
Brunnen	**a fonte** [ɐ 'fõntɐ]
Burg	**castelo** [kɐʃ'tɛlu]
Dach	**telhado** [tɐ'ʎadu]
Decke	**te(c)to** ['tɛtu]
Denkmal	**monumento** [munu'mɐ̃ntu]
Fassade	**fachada** [fɐ'ʃadɐ]
Fenster	**janela** [ʒɐ'nɛlɐ]
Festung	**fortaleza** [furtɐ'lezɐ]
Flügel	*(Gebäude)* **ala** ['alɐ]
	(Fenster) **o batente** [u bɐ'tɐ̃ntɐ]
Friedhof	**cemitério** [sɐmi'tɛrju]
Gebäude	**edifício** [idɐ'fisju]

Gedenkstätte	**casa-museu** [ˈkazɐ muˈzeu]
Gewölbe	**abóbada** [ɐˈbɔbɐdɐ]
Giebel	**o frontão** [u frõˈtɐ̃u]
Grab	**túmulo** [ˈtumulu]
Grabmal	**monumento sepulcral** [munuˈmẽntu sɵpulˈkral]
Innenhof	**pátio interior** [ˈpatju ĩntɐˈrjor]
Inschrift	**a inscrição** [ɐ ĩʃkriˈsɐ̃u]
Kanzel	**púlpito** [ˈpulpitu]
Kapelle	**capela** [kɐˈpɛlɐ]
Katakomben	**as catacumbas** [ɐʃ kɐtɐˈkũmbɐʃ]
Kathedrale	**a catedral** [ɐ kɐtɐˈdral]
Kirche	**igreja** [iˈgreʒɐ]
Kirchturm	**campanário** [kɐ̃mpɐˈnarju], **a torre da igreja** [ɐ ˈtoʀɐ dɐ‿iˈgreʒɐ]
Kloster	**convento** [kõˈvẽntu], **mosteiro** [muʃˈteiru]
Kreuzgang	**claustro** [ˈklauʃtru]
Kuppel	**cúpula** [ˈkupulɐ]
Markthalle	**mercado coberto** [mɵrˈkadu kuˈbɛrtu]
Mauer	**muro** [ˈmuru]
Oper	**ópera** [ˈɔpɐrɐ]
Palast	**palácio** [pɐˈlasju]
Platz	**praça** [ˈprasɐ]
Portal	**o portal** [u purˈtal]
Rathaus	**Câmara Municipal** [ˈkɐmɐrɐ munisiˈpal] **(Br) Prefeitura** [prefeiˈturɐ]
Ruine	**ruína** [ˈʀwinɐ]
Sarkophag	**sarcófago** [sɐrˈkɔfɐgu]
Säule	**coluna** [kuˈlunɐ]
Schatzkammer	**tesouro** [tɐˈzoru]
Schloss	**palácio** [pɐˈlasju]
Stadtmauern	**as muralhas da cidade** [ɐʒ muˈraʎɐʒ dɐ siˈdadɐ]
Tempel	**templo** [ˈtẽmplu]
Theater	**teatro** [ˈtjatru]
Tor	**o portão** [u purˈtɐ̃u], **porta** [ˈpɔrtɐ]
Triumphbogen	**arco de triunfo** [ˈarku dɐ ˈtrjũfu]
Turm	**a torre** [ɐ ˈtoʀɐ]
Universität	**a universidade** [ɐ univɐrsiˈdadɐ]
Wallfahrtskirche	**santuário** [sɐ̃nˈtwarju]
wieder aufbauen	**reconstruir** [ʀɐkõʃˈtrwir]

Bildende Künste

Akt	**o nu** [u nu]
Aquarell	**aguarela** [agwɐˈrɛlɐ]
Ausstellung	**a exposição** [ɐ ʃpuziˈsɐ̃u]
Bild	**quadro** [ˈkwadru]

Bildhauer	o escultor [u ʃkul'tor]
Bronze	o bronze [u 'brõzə]
Exponat	obje(c)to exposto [ob'ʒɛtu 'ʃpoʃtu]
Fotografie	fotografia [futugrɐ'fiɐ]
Galerie	galeria [gɐlə'riɐ]
Gemälde	quadro ['kwadru], pintura [pĩn'turɐ]
Glasmalerei	pintura em vidro [pĩn'tur‿ɐ̃i 'vidru]; *(Fenster)* os vitrais [uʒ vi'traiʃ]
Gobelin	o gobelim [u gobɐ'lĩ]
Goldschmiedekunst	ourivesaria [orivɐzə'riɐ]
Grafik	as artes gráficas [ɐʃ 'artɐʒ 'grafikɐʃ]
Holzschnitt	gravura em madeira [grɐ'vur‿ɐ̃i mɐ'deirɐ]
Keramik	cerâmica [sə'remikɐ]
Kopie	cópia ['kɔpjɐ]
Kreuz	a cruz [ɐ kruʃ]
Kruzifix	crucifixo [krusi'fiksu]
Kunstgewerbe	artesanato [ɐrtɐzɐ'natu]
Lithographie	litografia [litugrɐ'fiɐ]
Maler/in	o pintor / a pintora [u pĩn'tor / ɐ pĩn'torɐ]
Malerei	pintura [pĩn'turɐ]
Modell	modelo [mu'delu]
Mosaik	mosaico [mu'zaiku]
Original	o original [u oriʒi'nal]
Plakat	o cartaz [u kɐr'taʃ]
Plastik	escultura [ʃkul'turɐ]
Porträt	retrato [ʀə'tratu]
Porzellan	porcelana [pursɐ'lɐnɐ]
Radierung	a água-forte [ɐ 'agwɐ 'fɔrtɐ]
Schnitzerei	talha ['taʎɐ]
Siebdruck	serigrafia [sɐrigrɐ'fiɐ]
Skulptur	escultura [ʃkul'turɐ]
Statue	estátua [ʃ'tatwɐ]
Stillleben	natureza morta [nɐtu'rezɐ 'mɔrtɐ]
Terrakotta	terracota [tɛʀɐ'kɔtɐ]
Töpferei	olaria [ɔlɐ'riɐ]
Torso	torso ['torsu]
Vase	jarra ['ʒaʀɐ]
Zeichnung	desenho [də'zeɲu]

Stilrichtungen und Epochen

antik	antigo [ɐ̃n'tigu]
Barock	barroco [bɐ'ʀoku]
Blütezeit	o apogeu [u ɐpu'ʒeu]
Bronzezeit	a Idade do Bronze [ɐ i'dadɐ du 'brõzə]
Christentum	cristianismo [kriʃtjɐ'niʒmu]
Dynastie	dinastia [dinɐʃ'tiɐ]

Epoche	**época** ['ɛpukɐ]
Gotik	**gótico** ['gɔtiku]
gotisch-manuelinisch	**gótico-manuelino** ['gɔtiku mɐnwɛ'linu]
griechisch	**grego** ['gregu]
heidnisch	**pagão** [pɐ'gẽu]
Jahrhundert	**século** ['sɛkulu]
keltisch	**celta** ['sɛltɐ]
maurisch	**mourisco** [mo'riʃku]
Mittelalter	**a Idade Média** [ɐ i'dadɐ 'mɛdjɐ]
modern	**moderno** [mu'dɛrnu]
Renaissance	**Renascimento** [ʀɐnɐʃsi'mẽntu], **Renascença** [ʀɐnɐʃ'sẽsɐ]
Romanik	**românico** [ʀu'mɐniku]
römisch	**romano** [ru'mɐnu]
Steinzeit	**a Idade da Pedra** [ɐ i'dadɐ dɐ 'pɛdrɐ]
Stil	**estilo** ['ʃtilu]
vorgeschichtlich	**pré-histórico** [prɛ_ʃ'tɔriku]
Zisterzienser	**cisterciense** [siʃtɐr'sjẽsɐ]

Ausflüge

Wann treffen wir uns?	**A que horas nos encontramos?** [ɐ 'kjɔrɐʒ nuz‿ẽnkõn'tremuʃ]
Wo ist die Abfahrt?	**Donde é a partida?** ['dõnd‿ɛ ɐ pɐr'tidɐ]
Kommen wir am/an … vorbei?	**Passamos por …?** [pɐ'sɐmuʃ pur]
Besichtigen wir auch …?	**Vamos visitar também …?** ['vɐmuʒ vɐzi'tar tẽm'bẽi]

Carvoeiro, Algarve

Ausflug	**a excursão** [ɐ ʃkur'sɐ̃u]
Aussichtspunkt	**miradouro** [mirɐ'doru]
Bergdorf	**aldeia na serra** [al'dejɐ nɐ 'sɛʀɐ]
Botanischer Garten	**o jardim botânico** [u ʒɐr'dĩm bu'tɐniku]
Fels	**rocha** ['ʀɔʃɐ]
Fischerhafen	**porto de pesca** ['portu dɐ 'pɛʃkɐ]
Fischerort	**vila piscatória** ['vilɐ piʃkɐ'tɔrjɐ]
Freilichtmuseum	**o museu ao ar livre** [u mu'zeu au ar 'livrɐ]
Freizeitpark	**o parque de diversões** [u 'parkɐ dɐ divɐr'sõiʃ]
Gebirge	**serra** ['sɛʀɐ], **as montanhas** [ɐʒ mõn'tɐɲɐʃ]
Grotte	**gruta** ['grutɐ]
Hinterland	**o interior** [u ĩnte'rjor]
Höhle	**caverna** [kɐ'vɛrnɐ]
Inselrundfahrt	**a excursão pela ilha** [ɐ ʃkur'sɐ̃u 'pelɐ 'iʎɐ]
Klippe	**rochedo** [ʀu'ʃedu]
Landschaft	**a paisagem** [ɐ pai'zaʒɐ̃i]
Lava	**lava** ['lavɐ]
Markt	**mercado** [mɐr'kadu]
Museumsdorf	**aldeia-museu** [al'dejɐ mu'zeu]
Nationalpark	**o parque nacional** [u 'parkɐ nɐsju'nal]
Naturschutzgebiet	**reserva natural** [ʀɐ'zɛrvɐ nɐtu'ral]
Pass	**desfiladeiro** [dɐʃfilɐ'deiru]
Rundfahrt	**a excursão** [ɐ ʃkur'sɐ̃u]
Schlucht	**garganta** [gɐr'gɐ̃ntɐ]
See	*(Meer)* **o mar** [u mar]
	(Binnengewässer) **lago** ['lagu]
Sternwarte	**observatório astronómico (ô)** [obsɐrvɐ'tɔrju ɐʃtru'nɔmiku]
Tagesausflug	**a excursão / o passeio de um dia** [ɐ ʃkur'sɐ̃u/u pɐ'seju d_ũ 'diɐ]
Tal	**o vale** [u 'valɐ]
Tropfsteinhöhle	**gruta de estalactites e estalagmites** ['grutɐ dɐ_ʃtɐlɐk'titɐz_i ʃtɐleg'mitɐʃ]
Umgebung	**os arredores** [uz_ɐʀɐ'dɔrɐʃ]
Vogelschutzgebiet	**reserva ornitológica** [ʀɐ'zɛrv_ɔrnitu'lɔʒikɐ]
Vulkan	**o vulcão** [u vul'kɐ̃u]
Wald	**floresta** [flu'rɛʃtɐ], **mata** ['matɐ]
Waldbrand	**incêndio florestal** [ĩ'sẽndju flurɐʃ'tal]
Wallfahrtsort	**o lugar de peregrinação / de romaria** [u lu'gar dɐ pɐrɐgrinɐ'sɐ̃u/dɐ ʀumɐ'riɐ]
Wasserfall	**queda de água** ['kɛdɐ d_'agwɐ]
Wildpark	**o parque zoológico** [u 'parkɐ zuu'lɔʒiku]
Zoo	**o jardim zoológico** [u ʒɐr'dĩ zuu'lɔʒiku]

Bade-, Aktiv-
und Kreativurlaub

Ein Paradies für Wasserratten
Portugal liegt im äußersten Südwesten Europas, dort, „wo das Land endet, und das Meer beginnt". Diese geografische Lage mit ca. 830 km West- und Südküste am Atlantik zeigt es schon: Der Badeurlaub kann viele Variationen haben.
Die Südküste (Algarve) bietet schöne Strände mit einem ruhigen Meer und den höchsten Wassertemperaturen Portugals.
Für den Aktivurlaub mit Sportarten, wo Wind und Wellen notwendig sind, ist eher die Westküste zu empfehlen. Und denken Sie daran: Je nördlicher Sie fahren, desto kälter ist das Meer.

Badeurlaub

Gibt es hier ein…	**Há aqui uma…** [a ɐ'ki 'umɐ]
Schwimmbad?	**piscina?** [pəʃ'sinɐ]
Freibad?	**piscina ao ar livre?** [pəʃ'sin‿au ar 'livrə]
Hallenbad?	**piscina coberta?** [pəʃ'sinɐ ku'bɛrtɐ]
Eine Eintrittskarte, bitte.	**Um bilhete, faz favor.** [ũm bə'ʎetə faʃ fɐ'vor]
Wo sind…	**Onde é que são…** [õnd‿ɛ kə sɐ̃u]
die Duschen?	**os duches?** [uʒ 'duʃəʃ]
die Umkleidekabinen?	**as cabines?** [ɐʃ kɐ'binəʃ]

Só para nadadores! Nur für Schwimmer!	**É proibido tomar banho!** Baden verboten!	**É proibido saltar para a piscina!** Hineinspringen verboten!

Ist der Strand sandig?	**A praia é de areia?** [ɐ 'prajɐ ɛ d‿ɐ'rejɐ]
Ist der Strand steinig?	**A praia é pedregosa?** [ɐ 'prajɐ ɛ pədrɐ'gozɐ]
Gibt es hier Seeigel/Quallen?	**Há aqui ouriços-do-mar/alforrecas?** [a ɐ'ki o'risuʒ du mar/alfu'ʀɛkɐʃ]
Ist die Strömung stark?	**A corrente é forte?** [ɐ ku'ʀẽnt‿ɛ 'fɔrtə]
Ist es für Kinder gefährlich?	**É perigoso para as crianças?** [ɛ pəri'gozu 'pɐraʃ kri'ẽsəʃ]

Neben Bademeistern gibt es an den beaufsichtigten Stränden verschiedenfarbige Flaggen, die Sie informieren, wie (un)gefährlich der Atlantik gerade ist.

Grüne Flagge
Nadar! (Schwimmen)   Baden nach Belieben unter Einhaltung der allgemeinen Sicherheitsvorschriften

Gelbe Flagge
Cuidado! (Vorsicht)   Schwimmen verboten

Rote Flagge
Perigo! (Gefahr)   Baden verboten

Dunkelblau oder schwarz karierte Flagge
Praia temporariamente sem vigilância   Strand zeitweise ohne Bademeisteraufsicht

Wann ist Ebbe/Flut?   **A que horas é a maré baixa / a maré cheia?** [ɐ 'kjɔrɐz_ɛ ɐ mɐ'rɛ 'baiʃɐ / ɐ mɐ'rɛ 'ʃejɐ]

Ich möchte … mieten.   **Queria alugar…** [kə'ri_alu'gar]

  ein Strandzelt   **uma barraca.** ['umɐ bɐ'ʀakɐ]

  einen Liegestuhl   **uma cadeira de repouso.** ['umɐ kɐ'deirɐ də rə'pozu]

  einen Sonnenschirm   **um guarda-sol.** [ũm 'gwardɐ sɔl]

  ein Boot   **um barco.** [ũm 'barku]

  ein Paar Wasserski   **um par de esquis aquáticos.** [ũm par də ʃkiz_ɐ'kwatikuʃ]

Was kostet das pro Stunde/Tag?   **Quanto se paga por hora / por dia?** ['kwẽntu sə 'pagɐ pur_'ɔrɐ/pur 'diɐ]

Auch wenn die Flüsse mit ihrem zum Teil kristallklaren Wasser locken: Verzichten Sie lieber auf ein Bad. Die Strömungen und die unvorhersehbaren „Wasserlöcher" *(os poços)* sind gefährlich!

Bademeister   **banheiro** [bɐ'ɲeiru]
  (Br) **o salva-vidas** [u 'salva 'vidɐs]
Beach-Volleyball   **o voleibol de praia** [u vɔlei'bɔl dɐ 'prajɐ]
FKK-Strand   **praia de nudistas** ['prajɐ də nu'diʃtɐʃ]
Kinderbecken   **piscina para crianças** [pɐʃ'sinɐ 'pɐrɐ krj'ẽsɐʃ]
Liegewiese   **relvado** [ʀɛl'vadu]
Luftmatratze   **o colchão insuflável** [u kol'ʃẽu ĩsu'flavɛl]
Nichtschwimmer   **não nadador** [nẽu nɐdɐ'dor]

schwimmen	**nadar** [nɐ'dar]
Schwimmer/in	**o nadador / a nadadora** [u nɐdɐ'dor/ɐ nɐdɐ'dorɐ]
Schwimmflossen	**as barbatanas** [ɐʒ bɐrbɐ'tɐnɐʃ]
Schwimmflügel	**as braçadeiras de natação** [ɐʒ brɐsɐ'deirɐʒ dɐ nɐtɐ'sɐ̃u]
Tretboot	**gaivota** [gai'vɔtɐ]
	barco de pedais ['barku dɐ pɐ'daiʃ]
Wasserski	**o esqui aquático** [u ʃki ɐkw'atiku]
Wasserski fahren	**fazer esqui aquático** [fɐ'zer ʃki ɐkw'atiku]
Wasserskooter	**mota de água** ['mɔtɐ d_'agwɐ]
Windschirm	**o pára-vento** [u 'parɐ 'vẽntu]

Strand von Nazaré

Aktivurlaub und Sport

Welche Sportmöglichkeiten gibt es hier?	**Que desportos (*Br* esportes) se podem praticar aqui?** [kə dəʃ'pɔrtuʃ (es'pɔrtis) sə 'pɔdɐ̃i prɐti'kar_ɐ'ki]
Gibt es hier…	**Há aqui…** [a ɐ'ki]
einen Golfplatz?	**um campo de golfe?** [ũ 'kɐ̃mpu dɐ 'gɔlfə]
einen Tennisplatz?	**um campo de ténis (ê)?** [ũ 'kɐ̃mpu dɐ 'tɛniʃ]
Wo kann man hier…	**Onde é que se pode…** ['õnd_ɛ kə sə 'pɔdə]

angeln?	**pescar à linha?** [pəʃˈkar‿a ˈliɲe]
gut wandern?	**dar boas caminhadas?** [dar ˈboeʃ kemiˈnadeʃ]
Wo kann ich… ausleihen?	**Onde é que posso alugar…?** [ˈõnd‿ɛ kə ˈpɔs‿ɐluˈgar]
Ich möchte einen …kurs für Anfänger/Fortgeschrittene machen.	**Queria fazer um curso de …para principiantes/avançados.** [kɐˈrie feˈzer‿ũ ˈkursu də … ˈpere prĩsipiˈẽntəʃ/evẽnˈsaduʃ]

Wassersport | Desportos náuticos

Bootsführerschein	**carta de marinheiro** [ˈkarte də meriˈɲeiru]
Canyoning	**o canyoning** [u ˈkɛnioniŋ], **o barranquismo** [u beRẽnˈkiʒmu]
Hausboot	**casa flutuante** [ˈkase flutuˈẽnte]
Kanu	**canoa** [kɐˈnoe]
Motorboot	**lancha** [ˈlẽʃe]
Paddelboot	**canoa** [kɐˈnoe]
paddeln	**andar de canoa** [ẽnˈdar də kɐˈnoe]
Rafting	**o rafting** [u ˈRɛftiŋ]
Regatta	**regata** [Rɐˈgate]
Rückholservice	**serviço de acompanhamento** [sərˈvisu d‿ɐkõmpeɲɐˈmẽntu]
Ruder	**remo** [ˈRemu]
Ruderboot	**barco a remos** [ˈbarku ɐ ˈRemuʃ]
rudern	**remar** [Rɐˈmar]
Schlauchboot	**barco insuflável** [ˈbarku ĩsuˈflavɛl]
Segelboot	**barco à vela** [ˈbarku a ˈvɛle]
segeln	**velejar** [vələˈʒar]]
Segeltörn	**cruzeiro à vela** [kruˈzeir‿a ˈvɛle]
Surfbrett	**prancha de surf** [ˈprẽʃe də serf]
surfen	**fazer surf** [fɐˈzer serf]
Wasserwandern *(Hausboot)*	**cruzeiro fluvial** [kruˈzeiru fluvial]
Windsurfen	**o windsurf** [u ˈwĩndserf]
Windverhältnisse	**a situação do vento** [sitweˈsẽu du ˈvẽntu]

Tauchen | Mergulho desportivo

Gerätetauchen	**mergulho submarino** [mərˈguʎu submeˈrinu]
Harpune	**o arpão** [u ɐrˈpẽu]
Neoprenanzug	**fato de neoprene** [ˈfatu də neoˈprene]
Sauerstoffgerät	**aparelho de oxigénio** [ɐpɐˈreʎu d‿ɔksiˈʒɛnju]

Schnorchel — **tubo respirador** [ˈtubu ʁəʃpiɾɐˈdor]
schnorcheln — **nadar com tubo respirador**
[nɐˈdar kõ ˈtubu rəʃpiɾɐˈdor]

tauchen — **mergulhar** [mərguʎˈar]
Taucherausrüstung — **equipamento de mergulhador**
[ikipɐˈmẽntu də mərguʎɐˈdor]

Taucherbrille — **os óculos de mergulhador**
[uz‿ˈɔkuluʒ də mərguʎɐˈdor]

Angeln — Pesca à linha

Angel — **cana de pesca** [ˈkɐnɐ də ˈpɛʃkɐ]
angeln — **pescar à linha** [pəʃˈkar‿a ˈliɲɐ]
Angelschein — **licença de pesca** [liˈsẽsɐ də ˈpɛʃkɐ]
Hafenmeisterei — **capitania do porto**
[kɐpitɐˈniɐ du ˈportu]

Hochseeangeln — **pesca de alto mar** [ˈpɛʃkɐ d‿altu mar]
Schonzeiten — **época de defeso** [ˈɛpukɐ də dəˈfezu]

Ballspiele — Jogos de bola

Ball — **bola** [ˈbɔlɐ]
Basketball — **o basquetebol** [u baʃkɛtɐˈbɔl]
Fußball — *(Spiel)* **o futebol** [u futɐˈbɔl]
— *(Ball)* **bola de futebol** [ˈbɔlɐ də futɐˈbɔl]
Fußballplatz — **campo de futebol** [ˈkẽmpu də futɐˈbɔl]
Fußballspiel — **jogo de futebol** [ˈʒogu də futɐˈbɔl]
Fußballstadion — **estádio de futebol** [ˈʃtadju də futɐˈbɔl]
Halbzeit — **meio-tempo** [ˈmeju ˈtẽmpu],
primeira/ segunda parte
[priˈmeirɐ/səˈgũndɐ ˈpartɐ]

Handball — **o andebol** [u ẽndɐˈbɔl]
Mannschaft — **equipa** [iˈkipɐ]; *(Br)* **a equipe** [a iˈkipi]
Netz — **a rede** [ɐ ˈʁedɐ]
Rugby — **o râguebi** [u ˈʁɛgɐbi]
— *(Br)* **o rúgbi** [u ˈʁugbi]
Tor — *(Gehäuse)* **baliza** [bɐˈlizɐ]
— *(Treffer)* **golo** [ˈgolu]; *(Br)* **o gol** [u gol]
Torwart — **o guarda-redes** [u ˈgwardɐ ˈʁedɐʃ]
— *(Br)* **goleiro** [goˈleru]
Volleyball — **o voleibol** [u vɔleiˈbɔl]

Tennis und Badminton — Ténis e badminton

Badminton — **o badminton** [u bɛdˈmĩnton]
Doppel — **jogo a pares** [ˈʒogu ɐ ˈparəʃ]
Einzel — **jogo individual** [ˈʒog‿ĩndəviˈdwal]
Federball — **o volante de badminton**
[u vuˈlẽntə də bɛdˈmĩnton]

Flutlicht(anlage)	**a iluminação artificial** [iluminɐˈsɐ̃u ɐrtɐfiˈsjal]
Schläger	**raqueta** [ʀaˈketɐ]
Squash	**o squash** [u skwɔʃ]
Tennis	**o ténis (ê)** [u ˈtɛniʃ]
Tennisschläger	**raqueta de ténis (ê)** [ʀaˈketɐ də ˈtɛniʃ]
Tischtennis	**o ténis (ê) de mesa** [u ˈtɛniʃ də ˈmezɐ], **o pingue-pongue** [u ˈpĩ̞gɐ ˈpõ̞gɐ]

Fitness- und Krafttraining

Manutenção física e musculação

Aerobic	**aeróbica** [ɐɛˈrɔbikɐ]
Bodybuilding	**a musculação** [ɐ muʃkulɐˈsɐ̃u]
Fitnesscenter	**centro de manutenção física** [ˈsẽtru də mɐnutẽˈsɐ̃u ˈfizikɐ]
Gymnastik	**ginástica** [ʒiˈnaʃtikɐ]
Jazzgymnastik	**ginástica com música de jazz** [ʒiˈnaʃtikɐ kõ ˈmuzikɐ də dʒɛz]
joggen	**fazer jogging** [fɐˈzer ˈdʒɔgiŋ]
Jogging	**o jogging** [u ˈdʒɔgiŋ]
Konditionstraining	**treino para apurar a condição física** [ˈtreinu ˈperˌapuˈrarˌɐ kõdiˈsɐ̃u ˈfizikɐ]
Stretching	**estiramento de músculos** [ʃtirɐˈmẽtu də ˈmuʃkuluʃ]
Wirbelsäulengymnastik	**ginástica para a coluna** [ʒiˈnaʃtikɐ ˈperˌa kuˈlunɐ]

Wellness

Descontra(c)ção

Im Landesinneren Portugals gibt es viele gute Thermalbäder für die unterschiedlichsten Bedürfnisse. Detaillierte Informationen dazu erhalten Sie in einem offiziellen Thermalbäder-Führer *(Guia Oficial das Estâncias Termais)* der *Direcção-Geral do Turismo,* Av. António de Aguiar 86, P-1069-021 Lisboa.

Massage	**a massagem** [ɐ mɐˈsaʒɐ̃i]
Sauna	**sauna** [ˈsaunɐ]
Solarium	**solário** [suˈlarju]
Thermalbad	**piscina termal** [pɐʃˈsinɐ tɐrˈmal]
Whirlpool	**piscina com ja(c)to de massagem** [pɐʃˈsinɐ kõ ˈʒatu də mɐˈsaʒɐ̃i]

Radfahren

Bicicleta

Fahrrad	**bicicleta** [bəsiˈklɛtɐ]
Fahrradhelm	**o capacete de bicicleta** [u kɐpɐˈsetɐ də bəsiˈklɛtɐ]
Fahrradweg	**pista para bicicletas** [ˈpiʃtɐ ˈperɐ bəsiˈklɛtɐʃ]

Flickzeug	**caixa de remendos** ['kaiʃɐ də rə'menduʃ]
Luftpumpe	**bomba de ar** ['bõmbɐ d‿ar]
Mountainbike	**bicicleta de montanha** [bəsi'klɛtɐ də mõn'teɲɐ]
Rad fahren	**andar de bicicleta** [ɐ̃n'dar də bəsi'klɛtɐ]
Radsport	**ciclismo** [si'kliʒmu]
Radtour	**passeio de bicicleta** [pɐ'seju də bəsi'klɛtɐ]
Rennrad	**bicicleta de corrida** [bəsi'klɛtɐ də ku'ʀidɐ]
Schlauch	**câmara-de-ar** ['kɐmɐrɐ d‿ar]
Trekkingrad	**bicicleta todo-terreno** [bəsi'klɛtɐ 'todu tə'ʀenu]

Wandern und Bergsteigen

Marcha e montanhismo

Ich möchte eine Bergtour machen.	**Gostaria de fazer uma marcha pelos montes.** [guʃtɐ'riɐ də fɐ'zer‿umɐ 'marʃɐ 'peluʒ 'mõntɐʃ]
Können Sie mir eine interessante Route auf der Karte zeigen?	**Pode-me indicar no mapa um itinerário interessante?** ['pɔdəm‿ĩndi-kar nu 'mapɐ ũ itinɐ'rarju ĩntərɐ'sẽntɐ]
Bergsteigen	**montanhismo** [mõntɐ'ɲiʒmu]
Fernwanderweg	**o grande circuito de marcha** [u 'grẽndə sir'kuitu də 'marʃɐ]
Freeclimbing	**escalada livre** [ʃkɐ'ladɐ 'livrɐ]
Gehzeiten	**a duração de marcha** [ɐ durɐ'sɐu də 'marʃɐ]
Route	**itinerário** [itinɐ'rarju]
Schutzhütte	**a choupana-refúgio** [ɐ ʃo'penɐ rɐ'fuʒju]
Sicherungsseil	**cabo de segurança** ['kabu də səgu'rẽsɐ]
Tagestour	**percurso de um dia** [pər'kursu d‿ũm 'diɐ]
Trekking	**todo-terreno** ['todu tə'ʀenu]
Wanderkarte	**o mapa dos circuitos de marcha** [u 'mapɐ duʃ sir'kuituʒ də 'marʃɐ]
wandern	**fazer marchas** [fɐ'zer 'marʃɐʃ], **caminhar** [kɐmi'ɲar]
Wanderweg	**circuito de marcha** [sir'kuito də 'marʃɐ]

Reiten

Equitação

Ausritt	**passeio a cavalo** [pɐ'seju ɐ kɐ'valu]
Pferd	**cavalo** [kɐ'valu]
Polo	**pólo** ['pɔlu]
reiten	**andar a cavalo** [ɐ̃n'dar‿ɐ kɐ'valu]

Reiterferien	**as férias equestres** [eʃ 'fɛrjez_i'kwɛʃtrəʃ]
Reitschule	**escola de equitação** [ʃ'kɔlɐ d_ikitɐ'sẽu]

Golf   Golfe

Portugal ist ein Paradies für Golfspieler. Die schönsten Golfplätze liegen vorwiegend an der Algaveküste und bei *Estoril* in der Nähe von *Lissabon*.

18-Loch-Platz	**o golfe com 18 buracos** [u 'gɔlfə kõ də'zɔitu bu'rakuʃ]
Abschlag	**(primeira) tacada** [(pri'meirɐ) tɐ'kadɐ]
Clubhaus	**o clube** [u 'klubə]
Golf	**o golfe** [u 'gɔlfə]
Golfclub	**o clube de golfe** [u 'klubə də 'gɔlfə]
Golfschläger	**taco de golfe** ['taku də 'gɔlfə]
Greenfee	**o greenfee** [u 'grĩfi]
Parcours	**percurso** [pər'kursu]
Tagesbesucher	**o visitante** [u visi'tẽntɐ]

Flugsport   Voo desportivo

Gehen Sie mit portugiesischen Freunden strandsegeln – aber vielleicht nicht gerade im August, wenn die Strände übervoll sind. Es ist bestimmt ein neues, schönes Gefühl, nicht nur für ganz junge Leute. Und besonders gefährlich ist es auch nicht, man fällt nicht tief…

Drachenfliegen	**asa delta** ['azɐ 'dɛltɐ]
Fallschirmspringen	**o pára-quedismo** [u parɐkɐ'diʒmu]
Gleitschirm	**o parapente** [u parɐ'pẽntɐ]
Lenkdrachen	**o ultra-ligeiro** [o ultreli'ʒeiru]
Paragliding	**o paragliding** [u perɐ'glaidiŋ]
Schleppschirm *(am Strand)*	**o pára-quedas rebocado** [u parɐ'kɛdɐʒ rəbu'kadu]
Segelfliegen	**voo planado** ['vou plɐ'nadu]
Startplatz	**sítio de partida** ['sitju də pər'tidɐ]
Strandsegeln	**vela com rodas** ['vɛlɐ kõ 'rɔdɐʃ]
Thermik	**vento ascendente térmico** ['vẽntu_ɐʃẽn'dẽntɐ 'tɛrmiku]

Sonstige Sportarten   Outros desportos

Basejumping	**o basejumping** [u beisɐ'dʒẽmpiŋ]
Bowling	**o bowling** [u 'bɔliŋ]
Bungeejumping	**o bungeejumping** [u bẽndʒi'dʒẽmpiŋ]
Eisbahn	**pista de patinagem no gelo** ['piʃtɐ də pɐti'naʒẽi nu 'ʒelu]

Eishockey	**o hóquei sobre o gelo** [u ˈɔkei ˈsobrˌu ˈʒelu]
Eiskunstlauf	**a patinagem artística sobre o gelo** [ɐ pɐtiˈnaʒɐ̃i ɐrˈtiʃtikɐ ˈsobrˌu ˈʒelu]
Eislauf	**a patinagem sobre o gelo** [ɐ pɐtiˈnaʒɐ̃i ˈsobrˌu ˈʒelu]
Inliner	**os patins em linha** [uʃ pɐˈtĩz_ɐ̃i ˈliɲɐ]
Inline skaten	**andar de patins em linha** [ɐ̃nˈdar dɐ pɐˈtĩz_ɐ̃i ˈliɲɐ]
Leichtathletik	**atletismo** [ɐtlɛˈtiʒmu]
Minigolf	**o minigolfe** [u miniˈgɔlfɐ]
Motorsport	**os desportos motorizados** [uʒ dɐʃˈpɔrtuʒ muturiˈzaduʃ]
Rollhockey	**o hóquei em patins** [u ˈɔk_ ɐ̃i pɐˈtĩʃ]
Rollschuhe	**os patins** [uʃ pɐˈtĩʃ]
Rollschuh fahren	**andar de patins** [ɐ̃nˈdar dɐ pɐˈtĩʃ]
Schlittschuhe	**os patins de gelo** [uʃ pɐˈtĩʒ dɐ ˈʒelu]
Schlittschuh laufen	**andar de patins de gelo** [ɐ̃nˈdar dɐ pɐˈtĩʒ dɐ ˈʒelu]
Skateboard	**o skateboard** [u skeitɐˈbɔd]
Skateboard fahren	**andar de skateboard** [ɐ̃nˈdar dɐ skeitɐˈbɔd]
Ski	**o esqui** [u ʃki]
Ski fahren	**andar de esqui** [ɐ̃nˈdar dɐ ʃki]

Sportveranstaltungen besuchen

In Portugal gehört es zum guten Ton, sich mit König Fußball ein bisschen auszukennen. Es genügt, wenn Sie die Namen der wichtigsten
Mannschaften wissen: *F.C. Porto*, *Benfica*, *Sporting* und *Boavista*. Noch
nicht genug? Dann merken Sie sich, dass der *F.C. Porto* in der Saison
98/99 *Penta-Campeão* geworden ist (fünfmal hintereinander Natio-
nalliga-Meister). Übrigens: Alle freuen sich auf die Europa-Meister-
schaft, die im Jahre 2004 in Portugal ausgetragen wird!

Welche Sportveranstal-tungen gibt es hier?	**Que eventos desportivos há aqui?** [k_iˈvẽntuʒ dɐʃpurˈtivuz_ɐ ɐˈki]
Ich möchte mir das Fußballspiel ansehen.	**Queria assistir ao jogo de futebol.** [kɐˈri_asiʃˈtir_au ˈʒogu dɐ ˈfutɐbɔl]
Wann/Wo findet es statt?	**Quando é / Onde é?** [kwɛ̃nˈdwɛ/õnˈdjɛ]
Gibt es noch Karten?	**Ainda há lugares?** [ɐˈĩnd_a luˈgarɐʃ]
Was kostet der Eintritt?	**Quanto custa a entrada?** [ˈkwɛ̃ntu ˈkuʃta ɛ̃nˈtradɐ]
Wie steht's?	**Quem está a ganhar?** [kɐ̃i ʃta ɐ gɐˈɲar]

2 zu 1 für…	**Dois – um para o…** [doiz_ũ 'pɐɾɐ u]
eins : eins.	**Um – um.** [ũ ũ]
Foul!	**Falta!** ['faltɐ]
Schöner Schuss!	**Bom tiro!** [bõ 'tiru]
Tor!	**Golo!** ['golu], *(Br)* **Gol!** [gol]

abseits	**fora de jogo** ['fɔɾɐ də 'ʒogu]
Anstoß	**o pontapé de saída** [u põntɐ'pɛ də sɐ'idɐ]
Autorallye	**o rali automóvel** [u ʀa'li autu'mɔvɛl]
Eintrittskarte	**o bilhete** [u bə'ʎetɐ]
Elfmeter	**a grande penalidade** [ɐ 'grɐ̃də pənəli'dadə]
Europameisterschaft	**campeonato europeu** [kɐ̃mpju'natu_euru'peu]
Flanke	**centro** ['sẽntru]
Freistoß	**o livre** [u 'livrə]
gewinnen	**ganhar** [ga'ɲar]
Kasse	**bilheteira** [bəʎə'teirɐ] *(Br)* **bilheteria** [biʎete'riɐ]
Meisterschaft	**campeonato** [kɐ̃mpju'natu]
Niederlage	**derrota** [də'ʀɔtɐ]
Pass	**o passe** [u 'pasə]
Programm	**o programa** [u pru'grɐmɐ]
Radrennen	**corrida de bicicletas** [ku'ʀidɐ də bəsi'klɛtɐʃ]
Rennen	**corrida** [ku'ʀidɐ]
Schiedsrichter	**árbitro** ['arbitru]
Sieg	**vitória** [vi'tɔrjɐ]
Spiel	**jogo** ['ʒogu]
Sporthalle	**o pavilhão gimnodesportivo** [u pevi'ʎɐ̃u ʒimnudəʃpur'tivu]
Sportler/in	**o/a desportista** [u/ɐ dəʃpur'tiʃtɐ]
Sportplatz	**recinto desportivo** [rə'sĩntu dəʃpur'tivu]
Stadion	**estádio** [ʃ'tadju]
Strafraum	**grande área** ['grɐ̃d_'ariɐ]
Turnhalle	**ginásio** [ʒi'nazju]
unentschieden	**empatado** [ẽmpɐ'tadu]
verlieren	**perder** [pər'der]
Weltmeisterschaft	**campeonato mundial** [kɐ̃mpju'natu mũndi'al]
Wettkampf	**a competição** [ɐ kõmpəti'sɐ̃u]

Kreativurlaub

Ich interessiere mich für…	**Tenho interesse num …** ['teɲu ĩntə'resə nũ]
einen Töpferkurs.	**curso de olaria.** ['kursu d_ɔlɐ'riɐ]
einen Portugiesischkurs.	**curso de português.** ['kursu də purtu'geʃ]
für Anfänger	**para principiantes** ['pɐrɐ prĩsəpi'ĕntɐʃ]
für Fortgeschrittene	**para avançados** ['pɐrɐ ɐvẽ'saduʃ]
Ist die Teilnehmerzahl begrenzt?	**O número de participantes é limitado?** [u 'numɐru də pɐrtəsi'pĕntəz_ɛ limi'tadu]
Sind Vorkenntnisse erforderlich?	**É preciso ter conhecimentos prévios?** [ɛ prə'sizu tɐr kuɲəsi'mĕntuʒ 'prɛvjuʃ]
Bis wann muss man sich anmelden?	**Qual é o prazo de inscrição?** ['kwal_ɛ u 'prazu d_ĩʃkri'sĕu]
Sind Materialkosten inklusive?	**Os custos de material já estão incluídos?** [uʃ 'kuʃtuʒ də mɐtərj'al ʒa ʃ'tĕu ĩɲ'klwiduʃ]
Was ist mitzubringen?	**O que é preciso trazer?** [u k_ɛ prə'sizu tre'zer]
Aquarellmalen	**pintura de aguarela** [pĩ'turɐ d_ɐgwa'rɛlɐ]
Fasten	**o jejum** [u ʒə'ʒũ]
Fotografieren	**fotografia** [futugrɐ'fiɐ]
Goldschmieden	**ourivesaria** [orivɐzɐ'riɐ]
Holzwerkstatt	**carpintaria** [kɐrpĩntɐ'riɐ]
Kochen	**cozinha** [ku'ziɲɐ]
Kurs	**curso** ['kursu]
Malen	**pintura** [pĩ'turɐ]
Schauspielworkshop	**o workshop de teatro** [u wɛrkə'ʃɔp də tj'atru]
Seidenmalerei	**pintura sobre seda** [pĩ'turɐ 'sobrɐ 'sedɐ]
Selbsterfahrung	**a introspe(c)ção** [ɐ ĩntrɔʃpɛ'sĕu]
Seminar	**seminário** [səmi'narju]
Tanztheater	**teatro de dança** [tj'atru də dẽsɐ]
Theatergruppe	**grupo de teatro** ['grupu də tj'atru]
Trommeln	**tocar tambores** [tu'kar tĕm'borɐʃ]
Workshop	**o workshop** [u wɛrkə'ʃɔp]
Yoga	**o ioga** [u i'ɔgɐ]

Unterhaltung

Fado
Wenn Sie in punkto Unterhaltung etwas Typisches erleben wollen, dann lassen Sie in Lissabon den Besuch eines *Fado*-Hauses nicht aus. *Fado* gehört zur portugiesischen „Kultur" wie die Liebe zum Fußball, Strand oder Stockfisch. Das Wort *Fado* stammt von dem lateinischen *fatum* (Schicksal). Dieser Volksgesang besingt das Schicksal, die unglückliche Liebe, den Weltschmerz, die *Saudade*, dieses portugiesische Gefühl, das nicht mit einem Wort übersetzt werden kann. Es ist vielleicht eine Mischung aus Sehnsucht, Heim- und Fernweh mit einem stark melancholischen Hang. Versuchen Sie sich also einmal in die Stimmung zu bringen und gehen Sie *Fado* hören. Es wird auf jeden Fall ein Erlebnis sein.

Theater – Konzert – Kino

In den Großstädten, vor allem Lissabon und Porto, ist das Angebot an Theater – Konzert – Kino sehr groß. Fragen Sie beim Verkehrsamt nach der *Agenda Cultural*. Die Tageszeitung informiert ebenfalls ausführlich über die Programme.

Welches Stück wird heute Abend im Theater gespielt?	**Qual é a peça que vai hoje à noite no teatro?** [kwaľ_ɛ ɐ 'pɛsɐ kə vai 'oʒ_a 'noitɐ nu 'tjatru]
Was läuft morgen Abend im Kino?	**O que há amanhã à noite no cinema?** [u kja amɐ'ɲɐ̃ a 'noitɐ nu si'nemɐ]
Können Sie mir ein gutes Theaterstück empfehlen?	**Pode-me aconselhar uma boa peça de teatro?** ['pɔdəm_ɐkõsɐ'ʎɐr_'umɐ 'boɐ 'pɛsɐ də 'tjatru]
Wann beginnt die Vorstellung?	**A que horas começa o espe(c)táculo?** [ɐ 'kjɔrɐʃ ku'mɛsɐ u ʃpɛ'takulu]
Wo bekommt man Karten?	**Onde se podem comprar os bilhetes?** ['õndə sə 'pɔdɐ̃ĩ kõ'prar_uʒ bə'ʎetəʃ]
Bitte zwei Karten für heute Abend.	**Dois bilhetes para hoje à noite, faz favor.** [doiʒ bə'ʎetəʃ 'pɐrɐ 'oʒ_a 'noitɐ faʃ fe'vor]
Kann ich bitte ein Programm haben?	**Pode-me dar um programa, faz favor?** ['pɔdəmə dar_ũm pru'grɐmɐ faʃ fe'vor]
Eintrittskarte	**o bilhete** [u bə'ʎetɐ]
Garderobe	**vestiário** [vəʃti'arju]
Kasse	**bilheteira** [bəʎɐ'teirɐ]
	(Br) bilheteria [biʎete'riɐ]

Pause	**intervalo** [ĩntər'valu]
Programmheft	**o programa** [u pru'grɐmɐ]
Vorstellung	**espe(c)táculo** [ʃpɛ'takulu]; *(Theater)* **a representação** [ɐ ʀɐprɐzẽntɐ'sɐ̃u]; *(Kino)* **a sessão** [ɐ sə'sɐ̃u]
Vorverkauf	**venda antecipada** ['vẽnd_ẽntəsi'padɐ]

Theater

Akt	**a(c)to** ['atu]
Aufführung	**a representação** [ɐ ʀɐprɐzẽntɐ'sɐ̃u]
Ballett	**o ballet** (*Br* **balé**) [u ba'lɛ], **bailado** [bai'ladu]
Drama	**o drama** [u 'drɐmɐ]
Freilufttheater	**teatro ao ar livre** ['tjatr_ɐu ar 'livrə]
Kabarett	**teatro de crítica humorística** ['tjatro də 'kritikɐ umu'riʃtikɐ], **revista** [ʀə'viʃtɐ]
Kleinkunstbühne	**teatro de revista** ['tjatru də ʀə'viʃtɐ]
Komödie	**comédia** [ku'mɛdjɐ]
Oper	**ópera** ['ɔpərɐ]
Operette	**opereta** [ɔpə'retɐ]
Parkett	**plateia (é)** [plɐ'tejɐ]
Premiere	**estreia (é)** ['ʃtrejɐ]
Schauspiel	**peça de teatro** ['pɛsɐ də 'tjatru]
Schauspieler/in	**o a(c)tor / a a(c)triz** [u a'tor/ɐ a'triʃ]
Tänzer/in	**bailarino/bailarina** [bailɐ'rinu/bailɐ'rinɐ]
Theaterstück	**peça de teatro** ['pɛsɐ də 'tjatru]
Tragödie	**tragédia** [trɐ'ʒɛdjɐ]
Varietee	**as variedades** [ɐʒ vɐrjɐ'dadɐʃ]
Volksstück	**peça popular** ['pɛsɐ pupu'lar]

Konzert

afrikanische Musik	**música africana** ['muzikɐ ɐfri'kɐnɐ]
Blues	**os blues** [uʒ blus]
Chor	**coro** ['koru]
Dirigent/in	**o/a chefe de orquestra** [u/ɐ 'ʃɛfə d_or'kɛʃtrɐ]
Fado *(Volksgesang)*	**fado** ['fadu]
Jazz	**o jazz** [u dʒɛz]
Klassik	**música clássica** ['muzikɐ 'klasikɐ]
Komponist/in	**o compositor / a compositora** [u kõmpuzi'tor/ɐ kõmpuzi'torɐ]
Konzert	**concerto** [kõ'sertu]
Kammerkonzert	**concerto de câmara** [kõ'sertu də 'kɐmɐrɐ]
Kirchenkonzert	**concerto de música sacra** [kõ'sertu də 'muzikɐ 'sakrɐ]
Sinfoniekonzert	**concerto sinfónico (ô)** [kõ'sertu sĩ'fɔniku]

Musical	**o musical** [u muzi'kal]
Orchester	**orquestra** [ɔr'kɛʃtrɐ]
Pop	**o pop** [u pɔp]
Rap	**o rap** [u ʀɛp]
Reggae	**o reggae** [u 'ʀegɐ]
Sänger/in	**o cantor / a cantora** [u kɐ̃n'tor/ɐ kɐ̃n'torɐ]
Solist/in	**o/a solista** [u/ɐ su'liʃtɐ]
Soul	**o soul** [u sol]
Techno	**música techno** ['muzikɐ 'tɛknu]
Volksmusik	**música folclórica** ['muzikɐ fɔl'klɔrikɐ]

Kino

In Portugal werden die Kinofilme in der Originalfassung mit portugiesischen Untertiteln vorgeführt. Wenn gerade ein deutscher Film läuft, können Sie ihn also „pur" genießen.

Film	**o filme** [u 'filmə]
Actionfilm	**o filme de a(c)ção** [u 'filmə d_asẽu]
Klassiker	**clássico** ['klasiku]
Sciencefictionfilm	**o filme de ficção científica** [u 'filmə də 'fiksẽu sjẽn'tifikɐ]
Thriller	**o filme policial** [u 'filmə pulisi'al]
Western	**o filme de cow-boys** [u 'filmə də kɔ'bɔiʃ]
Zeichentrickfilm	**os desenhos animados** [uʒ də'seɲuz_ɐni'maduʃ]
Filmschauspieler/in	**o a(c)tor / a a(c)triz de cinema** [u a'tor/ɐ a'triʒ də si'nemɐ]
Hauptrolle	**o papel principal** [u pɐ'pɛl prɐ̃si'pal]
Kino	**o cinema** [u si'nemɐ]
Originalfassung	**a versão original** [ɐ vɐr'sẽu ɔriʒi'nal]
Regie	**a encenação** [ɐ ẽsɐnɐ'sẽu], **a dire(c)ção artística** [ɐ di'rɛsẽu ɐr'tiʃtikɐ]
Spezialeffekte	**os efeitos especiais** [uz_i'feituʃ ʃpəsi'aiʃ]
Untertitel	**as legendas** [ɐʒ lə'ʒẽndɐʃ]

Nachtleben

Was kann man hier abends unternehmen?	**Que diversões nocturnas há aqui?** [kə divɐr'sõiʒ no'turnɐʒ_a ɐ'ki]
Gibt es hier eine gemütliche Kneipe?	**Há aqui um bar com um ambiente agradável?** [a ɐ'ki 'ũ bar kõ ũ ẽm'bjẽnt_ɐgrɐ'davɛl]
Wo kann man hier tanzen gehen?	**Onde é que aqui se pode ir dançar?** ['õnd_ɛ kjɐ'ki sə 'pɔd_ir dẽ'sar]

Wollen wir (noch einmal) tanzen?	**Vamos dançar (outra vez)?** ['vɐmuʒ dɐ̃'sar ('otrɐ veʃ)]

In den Großstädten gibt es eine breite Palette von Nachtclubs und Bars. Sie können wählen: portugiesische, afrikanische, brasilianische, lateinamerikanische Musik, Jazz, Pop, Heavy metal… Die meisten Bars in Lissabon finden Sie im alten Viertel *Bairro Alto* und an der *Avenida 24 de Julho / Docas*. Ach ja: Möchten Sie erfahren, welche Clubs gerade die besten sind, fragen Sie nicht den Hotelportier, sondern junge Leute auf der Straße. Das klappt!

Abendgarderobe	**o traje de cerimónia** [u 'traʒə də səri'mɔnjɐ]
ausgehen	**sair** [sɐ'ir]
Band	**conjunto** [kõ'ʒũntu], **a band** [ɐ 'bɛnd]
Bar	**o bar** [u bar]
Disko	**discoteca** [dəʃku'tɛkɐ]
Folklore	**o folclore** [u fɔl'klɔrə]
Folkloreabend	**espe(c)táculo de folclore** [ʃpɛ'takulu də fɔl'klɔrə]
Glücksspiel	**jogo de azar** ['ʒogu d_ɐzar]
Kneipe	**tasca** ['taʃkɐ], **taberna** [tɐ'bɛrnɐ]
Livemusik	**música ao vivo** ['muzik_au 'vivu]
Nachtklub	**o clube nocturno** [u 'klubə no'turnu] *(Br)* **a boate** [ɐ 'bwati]
Show	**espe(c)táculo** [ʃpɛ'takulu], **o show** [u ʃou]
Spielkasino	**casino** [kɐ'zinu]
tanzen	**dançar** [dɐ̃'sar]
Tanzkapelle	**orquestra de dança** [or'kɛʃtrɐ də 'dɐ̃sɐ]

Feste und Veranstaltungen

Wann findet das …-Festival statt?	**Quando é que se realiza o festival de …?** ['kwɐnd_ɛ kə sə rjɐ'lizɐ u fəʃti'val də]
vom … bis …	**de … a …** [də … ɐ …]
jedes Jahr im August	**todos os anos em Agosto** ['toduz_uz_'ɐnuz ɐ̃i ɐ'goʃtu]
alle 2 Jahre	**de dois em dois anos** [də doiz_ɐ̃i doiz_ɐnuʃ]
Was ist das genau?	**O que é que lá se passa exactamente?** [u kjɛ kə la sə 'pasɐ izatɐ'mɛntɐ]
Kann jeder mitmachen?	**Pode participar quem quiser?** ['pɔdə pɐrtisi'par kɐ̃i ki'zɛr]

Buchmesse **Feira do Livro** ['feirɐ du 'livru]
Fest der Roten Weste **Festa do Colete Encarnado**
(Vila Franca de Xira) ['fɛʃtɐ du ku'let_ẽŋkɐr'nadu]
Feste zu den Volksheiligen **as festas dos Santos populares**
[ɐʃ 'fɛʃteʒ duʃ 'sẽntuʃ pupu'larɐʃ]

Feuerwerk **fogo de artifício** ['fogu d_ɐrtɐ'fisju]
Flohmarkt **feira da ladra** ['feirɐ dɐ 'ladrɐ]
Folklorefestival *(Algarve)* **Festival Nacional do Folclore**
[fɐʃti'val nɐsju'nal du fɔl'klɔrɐ]
Gastronomiefestival **o Festival de Gastronomia**
[u fɐʃti'val dɐ gɐʃtrunu'miɐ]

Internationale Golfwoche **Semana Internacional de Golfe**
(Estoril) [sɐ'manɐ ĩntɐrnɐsju'nal dɐ 'gɔlfɐ]
Internationaler Jahrmarkt des **Feira Internacional do Artesanato**
Kunsthandwerkes **(FIA)** ['feirɐ ĩntɐrnɐsju'nal du
(Lissabon) ɐrtɐzɐ'natu]
Internationales Bierfestival **Festival Internacional da Cerveja**
(Silves) [fɐʃti'val ĩntɐrnɐsju'nal dɐ sɐr'veʒɐ]
Internationales Filmfestival **Fantasporto** *(Porto)* ['fẽntɐʃ 'portu]
(Porto)
Internationales Theaterfestival **Festival Internacional de Teatro (FIT)**
(Lissabon) [fɐʃti'val ĩntɐrnɐsju'nal dɐ 'tjatru]
Jahrmarkt **feira** ['feirɐ]
Karneval **o carnaval** [u kɐrnɐ'val]
Kirmes **romaria** [ʀume'riɐ]
Landwirtschaftlicher Jahr- **Feira Nacional da Agricultura**
markt *(Santarém)* ['feirɐ nɐsju'nal d_agrikul'turɐ]
Modemesse **Moda Lisboa** ['mɔdɐ liʒ'boɐ]
Musikfestival **o festival de música**
[u fɐʃti'val dɐ 'muzikɐ]

Pferdejahrmarkt *(Golegã)* **Feira Nacional do Cavalo**
['feirɐ nɐsju'nal du kɐ'valu]
Prozession **a procissão** [ɐ prusi'sẽu]
Radrundfahrt in Portugal **Volta a Portugal em Bicicleta**
['vɔlt_a purtu'gal ẽi bɐsi'klɐtɐ]

Rallye Portugal **o Rali de Portugal** [u ʀa'li dɐ purtu'gal]
Stierkampf **tourada** [to'radɐ]
Straßenfestival **o festival de rua** [u fɐʃti'val dɐ ʀuɐ]
Studentenfest zum Abschluss **Queima das Fitas** ['keimɐ dɐʃ 'fitɐʃ]
des Studienjahres
Tennisturnier *(Open, Estoril)* **torneio de ténis** [tur'neju dɐ 'tɛniʃ]
Trachtenfest **festa dos trajes** ['fɛʃtɐ duʃ 'traʒɐʃ]
Weinlesefest *(Palmela)* **Festa das Vindimas**
['fɛʃtɐ dɐʃ vĩn'dimɐʃ]
Wallfahrt **a peregrinação** [ɐ pɐrɐgrinɐ'sẽu]
Umzug **cortejo** [kur'teʒu]
Zirkus **circo** ['sirku]

Einkaufen

Einkaufen im großen Stil
Neben den Läden *(lojas)*, Lebensmittelgeschäften *(mercearias)* und Supermärkten *(supermercados)* in den Städten und Ortschaften gibt es viele Riesensupermärkte *(hipermercados)* meistens am Rande der Stadt. Parallel dazu die schicken Einkaufszentren, die fast buchstäblich eine ganze Einkaufsstadt anbieten, inkl. Gastronomie, Kinos usw. Die Portugiesen lieben diese Zentren, zumal sie die ganze Woche offen sind, also auch sonntags. Hier macht Einkaufen Spaß.

Fragen

Ich suche …

Danke, ich sehe mich nur um.	**Obrigado/Obrigada, eu quero só ver.** [obri'gadu/obri'gadɐ eu 'kɛru sɔ ver]
Ich möchte…	**Queria …** [kə'riɐ]
Haben Sie…?	**Tem …?** [tɐ̃i]
Darf es sonst noch etwas sein?	**Mais alguma coisa?** [maiz‿al'gumɐ 'koizɐ]

Handeln und kaufen

Außer auf Wochen- und Flohmärkten und in den meisten Antiquitätengeschäften wird nicht gehandelt, es gibt überall Festpreise. Achten Sie besser auf Sonderangebote unter der Bezeichnung *Promoção*. Der Sommer- und Winterschlussverkauf läuft unter dem Namen *Saldos*.

Wie viel kostet es?	**Quanto custa?** ['kwẽntu 'kuʃtɐ]
Das ist zu teuer!	**É caríssimo!** [ɛ kɐ'risimu]
Ich zahle höchstens…	**Eu dou até …** [eu do ɐ'tɛ]
Nein, zu diesem Preis kann ich es Ihnen nicht geben.	**Não, por esse preço não posso vender.** [nɐ̃u pur‿esə 'presu nɐ̃u 'posu vẽn'der]
Hm, und für…?	**E por…?** [i pur]
Einverstanden.	**Está bem.** [ʃta bɐ̃i]
Nehmen Sie Kreditkarten?	**Aceitam cartões de crédito?** [ɐ'seitɐ̃u kɐr'tõiʒ də 'krɛditu]

Geschäfte

Allgemein gelten Öffnungszeiten von 9 bis 13 und von 15 bis 19 Uhr, samstags nur bis 13 Uhr. Manche Läden im Zentrum machen aber keine Mittagspause und bleiben auch samstagnachmittags offen. Die großen Einkaufszentren haben von 10 bis 24 Uhr geöffnet, und das sieben Tage die Woche.

Wo finde ich …?	**Onde posso encontrar …?** ['ŏndə 'pɔsˌẽŋkŏn'trar]
Öffnungszeiten	**Horário de abertura** [o'rarju d‿ɐbər'turɐ]

aberto offen	**fechado** geschlossen	**encerrado para férias** Betriebsferien

Antiquitätengeschäft	**antiquário** [ẽnti'kwarju]
Apotheke	**farmácia** [fɐr'masjɐ]
Bäckerei	**padaria** [padɐ'riɐ]
Blumengeschäft	**florista** [flu'riʃtɐ]
Boutique	**a boutique** [ɐ bu'tikɐ]
Buchhandlung	**livraria** [livrɐ'riɐ]
Drogerie	**drogaria** [drugɐ'riɐ]
Einkaufszentrum	**centro comercial** ['sẽntru kumərsi'al]
Elektrohandlung	**loja de artigos elé(c)tricos** ['lɔʒe d‿ɐr'tiguz ‿i'lɛtrikuʃ]
Fischgeschäft	**peixaria** [peiʃɐ'riɐ]
Flohmarkt	**feira da ladra** ['feirɐ dɐ 'ladrɐ]
Fotogeschäft	**loja de artigos fotográficos** ['lɔʒe d‿ɐr'tiguʃ futu'grafikuʃ]
Frisör	*(für Frauen)* **o salão de cabeleireiro** [u sɐ'lẽu dɐ kɐbɐlei'reiru]; *(für Männer)* **barbearia** [bɐrbje'riɐ]
Juwelier	**joalharia** [ʒwɐʎɐ'riɐ]
Kaufhaus	**o grande armazém** [u 'grɐnd‿ɐrmɐ'zẽi]
Konditorei	**pastelaria** [peʃtɐlɐ'riɐ], **confeitaria** [kŏfeitɐ'riɐ]
Lebensmittelgeschäft	**mercearia** [mɐrsjɐ'riɐ]
Lederwarengeschäft	**loja de artigos de couro/pele** ['lɔʒe d‿ɐr'tiguʒ dɐ 'koru/'pɛlɐ]
Markt	**mercado** [mɐr'kadu]
Metzgerei	**talho** ['taʎu]; *(Br)* **o açougue** [u a'sogi]
Musikgeschäft	**loja de artigos de música** ['lɔʒe d‿ɐr'tiguʒ dɐ 'muzikɐ]
Obst- und Gemüsehändler	**frutaria e hortaliças** [frutɐ'riɐ i ortɐ'lisɐʃ]
Optiker	**o oculista** [u ɔku'liʃtɐ]

Reinigung, chemische	**tinturaria** [tĩntureˈriɐ]
Reisebüro	**agência de viagens** [eˈʒẽsjɐ də ˈvjaʒẽiʃ]
Schneider/in	**o alfaiate** [u alfɐˈjatə],
	a modista [ɐ muˈdiʃtɐ]
Schreibwarengeschäft	**papelaria** [pɐpəleˈriɐ]
Schuhgeschäft	**sapataria** [sɐpɐtɐˈriɐ]
Souvenirladen	**loja de recordações turísticas**
	[ˈlɔʒɐ də rəkurdɐˈsõiʃ tuˈriʃtikɐʃ]
Spielwarengeschäft	**loja de brinquedos** [ˈlɔʒɐ də brĩŋˈkeduʃ]
Spirituosengeschäft	**loja de bebidas alcoólicas**
	[ˈlɔʒɐ də bəˈbidɐz ɐlˈkwɔlikɐʃ]

Sportartikel	**(loja de) artigos de desporto** (*Br* **esporte**) [(ˈlɔʒɐ d_)ɐrˈtiguʒ də dəʃˈportu (isˈpɔrti)]
Supermarkt	**supermercado** [supɛrmərˈkadu]
Tabakladen	**tabacaria** [tɐbɐkɐˈriɐ]
Uhrmacher	**relojoeiro** [ʀəluˈʒweiru]
Wäscherei	**lavandaria** [lɐvẽndɐˈriɐ]
Weinhandlung	**o armazém de vinhos** [u armɐˈzẽi də ˈviɲuʃ]

Bücher, Zeitschriften und Schreibwaren

Ich hätte gern…	**Queria …** [kəˈriɐ]
eine deutsche Zeitung.	**um jornal alemão.** [ũ ʒurˈnal_ɐləˈmẽu]
eine Zeitschrift.	**uma revista.** [ˈumɐ ʀəˈviʃtɐ]
einen Reiseführer.	**um guia turístico.** [ũ ˈgiɐ tuˈriʃtiku]

Bücher, Zeitschriften und Zeitungen

Illustrierte	**revista** [ʀəˈviʃtɐ]
Kochbuch	**livro de cozinha** [ˈlivru də kuˈziɲɐ]
Kriminalroman	**o romance policial** [u ʀuˈmɐ̃sə puliˈsjal]
Landkarte	**o mapa** [u ˈmapɐ]
Reiseführer	**o guia turístico** [u ˈgiɐ tuˈriʃtiku]
Roman	**o romance** [u ʀuˈmɐ̃sə]
Stadtplan	**planta da cidade** [ˈplɐntɐ dɐ siˈdadə]
Straßenkarte	**o mapa das estradas** [u ˈmapɐ deʃ‿ʃˈtradɐʃ]
Taschenbuch	**livro de bolso** [ˈlivru də ˈbolsu]
Zeitschrift	**revista** [ʀəˈviʃtɐ]
Zeitung	**o jornal** [u ʒurˈnal]

Schreibwaren

Fallen Sie nicht auf einen „falschen Freund" herein: Sagen Sie nicht *carta*, wenn Sie eine Karte wollen, sonst bekommen Sie einen Brief. Das Wort „Karte" heißt auf portugiesisch *postal*.

Ansichtskarte	**o postal ilustrado** [u puʃˈtal‿iluʃˈtradu]
Bleistift	**o lápis** [u ˈlapiʃ]
Block	**bloco** [ˈbloku]
Briefpapier	**o papel de carta** [u pɐˈpɛl də ˈkartɐ]
Briefumschlag	**o envelope** [u ẽvəˈlɔpə]
Farbstift	**o lápis de cor** [u ˈlapiʒ də kor]
Klebstoff	**cola** [ˈkɔlɐ]
Kugelschreiber	**esferográfica** [ʃfɛrɔˈgrafikɐ]
Malbuch	**caderno para colorir** [kɐˈdɛrnu ˈpɐrɐ kuluˈrir]
Papier	**o papel** [u pɐˈpɛl]

Drogerieartikel

Bürste	**escova** [ʃˈkovɐ]
Creme	**o creme** [u ˈkrɛmə]
Damenbinden	**os pensos higiénicos** [uʃ ˈpẽsuʃ‿iˈʒjɛnikuʃ]
Deo(dorant)	**o desodorizante** [u dəzoduriˈzɐntə]
Duschgel	**o gel de banho** [u ʒɛl də ˈbɐɲu]
Fleckenwasser	**o tira-nódoas** [u ˈtirɐ ˈnɔdwɐʃ]
Haarentferner	**depilatório** [dəpilɐˈtɔrju]
Haarfestiger	**o fixador** [u fiksɐˈdor]
Haargel	**o gel para o cabelo** [u ʒɛl ˈpɐrɐ u kɐˈbelu]
Haargummi	**elástico para o cabelo** [iˈlaʃtiku ˈpɐrɐ u kɐˈbelu]

Haarspray	laca ['lakɐ]
Haarwaschmittel	o champô [u ʃẽm'po],
	o champu (*Br* xampu) [u ʃẽm'pu]
Kamm	o pente [u 'pẽntɐ]
Lichtschutzfaktor	o fa(c)tor de prote(c)ção solar
	[u fa'tor dɐ prutɛ'sɐ̃u su'lar]
Lippenstift	o batom [u ba'tõ]
Nagellack	o verniz para unhas
	[u vɐr'niʃ 'pɐrɐ 'uɲɐʃ]
Nagellackentferner	acetona [ɐsɐ'tonɐ]
Nagelschere	tesoura para unhas [tɐ'zorɐ 'pɐrɐ 'uɲɐʃ]
Papiertaschentücher	os lenços de papel [uʒ 'lẽsuʒ dɐ pɐ'pɛl]
Parfüm	o perfume [u pɐr'fumɐ]
Pflaster	adesivo [ɐdɐ'zivu]
Pinzette	pinça ['pĩsɐ]
Präservativ	preservativo [prɐzɐrvɐ'tivu]
Rasierapparat	máquina de barbear para lâminas
(mechanischer)	['makinɐ dɐ bɐr'bjar 'pɐrɐ 'lɐminɐʃ]
Rasierklinge	lâmina para barbear
	['lɐminɐ 'pɐrɐ bɐr'bjar]
Rasierschaum	espuma de barbear ['ʃpumɐ dɐ bɐr'bjar]
Rasierwasser	a loção (para a barba)
	[ɐ lu'sɐ̃u ('pɐra 'barbɐ)]
Seife	o sabonete [u sɐbu'netɐ]
Slipeinlagen	os protege-slip [uʃ pru'tɛʒɐ slip]
Sonnencreme	o creme para o sol [u 'krɛmɐ 'pɐrɐ u sɔl]
Spülmittel	o detergente para a louça
	[u dɐtɐr'ʒẽntɐ 'pɐra 'losɐ]
Spültuch	o esfregão para a louça
	[u ʃfrɐ'gɐ̃u 'pɐra 'losɐ]
Tampons	os tampões [uʃ tẽm'põiʃ]
Toilettenpapier	o papel higiénico (ê) [u pɐ'pɛl_i'ʒjɛniku]
Waschlappen	luva de lavar ['luvɐ dɐ lɐ'var]
Waschmittel	o detergente para a roupa
	[u dɐtɐr'ʒẽntɐ 'pɐra 'ʁopɐ]
Watte	o algodão hidrófilo [u algu'dɐ̃u i'drɔfilu]
Wattestäbchen	as cotonetes [ɐʃ kotu'nɛtɐʃ]
Wimperntusche	o rímel [u 'ʁimɛl]
Zahnbürste	escova de dentes ['ʃkovɐ dɐ 'dẽntɐʃ]
Zahnpasta	pasta dentífrica ['paʃtɐ dẽn'tifrikɐ]

Elektroartikel ➤ auch Fotoartikel, S.129, und Schallplatten und CDs, S.139

Adapter	o adaptador [u ɐdɐptɐ'dor]
Batterie	pilha ['piʎɐ]
Föhn	o secador do cabelo
	[u sɐkɐ'dor du kɐ'belu]

Glühbirne	**lâmpada** ['lẽmpɐdɐ]
Ladegerät	**o carregador de baterias** [u kɐɾɐgɐ'dor dɐ bɐtɐ'riɐʃ]
Notebook	**agenda ele(c)trónica de bolso** [ɐ'ʒẽnd_ilɛ'trɔnikɐ dɐ 'bolsu]
Organizer	**o organizer** [u orgɐ'naizɐr]
Taschenrechner	**calculadora de bolso** [kalkulɐ'dorɐ dɐ 'bolsu]
Verlängerungsschnur	**a extensão** [ɐ ʃtẽ'sɐu]
Wecker	**o despertador** [u dɐʃpɐrtɐ'dor]

Fotoartikel ➤ auch Filmen und Fotografieren, S. 158

Ich möchte…	**Queria …** [kɐ'riɐ]
einen Film für diesen Fotoapparat.	**um rolo para esta máquina.** [ũ 'ʀolu 'pɐɾɐ 'ɛʃtɐ 'makinɐ]
einen Farbfilm (für Dias).	**um rolo a côres (para diapositivos).** [ũ 'rolu ɐ'korɐʃ ('pɐɾɐ djɐpuzi'tivuʃ)]
einen Film mit 36/20/12 Aufnahmen.	**um rolo de 36/20/12 fotografias.** [ũ 'ʀolu dɐ 'trĩntɐ i seiʃ/'vĩntɐ/'dozɐ futugrɐ'fiɐʃ]
… funktioniert nicht.	**… não funciona.** [ʧ nɐu fũ'sjonɐ]
Das ist kaputt. Können Sie es bitte reparieren?	**Isto está avariado. Pode repará-lo, faz favor?** ['iʃtu ʃta ɐvɐ'rjadu. 'pɔdɐ ʀɐpɐ'ralu faʃ fɐ'vor]

Auslöser	**o disparador** [u dɐʃpɐrɐ'dor]
Belichtungsmesser	**fotómetro (ô)** [fu'tɔmɐtru]
Blitzgerät	**o flash** [u flɛʃ]
Camcorder	**o camcorder** [u kẽm'kɔrdɐ]
Digitalkamera	**máquina digital** ['makinɐ diʒi'tal]
Filmempfindlichkeit	**a sensibilidade do filme** [ɐ sẽsibɐli'dadɐ du 'filmɐ]
Objektiv	**obje(c)tiva** [obʒɛ'tivɐ]
Schwarzweiß-Film	**o filme a preto e branco** [u 'film_ɐ 'pret_i 'brẽŋku]
Selbstauslöser	**o disparador automático** [u dɐʃpɐrɐ'dor_autu'matiku]
Sofortbildkamera	**a polaroid** [ɐ pola'rɔjdɐ]
Sucher	**o visor** [u vi'zor]
Teleobjektiv	**teleobje(c)tiva** [tɛlɛobʒɛ'tivɐ]
Unterwasserkamera	**máquina fotográfica subaquática** ['makinɐ futu'grafikɐ subɐ'qwatikɐ]
Videofilm	**o filme vídeo** [u 'filmɐ 'vidju]
Videokamera	**câmara de vídeo** ['kemɐrɐ dɐ 'vidju]

Frisör

Gehen Sie ruhig in Portugal zum Frisör. Die Preise sind nämlich niedriger als bei Ihnen zu Hause.

Waschen und föhnen, bitte.	**Lavar e brushing, faz favor.** [lɐ'var‿i 'breʃiŋ faʃ fɐ'vor]
Schneiden mit/ohne Waschen, bitte.	**Cortar e/sem lavar, faz favor.** [kur'tar‿i/sẽi lɐ'var faʃ fɐ'vor]
Ich möchte…	**Queria …** [kə'riɐ]
Nur die Spitzen.	**Só as pontas.** [sɔ ɐʃ 'põntɐʃ]
Nicht zu kurz / Ganz kurz / Etwas kürzer, bitte.	**Não muito curto / Muito curto / Um pouco mais curto, faz favor.** [nẽu 'mũintu 'kurtu/'mũintu 'kurtu/ũm 'poku maiʃ 'kurtu faʃ 'fɐ'vor]
Rasieren, bitte.	**A barba, faz favor.** [ɐ 'barbɐ faʃ fɐ'vor]
Stutzen Sie mir bitte den Bart.	**Apare-me a barba, faz favor.** [ɐ'parɐm‿ɐ 'barbɐ faʃ fɐ'vor]
Vielen Dank. So ist es gut.	**Muito obrigado/obrigada. Está bem assim.** ['mũint‿obri'gadu/‿obri'gadɐ. ʃta bẽi ɐ'sĩ]

blond	**louro** ['loru]
Dauerwelle	**a permanente** [ɐ pɐrmɐ'nẽntɐ]
färben	**pintar** [pĩn'tar]
föhnen	**secar/brushing** [sə'kar/'breʃiŋ]
frisieren	**pentear** [pẽn'tjar]
Frisur	**penteado** [pẽn'tjadu]
Haar	**cabelo** [kɐ'belu]
fettiges Haar	**cabelo oleoso** [kɐ'bel‿o'ljozu]
trockenes Haar	**cabelo seco** [kɐ'belu 'seku]
kämmen	**pentear** [pẽn'tjar]
Koteletten	**as suíças** [ɐʃ 'swisɐʃ]
legen	**fazer uma mise** [fɐ'zer‿'umɐ 'mizə]
Locken	**os caracóis** [uʃ kɐrɐ'kɔiʃ]
Pony	**franja** ['frẽʒɐ]
Scheitel	**risca** ['ʀiʃkɐ]
Schnurrbart	**o bigode** [u bi'gɔdɐ]
Schuppen	**caspa** ['kaʃpɐ]
Shampoo	**o champô** [u ʃẽm'po], **o champu** (*Br* **xampu**) [u ʃẽm'pu]
Strähnchen	**madeixa** [mɐ'deiʃɐ]
Stufenschnitt	**o corte em escadinha** [u 'kɔrt‿ẽi ʃkɐ'diɲɐ]
tönen	**fazer uma rinçage** [fɐ'zer‿'umɐ ʀẽ'saʒẽi]

Haushaltswaren

Abfallbeutel	**saco do lixo** ['saku du 'liʃu]
Alufolie	**folha de alumínio** ['foʎɐ d‿ɐlu'minju]
Brennspiritus	**o álcool desnaturado** [u 'alkɔl dɐʒnɐtu'radu]
Dosenöffner	**o abre-latas** [u 'abrɐ 'lateʃ]
Flaschenöffner	**o abre-cápsulas** [u 'abrɐ 'kapsuleʃ]
Grillanzünder	**as acendalhas** [ɐz‿ɐsẽn'daʎɐʃ]
Grillkohle	**o carvão** [u kɐr'vẽu]
Kerzen	**as velas** [ɐʒ 'vɛlɐʃ]
Korkenzieher	**o saca-rolhas** [u 'sakɐ 'ʁoʎɐʃ]
Kühlelement	**o acumulador térmico** [u ɐkumulɐ'dor 'tɛrmiku]
Kühltasche	**mala térmica** ['malɐ 'tɛrmikɐ]
Papierservietten	**os guardanapos de papel** [uʒ gwɐrdɐ'napuʒ dɐ pɐ'pɛl]
Plastikbeutel	**saquinho de plástico** [sɐ'kiɲu dɐ 'plaʃtiku]
Taschenmesser	**o canivete** [u kɐni'vɛtɐ]
Thermosflasche®	**o termos** [u 'tɛrmuʃ]
Wäscheklammern	**as molas para a roupa** [ɐʒ 'mɔleʃ 'pɐra 'ʁopɐ]
Wäscheleine	**corda para estender roupa** ['kɔrdɐ 'pɐrɐ ʃtẽn'der 'ʁopɐ]

Lebensmittel

Was darf es sein?	**O que deseja?** [u kɐ dɐ'zeʒɐ]
Geben Sie mir bitte …	**Dê-me, faz favor, …** ['demɐ faʃ fɐ'vor]
ein Kilo …	**um quilo de …** [ũ 'kilu dɐ]
10 Scheiben …	**10 fatias de …** [dɛʃ fɐ'tieʒ dɐ]
ein Stück von …	**um bocado de …** [ũm bu'kadu dɐ]
eine Packung …	**uma embalagem de …** [um‿ẽmbɐ'laʒɐ̃i dɐ]
eine Dose …	**uma lata de …** ['umɐ 'latɐ dɐ]
eine Flasche …	**uma garrafa de …** ['umɐ gɐ'ʁafɐ dɐ]
eine Einkaufstüte.	**um saco.** [ũ 'saku]
Darf es auch etwas mehr sein?	**Pode ser um pouco mais?** ['pɔdɐ ser‿ũm 'poku maiʃ]
Dürfte ich vielleicht etwas hiervon probieren?	**Posso provar um pouco disto?** ['pɔsu pru'var‿ũm 'poku 'diʃtu]
Danke, das ist alles.	**Obrigado/Obrigada, é tudo.** [obri'gadu/obri'gadɐ ɛ 'tudu]

Obst

frisch
gespritzt

Ananas

Äpfel
Apfelsinen
Aprikosen
Avocado
Bananen
Baumerdbeeren
Birnen
Datteln
Erdbeeren
Feigen
Granatäpfel
Haselnüsse
Himbeeren
Kirschen
Mandarinen
Mandeln
Maulbeeren
Melone

Mispeln
Pampelmuse
Pfirsiche
Pflaumen
Rosinen
Walnüsse
Weintrauben
Zitronen

Fruta

fresco [ˈfreʃku]
tratado [trɐˈtadu]

o ananás [u ɐnɐˈnaʃ]
(Br) **o abacaxi** [u_abakaʃi]
as maçãs [ɐʒ mɐˈsɐ̃ʃ]
as laranjas [ɐʒ lɐˈrɐ̃ʒɐʃ]
os damascos [uʒ dɐˈmaʃkuʃ]
o abacate [u ɐbɐˈkatɐ]
as bananas [ɐʒ bɐˈnɐnɐʃ]
os medronhos [uʒ mɐˈdroɲuʃ]
as peras [ɐʃ ˈperɐʃ]
as tâmaras [ɐʃ ˈtɐmɐrɐʃ]
os morangos [uʒ muˈrɐ̃ŋguʃ]
os figos [uʃ ˈfiguʃ]
as romãs [ɐʒ ʁuˈmɐ̃ʃ]
as avelãs [ɐz_ɐvɐˈlɐ̃ʃ]
as framboesas [ɐʃ frɐ̃ˈbwezɐʃ]
as cerejas [ɐʃ sɐˈreʒɐʃ]
as tangerinas [ɐʃ tɐ̃ʒɐˈrinɐʃ]
as amêndoas [ɐz_ɐmɐ̃ndwɐʃ]
as amoras [ɐz_ɐˈmɔrɐʃ]
(Honigmelone) **o melão** [u mɐˈlɐ̃u]
(Wassermelone) **melancia** [mɐlɐ̃ˈsiɐ]
as nêsperas [ɐʒ ˈneʃpɐrɐʃ]
toranja [toˈrɐ̃ʒɐ]
os pêssegos [uʃ ˈpesɐguʃ]
as ameixas [ɐz_ɐˈmeiʃɐʃ]
as (uvas) passas [ɐz_(ˈuvɐʃ) ˈpasɐʃ]
as nozes [ɐʒ ˈnɔzɐʃ]
as uvas [ɐz_ˈuvɐʃ]
os limões [uʒ liˈmõiʃ]

Gemüse

Artischocken
Auberginen
Blumenkohl
Bohnen
  grüne Bohnen
  weiße Bohnen
Brokkoli
Erbsen
Fenchel
Gurke
Karotten
Kartoffeln

Legumes

as alcachofras [ɐz_alkɐʃˈɔfrɐʃ]
as beringelas [ɐʒ bɐrĩˈʒɛlɐʃ]
a couve-flor [ɐ ˈkovɐ flor]
o feijão [u feiˈʒɐ̃u]
  o feijão verde [u feiˈʒɐ̃u ˈverdɐ]
  o feijão branco [u feiˈʒɐ̃u ˈbrɐ̃ŋku]
os brócolos [uʒ ˈbrɔkuluʃ]
as ervilhas [ɐz_irˈviʎɐʃ]
funcho [ˈfũʃu]
o pepino [u pɐˈpinu]
as cenouras [ɐʃ sɐˈnorɐʃ]
as batatas [ɐʒ bɐˈtatɐʃ]

Kichererbsen	**o grão** [u grẽu]
Knoblauch	**alho** [ˈaʎu]
Kohl	**a couve** [ɐ ˈkovə]
Kopfsalat	**a alface** [ɐ alˈfasə]
Kürbis	**abóbora** [ɐˈbɔburɐ]
Lauch	**alho porro** [ˈaʎu ˈpoʀu]
Linsen	**as lentilhas** [ɐʒ lẽnˈtiʎɐʃ]
Mais	**milho** [ˈmiʎu]
Oliven	**as azeitonas** [ɐz‿ɐzeiˈtonɐʃ]
Paprikaschoten	**os pimentos** [uʃ piˈmẽntuʃ]
Petersilie	**salsa** [ˈsalsɐ]
Pilze	**os cogumelos** [uʃ kuguˈmɛluʃ]
Salat	**salada** [sɐˈladɐ]
Sellerie	**aipo** [ˈaipu]
Spargel	**os espargos** [uz‿ɐʃˈparguʃ]
Spinat	**os espinafres** [uz‿ɐʃpiˈnafrɐʃ]
Süßkartoffeln	**as batatas-doces** [ɐʒ bɐˈtatɐʒ ˈdosəʃ]
Tomaten	**os tomates** [uʃ tuˈmatɐʃ]
Zwiebeln	**as cebolas** [ɐʃ sɐˈbolɐʃ]

Backwaren, Süßwaren…   Pão, doçarias…

In Portugal gibt es kleine Kuchen in großer Vielfalt. Gehen Sie in eine Konditorei *(pastelaria/confeitaria)* und schauen Sie sich die Kuchenauslage an. Sie werden bestimmt nicht beim Anschauen bleiben…

Bonbons	**os rebuçados** [u ʀɐbuˈsaduʃ]
Brot	**o pão** [u pẽu]
Bauernbrot	**o pão saloio** [u pẽu sɐˈloju]
Maisbrot	**o pão de milho** [u pẽu də ˈmiʎu]
Roggenbrot	**o pão de centeio** [u pẽu də sẽnˈteju]
Vollkornbrot	**o pão integral** [u pẽu ĩntɐˈgral]
Weißbrot	**o pão branco** [u pẽu ˈbrẽŋku]
Brötchen	**os pãezinhos** [uʃ pẽiˈziɲuʃ]
belegte Brötchen	**as sandes** [ɐʃ ˈsẽndəʃ], **as sanduíches** [ɐʃ sẽnˈdwiʃəʃ], *(Br)* **os sanduíches** [us‿sẽnˈdwiʃis]
Eis	**gelado** [ʒəˈladu]
Gebäck *(kleine Kuchen)*	**os bolos** [uʒ ˈboluʃ]
Honig	**o mel** [u mɛl]
Kekse	**as bolachas** [ɐʒ buˈlaʃɐʃ]
Kuchen	**bolo** [ˈbolu]
Marmelade	**o doce** [u ˈdosə]; *(Quitten)* **marmelada** [mɐrməˈlada]
Müsli	**o muesli** [u ˈmusli]
Schokolade	**o chocolate** [u ʃukuˈlatə]
Süßigkeiten	**os doces** [uʒ ˈdosəʃ]
Toast	**torrada** [tuˈʀadɐ]

Eier und Milchprodukte

Ovos e lacticínios

Butter	**manteiga** [mēn'teigɐ]
Eier	**os ovos** [uz_'ɔvuʃ]
Joghurt	**o iogurte** [u jo'gurtɐ]
Käse	**queijo** ['keiʒu]
Frischkäse	**queijo fresco** ['keiʒu 'freʃku]
Schafskäse	**queijo com leite de ovelha** ['keiʒu kõ 'leitɐ dˌo'veʎɐ]
Weichkäse, frisch *(typisch)*	**o requeijão** [u rɐkei'ʒɐ̃u]
Ziegenkäse	**queijo com leite de cabra** ['keiʒu kõ 'leitɐ dɐ 'kabrɐ]
Milch	**o leite** [u 'leitɐ]
fettarme Milch	**o leite magro** [u 'leitɐ 'magru]
Quark	**o quark** [u kwark]
Sahne	**as natas** [ɐʒ 'nataʃ]
Schlagsahne	**as natas batidas (chantilly)** [ɐʒ 'nataʃ bɐ'tidɐʃ (ʃẽntij'i)]

Fleisch und Wurstwaren

Carnes e charcutaria

> Es gibt in Portugal eine große Auswahl an (Dauer-)Wurstwaren. Die meisten sind hier jedoch nicht aufgelistet, da man sie einfach nicht übersetzen kann, weil es sie bei Ihnen nicht gibt. Am besten ist es, Sie schauen sich in einem Feinkostladen oder *hipermercado* die Wurstabteilung an. Achten Sie dann auf Namen wie *paio, salpicão, linguiça, chourição, alheiras, farinheiras*…

Aufschnitt	**as carnes frias** [ɐʃ 'karnɐʃ 'friɐʃ]
Blutwurst	**morcela** [mur'sɛlɐ]
Hackfleisch	**a carne picada** [ɐ 'karnɐ pi'kadɐ]
Hähnchen	**frango** ['frẽŋgu]
Hammelfleisch	**a carne de carneiro** [ɐ 'karnɐ dɐ kɐr'neiru]
Kalbfleisch	**a carne de vitela** [ɐ 'karnɐ dɐ vi'tɛlɐ]
Kaninchen	**coelho** ['kweʎu]
Lammfleisch	**a carne de borrego** [ɐ 'karnɐ dɐ bu'ʀegu]
Leberwurst	**pasta de fígado** ['paʃtɐ dɐ 'figɐdu]
Rindfleisch	**a carne de vaca** [ɐ 'karnɐ dɐ 'vakɐ]
Salami	**o salame** [u sɐ'lɐmɐ]
Schinken, gekocht	**o fiambre** [u 'fjẽmbrɐ] *(Br)* **presunto** [pre'zũntu]
Schinken, roh	**presunto** [prɐ'zũntu]
Schweinefleisch	**a carne de porco** [ɐ 'karnɐ dɐ 'porku]

Wurst	*(Dauerwurst)* **chouriço** [ʃoˈrisu]; **salsicha** [salˈsiʃɐ]
Würstchen	**as salsichas** [ɐʃ salˈsiʃɐʃ]

Fisch und Meeresfrüchte

Peixe e mariscos

Aal	**enguia** [ēŋˈgiɐ]
Austern	**as ostras** [ɐz‿ˈoʃtrɐʃ]
Barsch	**perca** [ˈpɛrkɐ]
Fisch	**o peixe** [u ˈpeiʃə]
Forelle	**truta** [ˈtrutɐ]
Garnelen	**as gambas** [ɐʒ ˈgēmbɐʃ]
Goldbrasse	**dourada** [doˈradɐ]
Hering	**o arenque** [u ɐˈrēŋkə]
Herzmuscheln	**as amêijoas** [ɐz‿ɐˈmeiʒwɐʃ]
Krabben	**os camarões** [uʃ kɐmɐˈrõiʃ]
Lachs	**o salmão** [u salˈmēu]
Miesmuscheln	**os mexilhões** [uʒ məʃiˈʎõiʃ]
Sardinen	**as sardinhas** [ɐʃ sɐrˈdiɲɐʃ]
Schellfisch	**pescada** [pəʃˈkadɐ]
Schwertfisch	**o espadarte** [u ʃpeˈdartə] **(peixe-espada** [u ˈpeiʃə‿ˈʃpadɐ])
Seezunge	**linguado** [lĩŋˈgwaduʃ]
Stichlinge	**os carapaus** [uʃ kɐrɐˈpauʃ]
Stockfisch	**o bacalhau** [u bɐkɐˈʎau]
Thunfisch	**o atum** [u ɐˈtū]
Tintenfisch	**as lulas** [ɐʒ ˈluleʃ, **os chocos** [uʃ ʃɔkuʃ]

Gewürze

Koriander
Kräuter
Kümmel
Lorbeer
Minze
Muskatnuss
Paprika
Pfeffer
Safran

Condimentos

coentro [ku'ēntru]
as ervas [ɐz_ɛrvɐʃ]
os cominhos [uʃ ku'miɲuʃ]
louro ['loru]
a hortelã [ɐ ortə'lɐ̃]
a noz-moscada [ɐ nɔɔ muʃ'kadɐ]
o colorau [u kulu'rau]
pimenta [pi'mēntɐ]
o açafrão [u ɐsɐ'frɐ̃u]

Dies und das

Essig
Margarine
Majonäse
Mehl
Nudeln
Öl
Olivenöl
Reis
Salz
Senf
Zucker

Isto e aquilo

o vinagre [u vi'nagrə]
margarina [mɐrgɐ'rinɐ]
a maionese [ɐ majo'nɛzə]
farinha [fɐ'riɲɐ]
massa ['masɐ]
óleo ['ɔlju]
o azeite [u ɐ'zeitə]
o arroz [u ɐ'ʀoʃ]
o sal [u sal]
mostarda [muʃ'tardɐ]
o açúcar [u ɐ'sukar]

Getränke

Bier
  alkoholfreies Bier
Champagner
Kaffee
Mineralwasser
Orangensaft

Tee
Teebeutel
Wein
  Rosé(wein)
  Rotwein
  Weißwein

Bebidas

cerveja [sər'veʒɐ]
  cerveja sem álcool [sər'veʒɐ sɐ̃i 'alkwɔl]
o champanhe [u ʃɐ̃m'pɐɲə]
o café [u kɐ'fɛ]
água mineral ['agwɐ minə'ral]
sumo (Br suco) de laranja
  ['sumu ('suku) də lɐ'rɐ̃ʒə]
o chá [u ʃa]
saquinho de chá [sɐ'kiɲu də ʃa]
vinho ['viɲu]
  vinho rosé ['viɲu ro'ze]
  vinho tinto ['viɲu 'tĩntu]
  vinho branco ['viɲu 'brɐ̃ŋku]

Mode ➤ auch Farben, S. 21

Kleidung

Können Sie mir … zeigen?	**Pode-me mostrar …?** ['pɔdəmə muʃtrar]
Kann ich es anprobieren?	**Posso provar?** ['pɔsu pru'var]

Welche (Konfektions-)Größe haben Sie?	**Que número usa?** [kə 'numəru 'uzɐ]
Das ist mir zu…	**Está muito …** [ʃta 'mũintu]
eng/weit.	**apertado/largo.** [ɐpər'tadu/'largu]
kurz/lang.	**curto/comprido.** ['kurtu/kõm'pridu]
klein/groß.	**pequeno/grande.** [pə'kenu/'grɛ̃ndə]
Das passt gut. Ich nehme es.	**Está bom. Levo este.** [ʃta bõ. 'lɛvu 'eʃtə]
Das ist nicht ganz, was ich möchte.	**Não é bem isto que eu quero.** [nẽu ɛ bẽi 'iʃtu kjeu 'kɛru]
Anorak	**o anorak** [u ɐnɔ'rak]
Anzug	**fato** ['fatu], **(Br) terno** ['tɛrnu]
Badeanzug	**fato de banho** ['fatu də 'bəɲu] **(Br) o maiô** [u ma'jo]
Badehose	**o calção de banho** [u kal'sẽu də 'bəɲu]
Bademantel	**o roupão de banho** [u ʀo'pẽu də 'bəɲu]
Bademütze	**touca de banho** ['toke də 'bəɲu]
Bikini	**o biquíni** [u bi'kini]
Blazer	**o blazer** [u 'bleizə]
Bluse	**blusa** ['bluzə]
Body	**o body** [u 'bɔdi]
Büstenhalter	**o soutien, (Br) sutiã** [u su'tjẽ]
Halstuch	**lenço do pescoço** ['lẽsu du pəʃ'kosu]
Hemd	**camisa** [kɐ'mizɐ]
Hose	**as calças** [ɐʃ 'kalsɐʃ]
Hut	**o chapéu** [u ʃɐ'pɛu]
Sonnenhut	**o chapéu para o sol** [u ʃɐ'pɛu 'pɐrɐ u sɔl]
Jacke	**casaco** [kɐ'zaku]
Jeans	**as calças de ganga** [ɐʃ 'kalsɐʒ də 'gẽngɐ]
Jogginghose	**as calças de treino** [ɐʃ 'kalsɐʒ də 'treinu]
Kleid	**vestido** [vəʃ'tidu]
Kostüm	**(fato de) saia e casaco** [('fatu də) 'sajɐ i kɐ'zaku]; **(Br) o tailler** [u tai'jɛr]
Krawatte	**gravata** [grɐ'vatɐ]
Leggins	**calça de malha justa** ['kalsɐ də 'maʎɐ 'ʒuʃtɐ]
Mantel	**(Damenmantel) casaco comprido** [kɐ'zaku kõm'pridu]; **(Herrenmantel) sobretudo** [sobrə'tudu]
Mütze	**o boné** [u bɔ'nɛ]
Pullover	**camisola** [kɐmi'zɔlɐ], **o pulôver** [u pu'lovɛr]
Regenmantel	**gabardina** [gɐbɐr'dinɐ], **o impermeável** [u ĩmpər'mjavɛl]

137

Rock	**saia** ['saje]
Schal	**o cachecol** [u kaʃə'kɔl]
Schirm	**o guarda-chuva** [u 'gwardɐ 'ʃuvɐ]
Seidenstrümpfe	**as meias de seda** [eʒ 'mejeʒ dɐ 'sedɐ]
Shorts	**o calção** [u kal'sɐ̃u]
Slip	**cueca de senhora** ['kwɛkɐ dɐ sə'ɲorɐ]
Socken	**as peúgas** [eʃ 'pjugeʃ]
Strickjacke	**casaco de malha** [kɐ'zaku dɐ 'maʎɐ]
Strümpfe	**as meias** [eʒ 'mejeʃ]
Strumpfhose	**o collant** [u 'kɔlɐ̃]
T-Shirt	**a T-shirt** [ɐ ti ʃert]
Unterhemd	**camisola interior** [kɐmi'zɔlɐ ĩntɐ'rjor]
	(Br) camiseta [kami'zetɐ]
Unterhose	**a cueca de homem** [ɐ 'kwɛkɐ d ̩'ɔmɐ̃i]
Unterwäsche	**roupa interior** ['ʀopɐ ĩntɐ'rjor]
Weste	**o colete** [u ku'letɐ]

Reinigung

Ich möchte diese Sachen reinigen/waschen lassen.	**Podem-me limpar/lavar esta roupa?** ['pɔdɐ̃imɐ lĩmpar ̩/lɐ'var ̩'ɛʃtɐ 'ʀopɐ]
Wann sind sie fertig?	**Quando é que está pronta?** ['kwɐndwɛ kə ʃta 'prõntɐ]
bügeln	**passar a ferro** [pɐ'sar ̩ɐ 'fɛʀu]
chemisch reinigen	**limpar a seco** [lĩm'par ̩ɐ 'seku]

Optiker

Würden Sie mir bitte diese Brille / das Gestell reparieren?	**Podia-me consertar estes óculos / a armação, faz favor?** [pu'diɐmɐ kõsɐr'tar ̩'eʃtəz ̩'ɔkuluʃ/ɐ armɐ'sɐ̃u, faʃ fɐ'vor]
Ich bin kurzsichtig/weitsichtig.	**Sou míope / Tenho a vista cansada.** [so mi'upɐ/'teɲu ɐ 'viʃtɐ kɐ̃'sadɐ]
Wie ist Ihre Sehstärke?	**Quantas dioptrias tem?** ['kwɐ̃ntɐʒ djɔp'triɐʃ tɐ̃i]
rechts …, links …	**Olho direito …, esquerdo …** ['oʎu di'reitu … 'ʃkerdu]
Ich brauche …	**Preciso de …** [prɐ'sizu də]
Aufbewahrungslösung	**solução de conservação** [sulu'sɐ̃u dɐ kõsɐrvɐ'sɐ̃u]

Reinigungslösung	**líquido de limpeza** ['likidu də lĩmpezɐ]
für harte/weiche Kontaktlinsen.	**para lentes de contacto duras/ moles** ['perɐ 'lẽtəʒ də kõn'taktu 'duɾeʃ/'mɔləʃ]
Ich suche…	**Queria …** [kə'riɐ]
eine Sonnenbrille.	**uns óculos de sol.** [ũz_'ɔkuluʒ də sɔl]
ein Fernglas.	**um binóculo** [ũm bi'nɔkulu]

Schallplatten und CDs ➤ auch Elektroartikel, S. 128, und Konzert, S. 119

Haben Sie CDs/Kassetten von…?	**Tem CDs/cassetes de…?** [tẽi se'deʃ/ka'sɛtəʒ də]
Ich hätte gern eine CD mit typisch portugiesischer Musik.	**Queria um CD com música típica portuguesa** [kə'riɐ ũ se'de kõ 'muzikɐ 'tipikɐ purtu'gezɐ]
CD, Compactdisc	**o CD, disco compacto** [u se'de, 'diʃku kõm'paktu]
CD-Spieler	**o leitor de CDs** [u lei'tor də se'deʃ]
Kassette	**a cassete,** *(Br)* **o cassete** [ɐ ka'sɛtɐ, u ka'sɛti]
Kopfhörer	**os auscultadores** [uz_ɐuʃkultɐ'doɾəʃ]
Lautsprecher	**o altifalante** [u altifɐ'lẽtɐ]
Schallplatte	**disco** ['diʃku]
Walkman®	**walkman** ['wɔkmɐn]

Schuhe und Lederwaren

Ich möchte ein Paar …-Schuhe.	**Queria um par de sapatos …** [kə'riɐ ũm par də sɐ'patuʃ]
Ich habe Schuhgröße…	**Calço o número …** ['kals_u 'numəru]
Sie drücken mich.	**Apertam-me um pouco.** [ɐ'pɛrtẽum_ũm 'poku]
Sie sind zu weit.	**Estão muito largos.** [ʃtẽu 'mũintu 'larguʃ]

Badeschuhe	**os sapatos para banho** [uʃ sɐ'patuʃ 'pɐrɐ 'bɐɲu]
Gummistiefel	**as galochas** [ɐʒ gɐ'lɔʃɐʃ]
Gürtel	**cinto** ['sĩtu]
Handtasche	**mala de mão** ['malɐ dɐ mẽu], **carteira** [kɐr'teirɐ]
Hausschuhe	**os chinelos** [uʃ‿ʃi'nɛluʃ]
Koffer	**mala** ['malɐ]
Lederhose	**as calças de cabedal** (*Br* de couro) [ɐʃ 'kalsɐʒ dɐ kɐbɐ'dal (di 'koru)]
Lederjacke	**casaco (curto) de cabedal** (*Br* de couro) [kɐ'zaku ('kurtu) dɐ kɐbɐ'dal (di 'koru)]
Ledermantel	**casaco (comprido) de cabedal** (*Br* de couro) [kɐ'zaku (kõm'pridu) dɐ kɐbɐ'dal (di 'koru)]
Reisetasche	**saco de viagem** ['saku dɐ 'vjaʒẽi]
Rucksack	**mochila** [mu'ʃilɐ]
Sandalen	**as sandálias** [ɐʃ sɐn'daljɐʃ]
Schnürsenkel	**os atacadores** [uz‿ɐtɐkɐ'dorɐʃ]
Schuhe	**os sapatos** [uʃ sɐ'patuʃ]
Schuhbürste	**escova de calçado** ['ʃkovɐ dɐ kal'sadu]
Schuhcreme	**graxa** ['graʃɐ]
Sohle	**sola** ['sɔlɐ]
Stiefel	**as botas** [ɐʒ 'bɔtɐʃ]
Strandschuhe	**os sapatos de praia** [uʃ sɐ'patuʒ dɐ 'prajɐ]
Tasche	**saco** ['saku]
Turnschuhe	**os ténis** [uʃ 'tɛniʃ], **as sapatilhas** [ɐʒ sɐpɐ'tiʎɐʃ]
Umhängetasche	**mala a tiracolo** ['mala tirɐ'kɔlu]

Souvenirs

Schauen Sie auf der Suche nach Souvenirs nicht nur in die typischen Souvenirläden, sondern auch auf den Wochenmärkten. Von Norden bis Süden werden Sie vom Kunsthandwerk begeistert sein, vor allem von den Ton- und Keramikwaren. Jede Gegend Portugals hat ihren eigenen Stil.

Als Souvenir wäre z. B. zu empfehlen: Tongegenstände, Einkaufskörbe, handbemalte Kacheln, Halstücher von *Minho*, gestickte Tischdecken, gestickte Handtücher aus Leinen, Produkte aus Kork, Lederschuhe, Filigranschmuck, Käse aus der *Estrela*-Bergkette, Portwein, und, wenn Sie ein bisschen mehr Geld ausgeben wollen, ein Wollteppich aus *Arraiolos (Alentejo)*.

Ich möchte…

Queria … [kə'riɐ]

ein hübsches Andenken/Geschenk.

uma lembrança bonita / um presente bonito. ['umɐ lēm'brēsɐ bu'nitɐ/ũm prə'zēntɐ bu'nitu]

etwas Typisches aus dieser Gegend.

uma coisa típica desta região. ['umɐ 'koizɐ 'tipikɐ 'dɛʃtɐ rəʒi'ɐ̃u]

Wie viel wollen Sie ausgeben?

Quanto quer gastar? ['kwēntu kɛr gəʃ'tar]

Ich möchte etwas nicht zu Teures.

Queria uma coisa não muito cara. [kə'riɐ 'umɐ 'koizɐ nɐ̃u 'mũintu 'karɐ]

Das ist aber hübsch.

Isto é bonito. ['iʃt_ɛ bu'nitu]

Danke schön, ich habe nichts gefunden, das mir gefällt.

Obrigado/Obrigada, mas não encontrei nada que me agrade. [obri'gadu/obri'gadɐ məʃ nɐ̃u ēnkōn'trei 'nadɐ kə m_ɐ'gradə]

echt — **autêntico** [au'tēntiku]
Filigranarbeiten — **as filigranas** [ɐʃ fili'grenɐʃ]
Folkloreladen — **loja de artigos folclóricos** ['lɔʒɐ d_ɐr'tiguʃ fɔl'klɔrikuʃ]
handgemacht — **feito à mão** ['feit_a mɐ̃u]
Kachel, handbemalt — **azulejo pintado à mão** [ɐzu'leʒu pĭn'tad_a mɐ̃u]
Keramik — **as cerâmicas** [ɐʃ sə'remikɐʃ]
Keramikhahn aus Barcelos — **galo de Barcelos** ['galu də bɐr'sɛluʃ]

Mitbringsel	**lembrança** [lẽm'brẽsɐ]
regionale Produkte/ Spezialitäten	**os produtos/ as especialidades regionais** [uʃ pru'dutuʒ/ ɐʃ‿ʃpɐsjɐli'dadɐʒ rɐʒju'naiʃ]
Schmuck	**as jóias** [ɐʒ‿'ʒɔjɐʃ]
Schnitzerei	**obra de talha** ['ɔbrɐ dɐ 'taʎɐ]
Stickereien	**os bordados** [uʒ bur'daduʃ]
Töpferwaren	**os barros** [uʒ 'baʀuʃ]

Tabakwaren

Ein Päckchen/ Eine Stange … mit/ohne Filter, bitte.	**Um maço/ Um pacote … com/sem filtro, faz favor.** [ũ 'masu/ũm pɐ'kɔtɐ … kõ/sẽi 'filtru faʃ fɐ'vor]
Zehn Zigarren/Zigarillos, bitte.	**Dez charutos/cigarrilhas, faz favor.** [dɛʃ ʃɐ'rutuʃ/sigɐ'ʀiʎɐʃ faʃ fɐ'vor]
Ein Päckchen/ Eine Dose Zigaretten-/Pfeifentabak, bitte.	**Um pacote/ Uma caixa de tabaco para cigarros/cachimbo, faz favor.** [ũm pɐ'kɔtɐ/'umɐ 'kaiʃɐ dɐ tɐ'baku 'pɐrɐ si'gaʀuʃ/kɐ'ʃĩmbu faʃ fɐ'vor]
Eine Schachtel Streich-hölzer/ Ein Feuerzeug, bitte.	**Uma caixa de fósforos/ Um isqueiro, faz favor.** ['umɐ 'kaiʃɐ dɐ 'fɔʃfuruʃ/ũ iʃ'keiru faʃ fɐ'vor]

Uhren und Schmuck

Anhänger	**o medalhão** [u mɐdɐ'ʎɐ̃u]
Armband	**pulseira** [pul'seirɐ]
Armbanduhr	**relógio de pulso** [ʀɐ'lɔʒju dɐ 'pulsu]
Brosche	**o broche** [u 'brɔʃɐ]
Gold	**ouro** ['oru]
Kette	**o colar** [u ku'lar]; *(fein)* fio ['fiu]
Kristall	**o cristal** [u kriʃ'tal]
Modeschmuck	**bijutaria** [biʒutɐ'riɐ] *(Br)* **bijuteria** [biʒute'riɐ]
Ohrringe	**os brincos** [uʒ 'brĩŋkuʃ]
Perle	**pérola** ['pɛrulɐ]
Ring	**o anel** [u ɐ'nɛl]
Schmuck	**as jóias** [ɐʒ 'ʒɔjɐʃ]
Silber	**prata** ['pratɐ]
Türkis	**turquesa** [tur'kezɐ]

Gesundheit

Keine Angst vor Krankheiten unterwegs!
Portugal hat mittlerweile ein ziemlich gutes Gesundheitswesen. Als EU-Mitglied werden Sie mit der medizinischen Versorgung keine Probleme haben. Vergessen Sie nicht, vor der Abreise den Vordruck E111 bei Ihrer Krankenkasse zu besorgen. In den Großstädten gibt es gut ausgestattete Krankenhäuser, alle mit Notaufnahme *(Urgência)*, zudem überall die ambulanten Aufnahmen *(Postos de Enfermagem)*. Wenn es sich um Kleinigkeiten handelt, können Sie ruhig zur Apotheke *(farmácia)* gehen. Dort ist man gern bereit, Ihnen rasch und unkompliziert zu helfen. Apotheken sind von 9 bis 12 und von 14 bis 19 Uhr geöffnet. An der Tür steht zur Information die Liste der Dienst habenden Apotheken in der Nähe.

In der Apotheke

Wo ist die nächste Apotheke (mit Nachtdienst)?
Onde é a farmácia (de serviço) mais próxima? ['ond‿ɛ ɐ fɐr'masjɐ (dɐ sɐr'visu) maiʃ 'prɔsimɐ]

Geben Sie mir bitte etwas gegen…
Pode-me dar qualquer coisa para …, faz favor. ['pɔdɐmɐ dar kwal'kɛr 'koizɐ 'pɐrɐ … faʃ fɐ'vor]

Dieses Mittel ist verschreibungspflichtig.
Este medicamento só pode ser vendido com receita médica. ['eʃtɐ mɐdikɐ'mẽntu sɔ 'pɔdɐ ser vẽn'didu kõ rɐ'seitɐ 'mɛdikɐ]

➤ auch Arztbesuch, S. 146

Abführmittel	**o laxativo** [u lɐʃɐ'tivu]
Antibabypille	**pílula anticoncepcional** ['pilulɐ ẽntikõsɐpsju'nal]
Antibiotikum	**antibiótico** [ẽnti'bjɔtiku]
Aspirin	**aspirina** [ɐʃpi'rinɐ]
Augentropfen	**as gotas oftálmicas** [ɐʒ 'gotɐʒ ɔf'talmikɐʃ]
Beruhigungsmittel	**o calmante** [u kal'mẽntɐ]
Brandsalbe	**pomada para queimaduras** [pu'madɐ 'pɐrɐ keimɐ'durɐʃ]
Desinfektionsmittel	**o desinfe(c)tante** [u dɐzĩfɛ'tẽntɐ]
Elastikbinde	**ligadura elástica** [ligɐ'dur‿i'laʃtikɐ]
Fieberthermometer	**termómetro (ô)** [tɐr'mɔmɐtru]
Halstabletten	**os comprimidos para a garganta** [uʃ kõmpri'miduʃ 'pɐra gɐr'gẽntɐ]
Hustensaft	**o xarope para a tosse** [u ʃɐ'rɔpɐ 'pɐr‿a 'tɔsɐ]

Insektenmittel	**o inse(c)ticida** [u ĩsɛti'sidɐ]
Insulin	**insulina** [ĩsu'linɐ]
Jod(tinktur)	**tintura de iodo** [tĩn'turɐ d‿'jodu]
Kamillentee	**chá de camomila** [ʃa də kɐmu'milɐ]
Kondom	**preservativo** [prəzɐrvɐ'tivu]
Kopfschmerztabletten	**os comprimidos para a dor de cabeça** [uʃ kõmpri'miduʃ 'pɐrɐ dor dɐ kɐ'besɐ]
Kreislaufmittel	**remédio para a circulação** [ʀə'mɛdju 'pɐrɐ sirkulɐ'sẽu]
Magentropfen	**as gotas para a dor de estômago** [ɐʒ 'gotɐʃ 'pɐrɐ dor dɐ 'ʃtomɐgu]
Medikament	**medicamento** [mədikɐ'mẽntu]
Mittel	**remédio** [ʀə'mɛdju]
Mullbinde	**a gaze** [ɐ 'gazə]

Folheto informativo	**Beipackzettel**
Composição	Zusammensetzung
Indicações terapêuticas	Anwendungsgebiete
Contra-Indicações	Gegenanzeigen
Efeitos secundários	Nebenwirkungen
Interacções medicamentosas	Wechselwirkungen
Posologia:	**Dosierungsanleitung:**
tomar 1 x / várias vezes por dia	1 x / mehrmals täglich … einnehmen
um comprimido	1 Tablette
vinte gotas	20 Tropfen
uma medida	1 Messbecher
antes das refeições	vor dem Essen
depois das refeições	nach dem Essen
em jejum	auf nüchternen Magen
engolir sem trincar, com um pouco de líquido	unzerkaut mit etwas Flüssigkeit einnehmen
desfazer num pouco de água	in etwas Wasser auflösen
deixar desfazer na boca	im Mund zergehen lassen
aplicar em camada fina sobre a pele e friccionar	dünn auf die Haut auftragen und einreiben
lactentes	Säuglinge
crianças (até aos … anos)	Kleinkinder (bis zu … Jahren)
crianças em idade escolar	Schulkinder
jovens	Jugendliche
adultos	Erwachsene
Mantenha fora do alcance das crianças!	Für Kinder unzugänglich aufbewahren!

145

Ohrentropfen	**as gotas para os ouvidos** [ɐʒ 'gotɐʃ 'pɐɾɐ uz‿o'viduʃ]
Pflaster	**adesivo** [ɐdɐ'zivu]
Puder	**(o pó de) talco** [(u pɔ dɐ) 'talku]
Rezept	**receita** [ʀɐ'seitɐ]
Salbe	**pomada** [pu'madɐ]
Schlaftabletten	**os soníferos** [uʃ su'nifɐɾuʃ]
Schmerztabletten	**os comprimidos contra as dores** [uʃ kõmpri'miduʃ 'kõntɾɐʒ 'doɾɐʃ]
Sonnenbrand	**queimadura do sol** [keimɐ'duɾɐ du sɔl]
Tablette	**comprimido** [kõmpri'midu]
Traubenzucker	**a glicose** [ɐ gli'kɔzɐ]
Tropfen	**as gotas** [ɐʒ 'gotɐʃ]
Watte	**o algodão hidrófilo** [u algu'dɐ̃u i'dɾɔfilu]
Zäpfchen	**supositório** [supuzi'tɔrju]

Arztbesuch ⪼ auch Reisen mit Kindern, S. 64

Können Sie mir einen guten … empfehlen?	**Pode-me indicar um bom …** ['pɔdɐm‿ĩndi'kar‿ũm bõ]
Arzt	**médico?** ['mɛdiku]
Augenarzt	**oftalmologista?** [ɔftalmulu'ʒiʃtɐ]
Frauenarzt	**ginecologista?** [ʒinɐkulu'ʒiʃtɐ]
Hals-Nasen-Ohren-Arzt	**otorrinolaringologista?** [ɔtoʀinolɐɾĩŋgulu'ʒiʃtɐ]
Hautarzt	**dermatologista?** [dɛrmɐtulu'ʒiʃtɐ]
Kinderarzt	**pediatra?** [pɐ'djatɾɐ]
Praktischen Arzt	**médico de clínica geral?** ['mɛdiku dɐ 'klinikɐ ʒɐ'ral]
Urologen	**urologista?** [urulu'ʒiʃtɐ]
Zahnarzt	**dentista?** [dẽn'tiʃtɐ]
Wo ist seine/ihre Praxis?	**Onde é o consultório?** ['õnd‿ɛ u kõsul'tɔrju]

Beschwerden

Was für Beschwerden haben Sie?	**De que se queixa?** [dɐ kɐ sɐ 'keiʃɐ]
Ich habe Fieber.	**Tenho febre.** ['teɲu 'fɛbɾɐ]

Mir ist (oft) schlecht/schwindelig.	**Sinto-me mal / Tenho vertigens (com frequência).** ['sĩntumə mal/'teɲu vər'tiʒẽiʃ (kõ frə'kwẽsjə)]
Ich bin ohnmächtig geworden.	**Desmaiei.** [dəʃmɐ'jei]
Ich bin stark erkältet.	**Estou muito constipado (Br resfriado).** [ʃto 'mũintu kõʃti'padu (ʀeʃ'frjadu)]
Ich habe Kopfschmerzen/ Halsschmerzen.	**Dói-me a cabeça / a garganta.** ['dɔimɛ̯ə kɐ'besɐ/̯ɐ gɐr'gẽntɐ]
Ich habe Husten.	**Tenho tosse** ['teɲu 'tɔsə]
Ich bin gestochen/gebissen worden.	**Fui picado/mordido.** [fui pi'kadu/mur'didu]
Ich habe mir den Magen verdorben.	**Comi qualquer coisa que me faz mal.** [ku'mi kwal'kɛr 'koizɛ kə mə feʒ mal]
Ich habe Durchfall/ Verstopfung.	**Tenho diarreia / prisão de ventre.** ['teɲu djɐ'ʀɛjɐ/pri'zɐ̃u də 'vẽntrɐ]
Ich vertrage das Essen / die Hitze nicht.	**Não me dou bem com a comida / o calor.** [nɐ̃u mə do bẽi kõ ɐ ku'midɐ/u kɐ'lor]
Ich habe mich verletzt.	**Feri-me.** [fə'rimə]
Ich bin gestürzt.	**Caí.** [kɐ'i]
Können Sie mir bitte etwas gegen … geben/verschreiben?	**Pode-me dar/receitar qualquer coisa para …, faz favor.** ['pɔdəmə dar/ ʀɐsei'tar kwal'kɛr 'koizɛ 'pɐrɐ … faʃ fɐ'vor]
Normalerweise nehme ich …	**Normalmente tomo …** [nɔrmal'mẽntɐ 'tomu]
Ich habe einen hohen/niedrigen Blutdruck.	**Tenho a tensão arterial (Br pressão sanguínea) alta/baixa.** [teɲ̯ɐ tẽ'sɐ̃u ɐrtɐ'rjal (pre'sɐ̃u sẽɲ'ginjɐ) altɐ/'baiʃɐ]
Ich bin Diabetiker.	**Sou diabético.** [so djɐ'bɛtiku]
Ich bin schwanger.	**Estou grávida.** [ʃto 'gravidɐ]
Ich hatte vor kurzem …	**Tive há pouco tempo …** ['tiv̯a 'poku 'tẽmpu]

Untersuchung

Wo tut es weh?	**Onde é que lhe dói?** ['õnd̯ɛ̯ kə ʎə dɔi]
Ich habe hier Schmerzen.	**Dói-me aqui.** ['dɔim̯ɐ'ki]

147

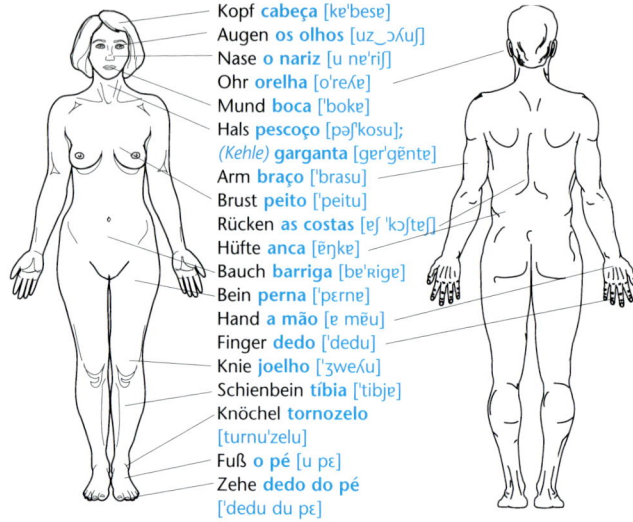

Kopf **cabeça** [kɐ'besɐ]
Augen **os olhos** [uz_ɔ⅄uʃ]
Nase **o nariz** [u nɐ'riʃ]
Ohr **orelha** [o're⅄ɐ]
Mund **boca** ['bokɐ]
Hals **pescoço** [pɐʃ'kosu];
(Kehle) **garganta** [gɐr'gɛ̃ntɐ]
Arm **braço** ['brasu]
Brust **peito** ['peitu]
Rücken **as costas** [ɐʃ 'kɔʃtɐʃ]
Hüfte **anca** [ɐ̃ŋkɐ]
Bauch **barriga** [bɐ'ʀigɐ]
Bein **perna** ['pɛrnɐ]
Hand **a mão** [ɐ mɐ̃u]
Finger **dedo** ['dedu]
Knie **joelho** ['ʒwɐ⅄u]
Schienbein **tíbia** ['tibjɐ]
Knöchel **tornozelo**
[turnu'zelu]
Fuß **o pé** [u pɛ]
Zehe **dedo do pé**
['dedu du pɛ]

Bitte, machen Sie sich/ Ihren Arm frei.	**Dispa-se/ Ponha o braço a descober-to, faz favor.** ['diʃpɐsə/'poɲɐ u 'brasu ɐ dɐʃku'bɛrtu faʃ fɐ'vor]
Bitte tief einatmen. Atem anhalten.	**Respire fundo. Contenha a respiração.** [ʀɐʃ'pirɐ 'fũndu. kõn'teɲɐ ʀɐʃpirɐ'sɐ̃u]
Sie müssen geröntgt werden.	**Tem que tirar uma radiografia.** [tɐ̃i ke ti'rar_umɐ ʀɐdjugrɐ'fiɐ]
Ich brauche eine Blut-/ Urinprobe.	**É preciso uma análise de sangue/ urina.** [ɛ prɐ'sizu um_a'nalizə də 'sɐ̃ŋgə/u'rinɐ]
Sie müssen operiert werden.	**Tem de ser operado/operada.** [tɐ̃i də ser_opɐ'radu/_opɐ'radɐ]
Sie brauchen ein paar Tage Bettruhe.	**Tem de ficar uns dias de cama.** [tɐ̃i də fi'kar_ũʒ 'diɐʒ də 'kɐmɐ]
Es ist nichts Ernstes.	**Não é nada de grave.** [nɐ̃u ɛ 'nadɐ də 'gravə]
Haben Sie einen Impf-schein?	**Tem um certificado de vacina?** [tɐ̃i ũ sɐrtɐfi'kadu də vɐ'sinɐ]
Ich bin gegen … geimpft.	**Estou vacinado/vacinada contra…** [ʃto vɐsi'nadu/vɐsi'nadɐ 'kõntrɐ]

Im Krankenhaus

Wie lange muss ich hier bleiben?
Quanto tempo terei de aqui ficar? ['kwẽntu 'tẽmpu tə'rei d‿ɐ'ki fi'kar]

Ich kann nicht einschlafen. Geben Sie mir bitte eine Schmerztablette/Schlaftablette.
Não consigo dormir. Pode-me dar um analgésico / um sonífero, faz favor? [nẽu kõ'sigu dur'mir. 'pɔdəmə dar‿ũ ɐnal'ʒɛziku/‿ũ su'nifəru faʃ fɐ'vor]

Wann darf ich aufstehen?
Quando é que posso levantar-me? ['kwẽndwɛ kə 'pɔsu ləvẽn'tarmə]

Krankheiten und Beschwerden

Abszess	**abcesso** [ɐb'sɛsu]
Aids	**SIDA** ['sidɐ], *(Br)* **AIDS** [eidz]
Allergie	**alergia** [ɐlər'ʒiɐ]
allergisch sein gegen	**ser alérgico/alérgica a** [ser ɐ'lɛrʒiku/ɐ'lɛrʒikɐ ɐ]
Angina	**angina** [ẽ'ʒinɐ]
ansteckend	**contagioso** [kõntɐ'ʒjozu]
Appetitlosigkeit	**falta de apetite** ['faltɐ d‿ɐpɐ'titɐ]
Asthma	**asma** ['aʒmɐ]
Atembeschwerden	**a dificuldade de respirar** [ɐ dəfikul'dadɐ də ʀɐʃpi'rar], **dispneia (é)** [diʃ'pnejɐ]
Ausschlag	**eczema** [ɛk'zemɐ]
Bänderriss	**rotura de ligamentos** [ʀu'turɐ də ligɐ'mẽntuʃ]
Blähungen	**flatulência** [flɐtu'lẽsjɐ]
Blinddarmentzündung	**a apendicite** [ɐpẽndə'sitɐ]
Blutung	**hemorragia** [emuʀɐ'ʒiɐ]
Blutvergiftung	**septicemia** [sɛptisə'miɐ]
Brechreiz	**as náuseas** [ɐʒ 'nauzjɐʃ]
Bronchitis	**a bronquite** [ɐ brõŋkitɐ]
Bruch	*(Knochenbruch)* **fra(c)tura** [fra'turɐ]
Cholera	**cólera** ['kɔlərɐ]
Diabetes	**a diabetes** [ɐ djɐ'bɛtəʃ]
Diphtherie	**difteria** [diftə'riɐ]
Durchfall	**diarreia** [djɐ'ʀejɐ]
Entzündung	**a inflamação** [ɐ ĩflɐmɐ'sẽu]
Erkältung	**a constipação** [ɐ kõʃtipɐ'sẽu] *(Br)* **resfriado** [ʀeʃ'frjadu]
Fehlgeburt	**aborto** [ɐ'bortu]
Fieber	**a febre** [ɐ 'fɛbrə]
gebrochen	**partido** [pɐr'tidu]
Gehirnerschütterung	**traumatismo craniano** [traumɐ'tiʒmu krẽni'ɐnu]

Gehirnschlag	**apoplexia cerebral** [ɐpoplɛˈksiɐ sərɐˈbral]
Gelbfieber	**a febre amarela** [ɐ ˈfɛbr_ɐmɐˈrɛlɐ]
Gelbsucht	**icterícia** [iktəˈrisjɐ]
Geschlechtskrankheit	**doença venérea** [ˈdwẽsɐ vəˈnɛrjɐ]
geschwollen	**inchado** [ĩˈʃadu]
Geschwulst	**o tumor** [u tuˈmor]
Geschwür	**úlcera** [ˈulsərɐ]
Grippe	**a gripe** [ɐ ˈgripɐ]
Halsschmerzen	**as dores de garganta** [ɐʒ ˈdorəʒ də gɐrˈgɐ̃tɐ]
Hämorriden	**as hemorróidas** [ɐz_emuˈʀɔidɐʃ]
heiser sein	**estar rouco** [ʃtar ˈʀoku]
Herzanfall	**o ataque cardíaco** [u ɐˈtakɐ kɐrˈdiɐku]
Herzbeschwerden	**as perturbações cardíacas** [ɐʃ pɐrturbɐˈsõiʃ kɐrˈdiɐkɐʃ]
Herzfehler	**deficiência cardíaca** [dəfiˈsjẽsjɐ kɐrˈdiɐkɐ]
Herzinfarkt	**o enfarte de miocárdio** [u ẽˈfartɐ də mjɔˈkardju]
Heuschnupfen	**a febre dos fenos** [ɐ ˈfɛbrɐ duʃ ˈfenuʃ], **a rinite alérgica** [ɐ ʀiˈnit_ɐˈlɛrʒikɐ]
Hexenschuss	**lumbago** [lũˈbagu]
Infektion	**a infecção** [ɐ ĩfɛˈsẽu]
Ischias	**ciática** [ˈsjatikɐ]
Keuchhusten	**a tosse convulsa** [ɐ ˈtɔsə kõˈvulsɐ]
Kinderlähmung	**paralisia infantil** [pɐrɐləˈzi_ĩfẽnˈtil], **a poliomielite** [ɐ pɔljomjeˈlitɐ]
Knochenbruch	**fra(c)tura** [fraˈturɐ]
Kolik	**cólica** [ˈkɔlikɐ]
Kopfschmerzen	**a dor de cabeça** [ɐ dor də kɐˈbesɐ]
Krampf	**cãibra** [ˈkẽibrɐ], **espasmo** [ˈʃpaʒmu]
Krankheit	**doença** [ˈdwẽsɐ]
Krebs	**cancro** [ˈkẽŋkru]; *(Br)* **o câncer** [u ˈkẽsɛr]
Kreislaufstörung	**a perturbação circulatória** [ɐ pɐrturbɐˈsẽu sirkulɐˈtɔrjɐ]
Lähmung	**paralisia** [pɐrɐləˈziɐ]
Lebensmittelvergiftung	**a intoxicação alimentar** [ɐ ĩtɔksikɐˈsẽu ɐlimẽnˈtar]
Leistenbruch	**hérnia inguinal** [ˈɛrnjɐ ĩŋgiˈnal]
Lungenentzündung	**pneumonia** [pneumuˈniɐ]
Magenschmerzen	**a dor de estômago** [ɐ dor də ˈʃtomɐgu]
Malaria	**malária** [mɐˈlarjɐ]
Mandelentzündung	**a amigdalite** [a_amigdɐˈlitɐ]
Migräne	**enxaqueca** [ẽʃɐˈkɛkɐ]
Mittelohrentzündung	**a otite** [ɐ ɔˈtitɐ]
Nasenbluten	**hemorragia nasal** [emuʀɐˈʒiɐ nɐˈzal]
Nierenentzündung	**a nefrite** [ɐ nəˈfritɐ]

Nierenstein	**cálculo renal** ['kalkulu ʀə'nal]
Ohnmacht	**desmaio** [dəʒ'maju]
Pocken	**a varíola** [ɐ vɐ'riuɫe]
Prellung	**a contusão** [ɐ kõtu'zẽu]
Quetschung	**pisadura** [pizɐ'durɐ]
Rheuma	**reumatismo** [ʀeumɐ'tiʒmu]
Rückenschmerzen	**a dor nas costas** [ɐ dor neʃ 'kɔʃteʃ]
Schlaflosigkeit	**insónia (ô)** [ĩ'sɔnje]
Schlaganfall	**(o ataque de) apoplexia** [(u ɐ'takɐ d_) ɐpoplɛ'ksie]
Schmerzen	**as dores** [ɐʒ 'dorəʃ]
Schnittwunde	**o golpe** [u 'gɔlpə]
Schnupfen	**a constipação** [ɐ kõʃtipɐ'sẽu] (*Br*) **resfriado** [ʀeʃ'frjadu]
Schwellung	**os calafrios** [uʃ kɐlɐ'friuʃ]
	inchaço [ĩ'ʃasu]
Schwindel	**a vertigem** [ɐ vər'tiʒẽi]
	as tonturas [ɐʃ tõn'tureʃ]
Seitenstechen	**pontada de lado** [põn'tadɐ də 'ladu]
Sodbrennen	**azia** [ɐ'zie]
Sonnenbrand	**queimadura do sol** [keimɐ'durɐ du sɔl]
Sonnenstich	**a insolação** [ɐ ĩsulɐ'sẽu]
Stirnhöhlenentzündung	**a sinusite** [ɐ sinu'zitɐ]
Sumpffieber	**paludismo** [pɐlu'diʃmu]
Tetanus	**tétano** ['tɛtɐnu]
Typhus	**tifo** ['tifu]
Übelkeit	**náusea** ['nauzjɐ], **enjoo (ôo)** [ẽ'ʒou]
Verbrennung	**queimadura** [keimɐ'durɐ]
Verdauungsstörung	**a indigestão** [ɐ ĩdiʒəʃ'tẽu]
Vergiftung	**envenenamento** [ẽvɐnənɐ'mẽntu], **a intoxicação** [ɐ ĩtɔksikɐ'sẽu]
verletzen	**ferir** [fə'rir]
Verletzung	**ferida** [fə'ridɐ]
verstaucht	**torcido** [tur'sidu]
Verstopfung	**a prisão de ventre** [ɐ pri'zẽu də 'vẽntrɐ]
weh tun	**doer** [dwer]
Wunde	**ferida** [fə'ridɐ]
Zerrung	**a distensão** [ɐ dəʃtẽ'sẽu]

Körper – Arzt – Krankenhaus

atmen	**respirar** [ʀəʃpi'rar]
Attest	**atestado** [ɐtəʃ'tadu]
Bescheinigung	**atestado** [ɐtəʃ'tadu], **certificado** [sərtəfi'kadu]
Besuchszeit	**as horas da visita** [ɐʒ 'ɔrɐʒ dɐ və'zitɐ]
bewusstlos	**sem sentidos** [sẽi sẽn'tiduʃ]
Blase	**bexiga** [bə'ʃigɐ]

Blinddarm	**o apêndice** [u ɐ'pẽndisɐ]
Blut	**o sangue** [u 'sẽngɐ]
Blutdruck (hoher/niedriger)	**a tensão arterial** (*Br* **a pressão sanguínea) (alta/baixa)** [ɐ tẽ'sɐ̃u ɐrtɐ'rjal (a pre'sɐ̃u sẽŋ'ginjɐ) ('altɐ/'baiʃɐ)]
bluten	**sangrar** [sẽŋ'grar]
Blutgruppe	**grupo sanguíneo** ['grupu sẽŋ'g(w)inju]
Bronchien	**os brônquios** [uʒ 'brõŋkjus]
Bypass	**o bypass** [u bai'pas]
Chirurg/in	**o cirurgião / a cirurgiã** [u sirur'ʒjɐ̃u / ɐ sirur'ʒjɐ̃]
Darm	**intestino** [ĩntɐʃ'tinu]
desinfizieren	**desinfe(c)tar** [dɐzĩfɛ'tar]
Diagnose	**diagnóstico** [djɐg'nɔʃtiku]
Diät	**dieta** ['djɛtɐ]
Eiter	**o pus** [u puʃ]
erbrechen, sich	**vomitar** [vumi'tar]
Facharzt/ärztin	**o/a especialista** [u/ɐ ʃpɐsjɐ'liʃtɐ]
Gallenblase	**vesícula biliar** [vɐ'zikulɐ bi'ljar]
Gehirn	**cérebro** ['sɛrɐbru]
Gehör	**ouvido** [o'vidu]
Gelenk	**a articulação** [a_artikulɐ'sɐ̃u]
Geschlechtsorgane	**os órgãos genitais/sexuais** [uz_'ɔrgɐ̃uʒ ʒɐni'taiʃ/sɛk'swaiʃ]
Gesicht	**cara** ['karɐ], **rosto** ['ʀoʃtu]
Haut	**a pele** [ɐ 'pɛlɐ]
Herz	**o coração** [u kurɐ'sɐ̃u]
Herzschrittmacher	**o pace-maker** [u 'peisɐ 'meikɐ]
Herzspezialist	**o cardiologista** [u kɐrdjulu'ʒiʃtɐ]
Husten	**a tosse** [ɐ 'tɔsɐ]
Impfpass	**certificado de vacina** [sɐrtɐfi'kadu dɐ vɐ'sinɐ]
Impfung	**vacina** [vɐ'sinɐ]
Infusion	**a infusão** [ɐ ĩfu'zɐ̃u]
Klinik	**clínica** ['klinikɐ]
Knochen	**osso** ['osu]
krank	**doente** ['dwẽntɐ]
Krankenhaus	**o hospital** [u oʃpi'tal]
Krankenkasse	**Caixa de Previdência** ['kaiʃɐ dɐ prɐvi'dẽsjɐ]
Krankenschein	**a credencial** [ɐ krɐ'dẽsjal]
Krankenschwester	**enfermeira** [ẽfɐr'meirɐ]
Leber	**fígado** ['figɐdu]
Lippe	**lábio** ['labju]
Lunge	**o pulmão** [u pul'mɐ̃u]
Magen	**estômago** ['ʃtomɐgu]
Mandeln	**as amígdalas** [ɐz_ɐ'migdɐlɐʃ]
Menstruation	**a menstruação** [ɐ mẽʃtrwɐ'sɐ̃u]

Muskel	**músculo** ['muʃkulu]
nähen	**coser** [ku'zer], **dar pontos** [dar 'põntuʃ]
Narbe	**a cicatriz** [ɐ sikɐ'triʃ]
Narkose	**anestesia** [ɐnɐʃtɐ'ziɐ]
Nerv	**nervo** ['nervu]
nervös	**nervoso** [nɐr'vozu]
Niere	**o rim** [u ʀĩ]
Ohr	*(Gehör)* **ouvido** [o'vidu]
Operation	**a operação** [ɐ opɐrɐ'sɐ̃u]
Prothese	**a prótese** [ɐ 'prɔtɐzɐ]
Puls	**pulso** ['pulsu]
Rippe	**costela** [kuʃ'tɛlɐ]
röntgen	**radiografar** [ʀadjugrɐ'far]
Röntgenaufnahme	**radiografia** [ʀadjugrɐ'fiɐ]
Rückgrat	**espinha dorsal** ['ʃpiɲɐ dor'sal]
Schiene	**tala** ['talɐ]
Schlüsselbein	**clavícula** [klɐ'vikulɐ]
Schulter	**ombro** ['õmbru]
Schwangerschaft	**a gravidez** [ɐ grɐvi'deʃ]
schwitzen	**suar** [swar]
Speiseröhre	**esófago** [i'zɔfɐgu]
Sprechstunde	**(as horas de) consulta** [(ɐz 'ɔrɐʒ dɐ) kõ'sultɐ]
Spritze	**a inje(c)ção** [ɐ ĩʒɛ'sɐ̃u]
Station	**serviço** [sɐr'visu]
Stich	**picada** [pi'kadɐ]; *(einer Naht)* **ponto** ['põntu]
Stuhlgang	**a evacuação** [ɐ ivɐkwɐ'sɐ̃u], **as fezes** [ɐʃ 'fɛzɐʃ]
Trommelfell	**(membrana do) tímpano** [(mẽm'brɐnɐ du) 'tĩmpɐnu]
Ultraschalluntersuchung	**o exame por meio de ultra-sons** [u i'zɐmɐ pur 'meju d_ultrɐ sõʃ]
Unterleib	**o abdómen** [u ɐb'dɔmẽ]
Untersuchung	**o exame** [u i'zɐmɐ]
Urin	**urina** [u'rinɐ]
Verband	**penso** ['pẽsu], **ligadura** [ligɐ'durɐ]
verbinden	**fazer o penso** [fɐ'zer_u 'pẽsu], **ligar** [li'gar]
Verdauung	**a digestão** [ɐ diʒɐʃ'tɐ̃u]
verschreiben	**receitar** [ʀɐsei'tar]
Virus	**o vírus** [u 'viruʃ]
Wartezimmer	**sala de espera** ['salɐ dɐ_'ʃpɛrɐ]
Wirbelsäule	**coluna vertebral** [ku'lunɐ vɐrtɐ'bral]
Zunge	**língua** ['lĩŋgwɐ]

Beim Zahnarzt

Ich habe (starke) Zahnschmerzen.	**Tenho uma (grande) dor de dentes.** ['tɐɲ‿'umɐ ('grɐ̃ndə) dor də 'dẽntəʃ]
Dieser Zahn (oben/unten/vorn/hinten) tut weh.	**Dói-me este dente (em cima/ em baixo/ à frente/ atrás).** ['dɔi‿miɐ̯'eʃtə 'dẽntə (ẽi 'simɐ/ẽi 'baiʃu/a 'frẽntə/ɐ'traʃ)]
Ich habe eine Füllung verloren.	**Caíu-me um chumbo.** [kɐ'ium‿ũ 'ʃũmbu]
Mir ist ein Zahn abgebrochen.	**Partiu-se-me um dente.** [pɐr'tiusəm‿ũ 'dẽntə]
Ich behandle ihn nur provisorisch.	**Vou-lhe fazer só um tratamento provisório.** ['voʎə fɐ'zer sɔ ũ trɐtɐ'mẽntu pruvi'zɔrju]
Geben Sie mir bitte eine/keine Spritze.	**Por favor, dê-me uma/ não me dê nenhuma inje(c)ção.** [pur fɐ'vor 'dem‿'umɐ/nẽu mə de nə'ɲum‿ĩʒɛ'sɐ̃u]

Kiefer	**maxila** [ma'ksilɐ]
Krone	**coroa** [ku'roɐ]
Loch	**buraco** [bu'raku]
Plombe	**chumbo** ['ʃũmbu]
Prothese	**a prótese** [ɐ 'prɔtəzə]
Weisheitszahn	**o dente do siso** [u 'dẽntə du 'sizu]
Zahn	**o dente** [u 'dẽntə]
Zahnfleisch	**gengiva** [ʒẽ'ʒivɐ]
Zahnschmerzen	**a dor de dentes** [ɐ dor də 'dẽntəʃ]
ziehen	**arrancar** [ɐʀɐ̃ɲ'kar]

Wichtiges von A bis Z

Bargeld, Schecks und Karten

Wenn Sie etwas von der Bank brauchen, lassen Sie es sich nicht zu spät einfallen: Banken schließen zwar nicht während der Mittagspause, sind aber nur Montag bis Freitag von 8.30 bis 15 Uhr geöffnet. Ganz wichtige Schalter in Lissabon oder in touristischen Zentren haben allerdings bis 18 Uhr offen.

Sehr praktisch sind die Geldautomaten *(multibancos)*, die in großer Zahl überall vorhanden sind. Dort können Sie mit Scheckkarte und Geheimzahl Euro abheben. Bei den meisten Automaten können Sie sogar die Sprache für die Abfrage wählen.

Zahlen mit Kreditkarte ist in Portugal sehr verbreitet. Viele Restaurants, Läden und Tankstellen nehmen Kreditkarten, vor allem die bekanntesten Anbieter.

Bank

Wo ist hier bitte eine Bank? **Onde há aqui um banco?**
['õnd‿a ɐ'ki ũ 'bẽŋku]

Ich möchte … Schweizer Franken wechseln. **Queria trocar … francos suíços.**
[kə'riɐ tru'kar … 'frẽŋkuʃ 'swisuʃ]

Ich möchte diesen Reisescheck einlösen. **Queria receber este traveller.**
[kə'riɐ ʀəsə'ber‿'eʃtɐ 'trɐvɐ'lɛr]

Auf welchen Betrag kann ich ihn maximal ausstellen? **Qual é a importância máxima que posso levantar com ele?** [kwal‿ɛ ɐ ĩmpur'tẽsjɐ 'masimɐ kə 'pɔsu lɐvẽn'tar kõ 'elɐ]

Ihre Scheckkarte, bitte. **O seu cartão eurocheque, faz favor.**
[u seu kɐr'tẽu euɾɔ'ʃɛkə faʃ fɐ'vor]

Darf ich bitte … sehen? **Pode-me mostrar …, faz favor?**
['pɔdəmə muʃ'trar‿… faʃ fɐ'vor]

   Ihren Ausweis **o seu bilhete (*Br* a sua carteira) de identidade** [u seu bə'ʎetɐ (a 'sua kar'terɐ) d‿idẽnti'dadɐ]

   Ihren Pass **o seu passaporte** [u seu pasɐ'pɔrtə]

Würden Sie bitte hier unterschreiben? **Assine aqui, faz favor.**
[ɐ'sin‿ɐ'ki faʃ fɐ'vor]

auszahlen	**pagar** [pɐ'gar]
Bank	**banco** ['bẽŋku]
bar	**a dinheiro** [ɐ də'ɲeiru], **a pronto** [ɐ 'prõntu]
Bearbeitungsgebühr	**a comissão** [ɐ kumi'sẽu]
Betrag	**importância** [ĩmpur'tẽsjɐ], **quantia** [kwẽn'tiɐ]
Chipkarte	**o cartão de identificação ele(c)trónica** [u kɐr'tẽu d_idẽntəfikɐ'sẽu ilɛ'trɔnikɐ]
Devisen	**as divisas** [ɐʒ də'vizɐʃ]
EC-Karte	**o cartão de eurocheque** [u kɐr'tẽu d_eurɔ'ʃɛkɐ]
Euro	**Euro** ['euru]
Geheimzahl	**código secreto** ['kɔdigu sə'krɛtu]
Geld	**dinheiro** [də'ɲeiru]
Geldautomat	**multibanco** [multi'bẽŋku]
Geldkarte	**o PMB (o porta-moedas bancário)** [u pe ɛmə be (u 'pɔrtɐ 'mwɛdɐʒ bẽŋ'karju)]
Geldschein	**nota** ['nɔtɐ]
Geldwechsel	**câmbio** ['kẽmbju]
Kleingeld	**dinheiro miúdo** [də'ɲeiru 'mjudu], **troco** ['troku]
Konto	**conta** ['kõntɐ]
Kreditkarte	**o cartão de crédito** [u kɐr'tẽu də 'krɛditu]
Ladeterminal	**multibanco para carregar** [multi'bẽŋku 'pɐrɐ kɐrɐ'gar]
Münze	**moeda** ['mwɛdɐ]
Quittung	**recibo** [ʀə'sibu]
Reais *(Bras. Währung)*	**reais** [ʀiais]
Reisescheck	**o traveller** [u trɛvɐlɛr]
Scheck	**o cheque** [u 'ʃɛkɐ]
einen Scheck ausstellen	**passar um cheque** [pɐ'sar_ũ 'ʃɛkɐ]
Scheckkarte	**o cartão eurocheque** [u kɐr'tẽu eurɔ'ʃɛkɐ]
Schweizer Franken	**franco suíço** ['frẽŋku 'swisu]
Überweisung	**transferência** [trẽʃfɐ'rẽsjɐ]
telegrafische Überweisung	**o vale telegráfico** [u 'valɐ tələ'grafiku]
umtauschen	**trocar** [tru'kar]
Unterschrift	**assinatura** [ɐsinɐ'turɐ]
Zahlung	**pagamento** [pɐgɐ'mẽntu]

Filmen und Fotografieren ➤ auch Fotoartikel, S.129

Sollte irgendwo die Aufforderung stehen, nicht zu fotografieren (pro-
ibido tirar fotografias), halten Sie sich bitte daran. Es ist eine Frage der
Höflichkeit dem Gastgeber gegenüber. Diese Aufforderung werden
Sie in einer Kirche zwar nicht sehen, trotzdem denken Sie daran, dass
Kirchen in Portugal Kultstätten sind und keine touristische Attraktion.

Wären Sie wohl so freundlich, ein Foto von uns zu machen?	**Podia tirar-nos uma fotografia, faz favor?** [pu'diɐ ti'rarnuz‿umɐ futugrɐ'fiɐ faʃ fɐ'vor]
Sie müssen auf diesen Knopf drücken.	**Carrega neste botão.** [kɐ'ʀɛgɐ 'neʃtɐ bu'tẽu]
Die Entfernung/Blende stellt man so ein.	**A distância/ A abertura regula-se assim.** [ɐ diʃ'tẽsjɐ/ɐ ɐbɐr'turɐ rɐ'gulɐs‿ɐsĩ]
Dürfte ich Sie wohl fotografieren?	**Posso-lhe tirar uma fotografia?** ['pɔsuʎɐ ti'rar‿umɐ futugrɐ'fiɐ]
Das ist sehr freundlich.	**É muito amável da sua parte.** [ɛ 'mũint‿ɐ'mavɛl dɐ suɐ 'partɐ]
So haben wir eine schöne Erinnerung an unseren Urlaub.	**Assim ficamos com uma bonita recordação das nossas férias.** [ɐ'sĩ fi'kɐmuʃ kõ 'umɐ bu'nitɐ rɐkurdɐ'sẽu dɐʒ 'nɔsɐʃ 'fɛrjɐʃ]
Schnappschuss	*instantâneo* [ĩʃtẽn'tɐnju]

Fundbüro ➤ auch Polizei, S.159

Wo ist das Fundbüro, bitte?	**Onde são os perdidos e achados, faz favor?** [õndɐ sẽu uʃ pɐr'diduz‿i ɐ'ʃaduʃ faʃ fɐ'vor]
Ich habe … verloren.	**Perdi …** [pɐr'di]
Ich habe meine Handtasche im Zug vergessen.	**Esqueci-me da minha mala de mão no comboio (Br trem).** [ʃkɛ'simɐ dɐ 'miɲɐ 'malɐ dɐ mẽu nu kõm'bɔju (trẽi)]
Benachrichtigen Sie mich bitte, wenn sie abgegeben/gefunden werden sollte.	**Avise-me, por favor, se alguém a entregar/achar.** [ɐ'vizɐmɐ pur fɐ'vor sjal'gẽi ɐ ẽntrɐ'gar/‿ɐ'ʃar]
Hier ist meine Hotelanschrift/Heimatadresse.	**Aqui tem o endereço do meu hotel/ o meu endereço na Alemanha/Áustria/Suíça.** [ɐ'ki tẽi u ẽndɐ'resu du meu ɔ'tɛl/u meu ẽndɐ'resu nɐ ɐlɐ'mɐɲɐ/'auʃtrjɐ/'swisɐ]

Polizei

Wo ist bitte das nächste Polizeirevier?	**Pode-me dizer, faz favor, onde é a esquadra da polícia mais próxima?** ['pɔdəmə di'zer faʃ fɐ'vor 'õd‿ɛ ɐ 'ʃkwadrɐ dɐ pu'lisjɐ maiʃ 'prɔsimɐ]
Ich möchte … anzeigen.	**Quero participar …** ['kɛru pɐrtəsi'par‿…]
einen Diebstahl	**um roubo.** [ũ 'ʀobu]
einen Überfall	**um assalto.** [ũ ɐ'saltu]
Mir ist … gestohlen worden.	**Roubaram-me …** [ʀo'barẽum‿…]
die Handtasche	**a mala de mão (*Br* a bolsa).** [‿ɐ 'malɐ də mãu (a 'bolsɐ)]
die Brieftasche	**a carteira.** [‿ɐ kɐr'teirɐ]
mein Fotoapparat	**a máquina fotográfica.** [‿a 'makinɐ futu'grafikɐ]
mein Auto / mein Fahrrad	**o carro / a bicicleta.** [‿u 'kaʀu/‿ɐ bəsi'klɛtɐ]
Mein Auto ist aufgebrochen worden.	**Arrombaram-me a porta do carro.** [ɐʀõm'barẽum‿ɐ 'pɔrtɐ du 'kaʀu]
Aus meinem Auto ist … gestohlen worden.	**Roubaram-me do carro …** [ʀo'barẽumə du 'kaʀu]
Mein Sohn / Meine Tochter ist verschwunden.	**O meu filho / A minha filha desapareceu.** [u meu 'fiʎu/ɐ 'miɲɐ 'fiʎɐ dəzɐpɐrɐ'seu]
Dieser Mann belästigt mich.	**Este homem está-me a importunar.** ['eʃtj‿'ɔmẽi 'ʃtam‿ɐ ĩmpurtu'nar]
Können Sie mir bitte helfen?	**Pode-me ajudar, por favor?** ['pɔdəm‿ɐʒu'dar pur fɐ'vor]
Wenden Sie sich bitte an das deutsche/österreichische/Schweizer Konsulat.	**Dirija-se, faz favor, ao Consulado alemão/austríaco/suíço.** [di'riʒesɐ faʃ fɐ'vor‿ɐu kõsu'ladu ɐlɐ'mẽu/auʃ'triɐku/'swisu]

Ein Wort zur Sicherheit

In Portugal hält sich die Kriminalität in Grenzen. Trotzdem machen Sie es den Einbrechern und Taschendieben nicht zu einfach! Richten Sie sich nach den Empfehlungen der Einheimischen, nehmen Sie ihre Tipps ernst. Allgemein gilt: Augen auf bei großem Gedränge wie z. B. in der U-Bahn während des Berufsverkehrs

anzeigen	**participar** [pɐrtɐsi'par]
aufbrechen	**arrombar** [ɐʀõm'bar]
Autoradio	**rádio de automóvel**
	['ʀadju d_autu'mɔvɛl]
belästigen	**importunar** [ĩmpurtu'nar]
Dieb	**o ladrão** [u lɐ'drɐ̃u]
Diebstahl	**roubo** ['ʀobu]
Gefängnis	**a prisão** [ɐ pri'zɐ̃u]
Geldbörse	**o porta-moedas** [u 'pɔrtɐ 'mwɛdɐʃ]
Kfz-Schein	**o livrete do carro** [u li'vretɐ du 'kaʀu]
Kreditkarte	**o cartão de crédito**
	[u kɐr'tɐ̃u dɐ 'krɛditu]
Papiere	**os documentos** [uʒ duku'mẽtuʃ]
Personalausweis	**o bilhete (*Br* a carteira) de identidade**
	[u bɐ'ʎetɐ (a kar'terɐ) d_idẽti'dadɐ]
Polizei	**polícia** [pu'lisjɐ]
Polizist/in	**o polícia / a mulher polícia**
	[u pu'lisjɐ/ɐ mu'ʎɛr pu'lisjɐ]
Rauschgift	**droga** ['drɔgɐ]; *(Br)* **os entorpe-centes** [uz_ẽtorpe'sẽtiʃ]
Rechtsanwalt/anwältin	**advogado/advogada**
	[ɐdvu'gadu/advu'gadɐ]
Reisepass	**o passaporte** [u pasɐ'pɔrtɐ]
Scheck	**o cheque** [u 'ʃɛkɐ]
Scheckkarte	**o cartão eurocheque**
	[u kɐr'tɐ̃u eurɔ'ʃɛkɐ]
Schlüssel	**a chave** [ɐ 'ʃavɐ]
Schmuggel	**contrabando** [kõtrɐ'bẽndu]
Schuld	**culpa** ['kulpɐ]
sexuelle Belästigung	**o assédio sexual** [u ɐ'sɛdju sɛksu'al]
Taschendieb	**o carteirista** [u kɐrtei'riʃtɐ]
Überfall	**assalto** [ɐ'saltu], **a agressão** [a_agrɐ'sɐ̃u]
Untersuchungshaft	**a prisão preventiva**
	[ɐ pri'zɐ̃u prɐvẽ'tivɐ]
Verbrechen	**o crime** [u 'krimɐ]
Vergewaltigung	**a violação** [ɐ vjulɐ'sɐ̃u]
verhaften	**prender** [prẽn'der]
verlieren	**perder** [pɐr'der]
zusammenschlagen	**espancar** [ʃpẽŋ'kar]

Post

Wo ist…	**Pode-me dizer, faz favor, onde é…** ['pɔdɐmɐ di'zer faʃ fɐ'vor 'õnd_ɛ]
das nächste Postamt?	**o correio mais próximo?** [u ku'ʀeju maiʃ 'prɔsimu]
der nächste Briefkasten?	**a caixa de correio mais próxima?** [ɐ 'kaiʃɐ dɐ ku'ʀeju maiʃ 'prɔsimɐ]

Was kostet ein Brief / eine Postkarte …	**Quanto custa uma carta / um postal …** ['kwɐ̃ntu 'kuʃtɐ 'umɐ 'kartɐ/ũm puʃ'tal]
nach Deutschland?	**para a Alemanha?** ['pɐra_ɐlɐ'mɐɲɐ]
nach Österreich?	**para a Áustria?** ['pɐra_'auʃtrjɐ]
in die Schweiz?	**para a Suíça?** ['pɐra 'swisɐ]
Drei Briefmarken zu … Escudos, bitte.	**Três selos de … escudos, faz favor.** [treʃ 'seluʒ dɐ … 'ʃkuduʃ faʃ fɐ'vor]
Diesen Brief bitte per …	**Queria mandar esta carta …** [kɐ'riɐ mɐ̃n'dar_'ɛʃtɐ 'kartɐ]
Luftpost.	**por avião.** [pur_ɐ'vjɐ̃u]
Schnellpost *(blaue Post).*	**por correio azul.** [pur ku'ʀeju ɐ'zul]
Express.	**por expresso.** [pur 'ʃprɛsu]

Bei Leuten, die in Portugal in größeren Wohneinheiten wohnen, sollte man in der Anschrift nie vergessen, das Stockwerk anzugeben und ob die Wohnung rechts oder links liegt, da an den Briefkästen meistens keine Namen stehen. Also:

Senhora D …
Rua …, 3º-Dto.
P-1250-187 Lisboa

➣ auch Bank, S. 157

Absender	**o remetente** [u ʀɐmɐ'tẽntɐ]
Adresse	**endereço** [ẽndɐ'resu]
ausfüllen	**preencher** [prjẽ'ʃer]
Brief	**carta** ['kartɐ]
Briefkasten	**caixa do correio** ['kaiʃɐ du ku'ʀeju]
Briefmarke	**selo** ['selu]
Briefmarkenautomat	**o distribuidor automático de selos** [u dɐʃtribwi'dor_autu'matiku dɐ 'seluʃ]
Eilbrief	**carta por expresso** ['kartɐ pur 'ʃprɛsu]
Einschreibebrief	**carta registada** ['kartɐ ʀɐʒiʃ'tadɐ]
Empfänger	**destinatário** [dɐʃtinɐ'tarju]
Formular	**impresso** [ĩm'prɛsu]
frankieren	**franquiar** [frẽŋ'kjar]
Gebühr	**taxa** ['taʃɐ]
Gewicht	**peso** ['pezu]
Hauptpostamt	**a estação central dos correios** [ɐ ʃtɐ'sɐ̃u sẽn'tral duʃ ku'ʀejuʃ]
Luftpost, mit	**por avião** [pur_ɐ'vjɐ̃u]

nachsenden	**remeter** [ʀəməˈter]
Päckchen, Paket	**encomenda postal** [ẽŋkuˈmẽndɐ puʃˈtal]
Paketkarte	**guia de encomenda postal** [ˈgiɐ d‿ẽŋkuˈmẽndɐ puʃˈtal]
Porto	**o porte** [u ˈpɔrtə], **franquia** [frẽŋˈkiɐ]
Postamt	**correio** [kuˈʀeju]
Postanweisung	**o vale de correio** [u ˈvalə də kuˈʀeju]
Postkarte	**o postal** [u puʃˈtal]
postlagernd	**posta restante** [ˈpɔʃtɐ ʀəʃˈtẽntə]
Postleitzahl	**código postal** [ˈkɔdigu puʃˈtal]
Postsparbuch	**caderneta de poupança postal** [kɐdərˈnetɐ də poˈpẽsɐ puʃˈtal]
Schnellpost	**correio azul** [kuˈʀeju ɐˈzul]

> Normale Post gehört in die roten Briefkästen; Schnellpost *(correio azul)* wird in die blauen Briefkästen eingeworfen!

Sondermarke	**selo comemorativo** [ˈselu kuməmurɐˈtivu]
Telefax	**o telefax** [u tɛlɛˈfaks]
Telegramm	**o telegrama** [u tələˈgremɐ]
Telex	**o telex** [u tɛˈlɛks]
Vordruck	**impresso** [ĩmˈprɛsu]
Wertangabe	**a declaração de valor** [ɐ dəklɐrɐˈsẽu də vɐˈlor]
Zollerklärung	**a declaração para a alfândega** [ɐ dəklɐrɐˈsẽu ˈpɐra‿alˈfẽndɐgə]

Telefonieren

Wo ist die nächste Telefonzelle?	**Onde é a cabina telefónica (ô) mais próxima?** [ˈõnd‿ɛ ɐ kaˈbinɐ tələˈfɔnikɐ maiʃ ˈprɔsimɐ]
Ich möchte eine Telefonkarte.	**Queria um cartão telefónico.** [kəˈriɐ‿ũm kɐrˈtẽu tələˈfɔniku]
Wie ist die Vorwahl von…?	**Qual é o indicativo de…?** [kwal‿ɛ u ĩndikɐˈtivu də]
Bitte ein Ferngespräch nach…	**Eu queria uma chamada para … faz favor.** [eu kəˈriɐ ˈumɐ ʃɐˈmadɐ ˈpɐrɐ … faʃ fɐˈvor]
Ich möchte ein R-Gespräch anmelden.	**Eu queria pedir uma chamada a pagar no destino.** [eu kəˈriɐ pəˈdir‿ˈumɐ ʃɐˈmada pɐˈgar nu dəʃˈtinu]
Gehen Sie in Kabine Nr.….	**Cabina número …** [kaˈbinɐ ˈnuməru]

Ein Telefongespräch

Hier spricht…	**Aqui fala…** [ɐˈki ˈfalɐ]
Hallo, mit wem spreche ich?	**Está? Quem fala?** [ʃta. kɐi ˈfalɐ]
Kann ich bitte Herrn/Frau/ Fräulein … sprechen?	**Posso falar com o senhor/ a senhora/ a menina …, faz favor?** [ˈpɔsu fɐˈlar kõ u səˈɲor/ɐ səˈɲorɐ/ɐ məˈninɐ … faʃ fɐˈvor]
Tut mir Leid, er/sie ist nicht da.	**Tenho muita pena, mas ele/ela não está.** [ˈteɲu ˈmũĩtɐ ˈpenɐ mɐz‿ˈelə/‿ˈɛlɐ nɐ̃u ʃta]
Möchten Sie eine Nachricht hinterlassen?	**Quer deixar recado?** [kɛr deiˈʃar ʀəˈkadu]
Würden Sie ihm/ihr bitte sagen, ich hätte angerufen?	**Pode fazer o favor de lhe dizer que eu telefonei?** [ˈpɔdə fɐˈzer‿u fɐˈvor də ʎə diˈzer kjeu tələfuˈnei]

In Portugal gibt es viele Telefonzellen, die auch meistens frei sind, denn die Portugiesen haben eine besondere Vorliebe für Handys… Es gibt drei Sorten von Telefonzellen: Sie funktionieren entweder mit Telefonkarte (die Sie nicht nur bei der Post, sondern auch in Kiosken kaufen können), mit Ihrer eigenen Kreditkarte oder mit Münzen.

Anruf	**chamada** [ʃɐˈmadɐ]
Anrufbeantworter	**o atendedor automático de chamadas** [u ɐtendəˈdor autuˈmatiku də ʃɐˈmadɐʃ] *(Br)* **a secretária eletrônica** [a sekreˈtarja eleˈtronika]
anrufen	**telefonar** [tələfuˈnar]
Auskunft	**(as) informações** [(ɐz‿) ĩfurmɐˈsõiʃ]
Auslandsgespräch	**chamada internacional** [ʃɐˈmad‿ĩntərnɐsjuˈnal]
besetzt	**impedido** [ĩmpəˈdidu]
Ferngespräch	**chamada interurbana** [ʃɐˈmad‿ĩntɛrurˈbɐnɐ]
Gebühr	**taxa** [ˈtaʃɐ]
Gelbe Seiten	**as Páginas Amarelas** [ɐz ˈpaʒinɐz‿ɐmɐˈrɛlɐʃ]
Gespräch	**chamada** [ʃɐˈmadɐ]
Handy	**o telemóvel** [u tɛlɛˈmɔvɛl] *(Br)* **o celular** [u seluˈlar]
Hörer	**o auscultador** [u ɐuʃkultɐˈdor]
Mobiltelefon	**o telemóvel** [u tɛlɛˈmɔvɛl]
Ortsgespräch	**chamada local** [ʃɐˈmadɐ luˈkal]
R-Gespräch	**chamada a pagar no destino** [ʃɐˈmada pɐˈgar nu dəʃˈtinu]

Telefon	**o telefone** [u tələ'fɔnə]
Telefonbuch	**lista telefónica (ô)** ['liʃtɐ tələ'fɔnikɐ]
Telefonkarte	**o cartão telefónico** [u kɐr'tẽu tələ'fɔniku]
Telefonnummer	**número de telefone** ['numɐru də tələ'fɔnə]
Telefonzelle	**cabina telefónica (ô)** [ka'binɐ tələ'fɔnikɐ]
Verbindung	**a ligação** [ɐ ligɐ'sẽu]
Voranmeldung	**chamada com pré-aviso** [ʃɐ'madɐ kõm prɛ ɐ'vizu]
Vorwahlnummer	**indicativo** [ĩndikɐ'tivu] *(Br)* **prefixo** [prɛ'fiksu]
wählen	**marcar (o número)** [mɐr'kar (u 'numɐru)]; *(Br)* **discar** [dis'kar]

Toilette und Bad

Ein Tipp, wenn wir schon beim Thema sind: Die saubersten (und manchmal sogar lustigen) Toiletten werden Sie in den großen Einkaufszentren vorfinden.

Wo ist bitte die Toilette?	**Por favor, onde é a casa de banho** / *(Br)* **o banheiro?** [pur fɐ'vor õnd‿ɛ ɐ 'kasɐ də 'bɐɲu / u ba'ɲeru]
Dürfte ich wohl bei Ihnen die Toilette benutzen?	**Posso usar a sua casa de banho** / *(Br)* **seu banheiro?** ['pɔsu u'zar ɐ 'suɐ 'kasɐ də 'bɐɲu / seu ba'ɲeru]
Würden Sie mir bitte den Schlüssel für die Toiletten geben?	**Podia dar-me a chave da casa de banho** / *(Br)* **do banheiro?** [pu'diɐ 'darm‿ɐ 'ʃavɐ dɐ 'kasɐ də 'bɐɲu / du ba'ɲeru]

Damen	**senhoras** [sə'ɲoreʃ]
Damenbinden	**os pensos higiénicos** [uʃ 'pẽsuʃ‿i'ʒjɛnikuʃ]
Handtuch	**toalha** ['twaʎɐ]
Handwaschbecken	**lavatório** [lɐvɐ'tɔrju]
Herren	**homens** ['ɔmẽiʃ]
sauber	**limpo** ['lĩmpu]
schmutzig	**sujo** ['suʒu]
Seife	**o sabonete** [u sɐbu'netɐ]
Stehklosett	**o urinol** [u uri'nɔl]
Toilettenpapier	**o papel higiénico (ê)** [u pɐ'pɛl‿i'ʒjɛniku]

Kurzgrammatik

Der Artikel (Geschlechtswort)

		bestimmter Artikel		unbestimmter Artikel	
Singular	männlich	o carro	der Wagen	um ano	ein Jahr
	weiblich	a porta	die Tür	uma casa	ein Haus
Plural	männlich	os carros	die Wagen	(uns) anos	Jahre
	weiblich	as portas	die Türen	(umas) casas	Häuser

Präpositionen + Artikel
(Verhältniswörter + Geschlechtswort)

Die Präpositionen *a, de, em* und *por* verschmelzen mit dem nachfolgenden bestimmten Artikel zu einem Wort:

a + o → ao	de + o → do	em + o → no	por + o → pelo
a + a → à	de + a → da	em + a → na	por + a → pela
a + os → aos	de + os → dos	em + os → nos	por + os → pelos
a + as → às	de + as → das	em + as → nas	por + as → pelas

Dás uma gorjeta **ao** porteiro.	Du gibst dem Portier ein Trinkgeld.
Telefonei **às** minhas amigas.	Ich habe meine Freundinnen angerufen.
Recebi uma carta **da** minha tia.	Ich erhielt einen Brief von meiner Tante.
Há muita gente **na** rua.	Es sind viele Leute auf der Straße.
Passei **pelo** centro da cidade.	Ich ging durch das Stadtzentrum.

Das Substantiv (Hauptwort)

Das Geschlecht

Es gibt nur zwei Geschlechter: männlich und weiblich.
Die meisten Substantive auf *-o* sind männlich, die auf *-a* weiblich.

o carro	der Wagen
a porta	die Tür

Es gibt aber andere Endungen beider Geschlechter und Substantive, die auf -a enden und nicht weiblich sind. In diesen Fällen muss man sich das Geschlecht jeweils merken.

o senhor	der Herr	**o restaurante**	das Restaurant
a flor	die Blume	**a carne**	das Fleisch
o alemão	der Deutsche	**o clima**	das Klima
a estação	der Bahnhof	**o dia**	der Tag

Bei manchen Substantiven kann die weibliche Form (Femininum) von der männlichen Form gebildet werden.
Beispiele: Männliche Substantive auf -o; das -o wird durch -a ersetzt.
Bei Substantiven, die auf einen Konsonanten (Mitlaut) enden, wird meist ein -a hinzugefügt. Bei einigen Substantiven auf -ão entfällt das -o.

Maskulinum		Femininum	
o amigo	der Freund	**a amiga**	die Freundin
o advogado	der Rechtsanwalt	**a advogada**	die Rechtsanwältin
o pintor	der Maler	**a pintora**	die Malerin
o português	der Portugiese	**a portuguesa**	die Portugiesin
o alemão	der Deutsche	**a alemã**	die Deutsche
o irmão	der Bruder	**a irmã**	die Schwester

Der Plural (Mehrzahl)

Der Plural wird allgemein durch Anhängen eines -s gebildet.
Endet jedoch das Substantiv auf -r, -s oder -z, so wird -es angehängt.

Singular		Plural	
o mercado	der Markt	**os mercados**	die Märkte
a data	das Datum	**as datas**	die Daten
a irmã	die Schwester	**as irmãs**	die Schwestern
a cor	die Farbe	**as cores**	die Farben
o país	das Land	**os países**	die Länder
o rapaz	der Junge	**os rapazes**	die Jungen

Die Substantive auf -ão bilden den Plural meist auf -ões, einige auch auf -ãos, -ães.

o avião	das Flugzeug	os aviões	die Flugzeuge
o melão	die Melone	os melões	die Melonen
o irmão	der Bruder	os irmãos	die Brüder
o pão	das Brot	os pães	die Brote

Nominativ/Akkusativ/Dativ/Genitiv (Die vier Fälle)

Da das Portugiesische keine Deklination des Substantivs hat, werden die deutschen Fälle entweder durch die Stellung des Substantivs im Satz oder durch Präpositionen gekennzeichnet.

Den vier Fällen des Deutschen entsprechen im Portugiesischen:

Nominativ Wer? Was?	**O motorista** conduz o carro. Der Chauffeur lenkt den Wagen.	Subjekt vor dem Verb
Akkusativ Wen? Was?	O motorista conduz **o carro**. Der Chauffeur lenkt den Wagen.	Objekt nach dem Verb
Dativ Wem?	Contei a história **a um jornalista**. Ich erzählte die Geschichte einem Journalisten.	Präposition **a** vor dem Objekt
Genitiv Wessen?	Aquela é a casa **do médico**. Das ist das Haus des Arztes.	Präposition **de** vor dem Objekt

Das Adjektiv (Eigenschaftswort)

Das Geschlecht

Die weibliche Form der Adjektive wird in etwa so gebildet wie bei den Substantiven.

Maskulinum	Femininum	
branco	branca	weiß
bonito	bonita	hübsch
português	portuguesa	portugiesisch
encantador	encantadora	bezaubernd
alemão	alemã	deutsch

Sonderformen:		
bom	boa	gut
mau	má	schlecht

Der Plural (Mehrzahl)

Bei der Pluralbildung folgen die Adjektive den Regeln für die Substantive.

Singular	Plural	
novo	novos	neu
simpático	simpáticos	nett
regular	regulares	regelmäßig
feliz	felizes	glücklich
alemão	alemães	deutsch

Die Übereinstimmung von Substantiv und Adjektiv

Das Adjektiv richtet sich in Geschlecht und Zahl immer nach dem Substantiv.

um homem alt**o**	ein großer Mann
uma mulher baix**a**	eine kleine Frau
os sapatos nov**os**	die neuen Schuhe
as botas velh**as**	die alten Stiefel
O vinho é car**o**.	Der Wein ist teuer.
A fruta é barat**a**.	Das Obst ist billig.
Os sapatos são car**os**.	Die Schuhe sind teuer.
As sandálias são barat**as**.	Die Sandalen sind billig.

Die Stellung des Adjektivs

Das Adjektiv steht in der Regel nach dem Substantiv.

um artista **português**	ein portugiesischer Künstler
uma cerveja **fresca**	ein frisches Bier
o céu **azul**	der blaue Himmel

Steigerung des Adjektivs und Vergleich

Komparativ	mais ... (do) que	As laranjas são mais baratas (do) que as bananas.
		Die Orangen sind billiger als die Bananen.
	tão ... como	Esta mulher é tão alta como o homem.
		Diese Frau ist so groß wie der Mann.
	menos ... (do) que	A pensão é menos confortável (do) que o hotel.
		Die Pension ist weniger komfortabel als das Hotel.

Superlativ	o/a mais ... os/as mais ...	Estes figos são os mais saborosos. <small>Diese Feigen sind am schmackhaftesten.</small>	
	o/a menos os/as menos	Este hotel é o menos confortável. <small>Dieses Hotel ist am wenigsten komfortabel.</small>	
	... íssimo/a	A carne é caríssima. <small>Das Fleisch ist sehr, sehr teuer.</small>	
	... íssimos/as	Estes lagos são lindíssimos. <small>Diese Seen sind sehr, sehr schön.</small>	

Unregelmäßige Steigerung

bom, boa <small>gut</small>	melhor <small>besser</small>	o/a melhor <small>der/die/das beste</small>	óptimo/-a <small>sehr, sehr gut</small>
mau, má <small>schlecht</small>	pior <small>schlechter</small>	o/a pior <small>der/die/das schlechsteste</small>	péssimo/-a <small>sehr, sehr schlecht</small>
grande <small>groß</small>	maior <small>größer</small>	o/a maior <small>der/die/das größte</small>	máximo/-a <small>sehr, sehr groß</small>

> Lisboa é a maior cidade de Portugal. <small>Lissabon ist die größte Stadt Portugals.</small>
> Este bacalhau está óptimo! <small>Dieser Stockfisch schmeckt super!</small>

Das Adverb (Umstandswort)

- Es gibt ursprüngliche Adverbien:

aqui	**hoje**	**depressa**
hier	heute	schnell

- und abgeleitete Adverbien, die durch Anhängen von **-mente** an die weibliche Form des Eigenschaftswortes gebildet werden:

Adjektiv		Adverb	
Maskulinum	Femininum		
certo	certa	certamente	sicher
evidente		evidentemente	selbstverständlich
fácil		facilmente	leicht
Sonderformen:			
bom	boa	bem	gut
mau	má	mal	schlecht

Das Verb (Zeitwort)

- Im Allgemeinen wird die 2. Person Plural durch die 3. Person Plural ersetzt. Dem deutschen „ihr" entspricht dabei *vocês*. Die 2. Person Plural wird deshalb in dieser Grammatik nicht aufgeführt.
  Vocês não vão hoje à praia?   Geht ihr heute nicht an den Strand?

- Als Höflichkeitsform wird die 3. Person Singular oder Plural verwendet, meist in Verbindung mit *você (vocês), o senhor, a senhora (os senhores, as senhoras)* bzw. mit Titeln oder Namen.

- In Portugal dient *você* als Höflichkeitsform im vertrauten Umgang; *o senhor, a senhora, os senhores, as senhoras* für einen formellen Umgang. **Você** é de Lisboa?   Sind Sie aus Lissabon?
  O senhor (a senhora) pode-me   Können Sie mir sagen,
  dizer onde é o correio?   wo die Post ist?

- Bei der 3. Person Plural unterscheidet man zwischen einer männlichen oder gemischten Gruppe *(eles)* und einer weiblichen Gruppe *(elas).*
  Eles gostam de cerveja;   Sie (m.Pl.) mögen Bier;
  elas não.   sie (f.Pl.) nicht.

Das Präsens (Gegenwart)

a) Die Verben ser – estar sein; **ter – haver** haben

	ser	estar	ter	haver
eu tu você ele ela	sou és é	estou estás está	tenho tens tem	 há
nós vocês eles elas	somos são	estamos estão	temos têm	

- *Ser* bezeichnet wesentliche, andauernde Eigenschaften, wie Geschlecht, Beruf, Verwandtschaft, Staatszugehörigkeit, Religion, Farbe, Form und steht bei Zeitbestimmungen.

- *Estar* bezeichnet einen vorübergehenden Zustand und hat auch oft die Bedeutung „sich befinden".

Os comboios **são** rápidos.	Die Züge sind schnell.
O senhor **é** português?	Sind Sie Portugiese?
Hoje **é** quinta-feira.	Heute ist Donnerstag.
A janela **está** fechada.	Das Fenster ist geschlossen.
O rapaz **está** muito contente.	Der Junge ist sehr froh.
Estamos em Lisboa.	Wir sind in Lissabon.

- *Ter* bedeutet „haben" (= besitzen) und wird auch als Hilfsverb verwendet.
- *Haver* wird im heutigen Sprachgebrauch meistens nur in der 3. Person Singular verwendet, im Sinne von „es gibt".

Tenho aqui cem escudos.	Ich habe hier hundert Escudos.
Temos tempo.	Wir haben Zeit.

Amanhã **há** queijo fresco.	Morgen gibt es frischen Käse.
Hoje não **há** peixe.	Heute gibt es keinen Fisch.

b) Die regelmäßigen Verben

Die Verben werden gemäß ihrer Infinitivendung in drei Gruppen (Konjugationen) eingeteilt.

	-ar	-er	-ir
	fal**ar** sprechen	viv**er** leben	part**ir** abreisen
eu	fal**o**	viv**o**	part**o**
tu	fal**as**	viv**es**	part**es**
você ele ela	fal**a**	viv**e**	part**e**
nós	fal**amos**	viv**emos**	part**imos**
vocês eles elas	fal**am**	viv**em**	part**em**

Die wichtigsten Zeiten der Vergangenheit

	fal**ar**	viv**er**	part**ir**
Perfeito simples	fal**ei**	viv**i**	part**i**
	fal**aste**	viv**este**	part**iste**
	fal**ou**	viv**eu**	part**iu**
	fal**ámos**	viv**emos**	part**imos**
	fal**aram**	viv**eram**	part**iram**
Imperfeito	fal**ava**	viv**ia**	part**ia**
	fal**avas**	viv**ias**	part**ias**
	fal**ava**	viv**ia**	part**ia**
	fal**ávamos**	viv**íamos**	part**íamos**
	fal**avam**	viv**iam**	part**iam**

- Das *perfeito simples* (Historisches Perfekt) bezeichnet eine in der Vergangenheit abgeschlossene Handlung.
- Das *imperfeito* (Imperfekt) bezeichnet Handlungen, die in der Vergangenheit andauern oder oftmals wiederholt werden.

O José partiu ontem para o Porto.
José ist gestern nach Porto abgereist.
O meu primo visitou-me uma vez quando eu vivia em Lisboa
Mein Vetter besuchte mich einmal, als ich in Lissabon lebte.
Ele chegava sempre tarde.
Er kam immer spät an.

Die nahe Zukunft

Im gesprochenen Portugiesisch wird die Zukunft sehr häufig durch das unregelmäßige Verb *ir (gehen)* im Präsens + Infinitiv ausgedrückt.

	ir	Hauptverb (Infinitiv)	
eu	vou	comprar um postal.	Ich werde eine Postkarte kaufen.
tu	vais	aprender português.	Du wirst Portugiesisch lernen.
você	vai	alugar um carro.	Sie werden ein Auto mieten.
ele	vai	fechar a porta.	Er wird die Tür zumachen.
ela	vai	trocar dinheiro.	Sie wird Geld wechseln.
nós	vamos	dar um passeio.	Wir werden einen Spaziergang machen.
vocês	vão	partir amanhã.	Ihr werdet morgen abfahren.
eles	vão	comer fora.	Sie werden auswärts essen.
elas	vão	dormir cedo.	Sie werden früh schlafen.

Die Verlaufsform

Estar + *a* + Infinitiv bezeichnen eine eben ablaufende Handlung.
Estou a ler o jornal.   Ich lese (gerade) die Zeitung.

Der Ausdruck von „müssen"

Ter de oder *ter que* + Infinitiv dient mangels eines eigenständigen Verbs zum Ausdruck von „müssen".
Tens que reservar a viagem.   Du musst die Reise buchen.
Temos de pagar a conta.   Wir müssen die Rechnung bezahlen.

Die Verneinung

Não nein   Quer mais um Porto? – **Não**, obrigado.
                 Noch einen Portwein? Nein, danke.
Não nein/nicht   O senhor fala português? – **Não, não** falo.
                 Nein (ich spreche nicht).
Não nicht   Este museu hoje **não** está aberto.
                 Dieses Museum ist heute nicht geöffnet.
Não kein   Eu não tenho bilhete
                 Ich habe keine Eintrittskarte.
Vermerk: *Não* steht immer vor dem Verb.

Wichtige unregelmäßige Verben

Die nachstehende Übersicht enthält nicht die Formen, die regelmäßig gebildet werden oder wenig gebräuchlich sind.

dar geben   Partizip: dado

Präsens	dou, dás, dá, damos, dão
Perfeito s.	dei, deste, deu, demos, deram

dizer sagen   Partizip: dito

Präsens	digo, dizes, diz, dizemos, dizem
Perfeito s.	disse, disseste, disse, dissemos, disseram

estar sein   Partizip: estado

Präsens	estou, estás, está, estamos, estão
Perfeito s.	estive, estiveste, esteve, estivemos, estiveram

fazer machen   Partizip: feito

Präsens	faço, fazes, faz, fazemos, fazem
Perfeito s.	fiz, fizeste, fez, fizemos, fizeram

ir gehen, fahren   Partizip: ido

Präsens	vou, vais, vai, vamos, vão
Perfeito s.	fui, foste, foi, fomos, foram

poder können   Partizip: podido

Präsens	posso, podes, pode, podemos, podem
Perfeito s.	pude, pudeste, pôde, pudemos, puderam

pôr legen, setzen, stellen   Partizip: posto

Präsens	ponho, pões, põe, pomos, põem
Perfeito s.	pus, puseste, pôs, pusemos, puseram
Imperfeito	punha, punhas, punha, púnhamos, punham

querer wollen   Partizip: querido

Präsens	quero, queres, quer, queremos, querem
Perfeito s.	quis, quiseste, quis, quisemos, quiseram

saber wissen   Partizip: sabido

Präsens	sei, sabes, sabe, sabemos, sabem
Perfeito s.	soube, soubeste, soube, soubemos, souberam

ser sein   Partizip: sido

Präsens	sou, és, é, somos, são
Perfeito s.	fui, foste, foi, fomos, foram
Imperfeito	era, eras, era, éramos, eram

ter haben   Partizip: tido

Präsens	tenho, tens, tem, temos, têm
Perfeito s.	tive, tiveste, teve, tivemos, tiveram
Imperfeito	tinha, tinhas, tinha, tínhamos, tinham

ver sehen   Partizip: visto

Präsens	vejo, vês, vê, vemos, vêem
Perfeito s.	vi, viste, viu, vimos, viram

vir kommen   Partizip: vindo

Präsens	venho, vens, vem, vimos, vêm
Perfeito s.	vim, vieste, veio, viemos, vieram
Imperfeito	vinha, vinhas, vinha, vínhamos, vinham

Die Pronomen (Fürwörter)

Personalpronomen (Persönliche Fürwörter)

Nominativ		Dativ		Akkusativ		nach Präpositionen	
eu	ich	me	mir	me	mich	para mim	für mich
tu	du	te	dir	te	dich	para ti	für dich
você	Sie	lhe	Ihnen	o/a	Sie	para você/si	für Sie
ele	er	lhe	ihm	o	ihn	para ele	für ihn
ela	sie	lhe	ihr	a	sie	para ela	für sie
nós	wir	nos	uns	nos	uns	para nós	für uns
vocês	ihr	lhes	euch	os/as	euch	para vocês	für euch
eles	sie	lhes	ihnen	os	sie	para eles	für sie
elas	sie	lhes	ihnen	as	sie	para elas	für sie

- In Portugal stehen die Objektpronomen nach dem Verb und werden mit diesem durch Bindestrich verbunden.

- In verneinten Sätzen jedoch, nach einem einleitenden Fragewort, in Nebensätzen usw. stehen die Objektpronomen ohne Bindestrich vor dem Verb.

Nós demos-**lhe** um presente.	Wir gaben ihm/ihr ein Geschenk.
Eu vejo-**o** todos os dias.	Ich sehe ihn jeden Tag.
Ele não **me** deu o troco.	Er gab mir das Wechselgeld nicht.
Quanto dinheiro **te** devo?	Wie viel Geld schulde ich dir?
Eu acho que **o** vou ver.	Ich glaube, dass ich ihn sehen werde.

Possessivpronomen (Besitzanzeigende Fürwörter)

Besitz / Besitzer	Singular		Plural		
	m	f	m	f	
eu	meu	minha	meus	minhas	mein(e)
tu	teu	tua	teus	tuas	dein(e)
você	seu	sua	seus	suas	Ihr(e)
ele	seu (dele)	sua (dele)	seus (dele)	suas (dele)	sein(e)
ela	seu (dela)	sua (dela)	seus (dela)	suas (dela)	ihr(e)
nós	nosso	nossa	nossos	nossas	unser(e)
vós	vosso	vossa	vossos	vossas	Ihr(e)
vocês	seu	sua	seus	suas	euer(e)
eles	seu (deles)	sua (deles)	seus (deles)	suas (deles)	ihr(e)
elas	seu (delas)	sua (delas)	seus (delas)	suas (delas)	ihr(e)

- Im Gegensatz zur deutschen Sprache richtet sich das Geschlecht der Possessivpronomen nach dem Besitz, nicht nach dem Besitzer.
- Die Possessivpronomen werden mit dem entsprechenden bestimmten Artikel verwendet.
- Da die Formen *seu, sua, seus, suas* auch bei der Anrede gebraucht werden, ist es üblich – um Missverständnisse zu vermeiden – die verschmolzenen Formen *dele, dela, deles, delas* zu benützen, wenn es nicht um die Anrede geht.

A minha mala é pesada.	Mein Koffer ist schwer.
O nosso hotel é longe daqui.	Unser Hotel ist weit von hier.
A sua irmã vive em São Paulo?	Lebt Ihre Schwester in São Paulo?
Onde está **o meu** bilhete?	Wo ist meine Eintrittskarte?
Conhecemos a mulher **dele**.	Wir kennen seine Frau.
Sabes qual é o carro **delas**?	Weißt du, welches ihr Auto ist?

Relativpronomen (Bezügliche Fürwörter)

- *Que* (der, die, das, welcher, welche, welches) ist das meistgebrauch-te Relativpronomen. Es ist unveränderlich und kann sich sowohl auf Personen als auch auf Dinge beziehen.

A pessoa que telefonou não deixou recado.	Die Person, die anrief, hinterließ keine Nachricht.
Gosto dos sapatos que compraste.	Ich mag die Schuhe, die du gekauft hast.

Die Fragewörter

Wer? Wen? Wem? Von wem?	**Quem** fala? **Quem** encontraram? **A quem** escreves? **De quem** estão a falar?	Wer spricht? Wen haben Sie getroffen? Wem schreibst du? Von wem sprechen Sie?
Was?	**(O) que** estás a fazer? **(O) que** é isto?	Was machst du? Was ist das?
Welche/r/s?	**Qual** é o seu hotel? **Quais** livros compra?	Welches ist Ihr Hotel? Welche Bücher kaufen Sie?
Wie viel? quanto/-a/-os/-as	**Quanto** custa o melão? **Quantas** malas tens?	Wie viel kostet die Melone? Wie viele Koffer hast du?
Wo? Woher? Wohin? Wohin?	**Onde** é a estação? **Donde** vem o senhor? **Aonde** vamos? **Para onde** vai este metro?	Wo ist der Bahnhof? Woher kommen Sie? Wohin gehen wir? Wohin fährt diese U-Bahn?
Wie?	**Como** se chama?	Wie heißen Sie?
Warum?	**Porque** vens tão tarde?	Warum kommst du so spät?
Wann?	**Quando** chega o avião?	Wann kommt die Maschine an?

Deutsch – Portugiesisch

Das themenbezogene Vokabular finden Sie in den Wortlisten der Kapitel.

A

ab de [də], desde ['deʒdə]
Abend a noite [e 'noitə]
aber mas [meʃ]
Abfall lixo ['liʃu]
abgeben entregar [ēntrə'gar]
abholen ir buscar [ir buʃ'kar]
Abkürzung abreviatura
[ebrəvje'turɐ]; (Weg) atalho [e'taʎu]
ablehnen recusar [Rəku'zar]
abreisen (nach) partir (para)
[per'tir ('perɐ)]
abschließen fechar à chave
[fə'ʃar_a 'ʃavə]
abwärts para baixo ['perɐ 'baiʃu]
Achtung a atenção [a_atē'sēu]
Adresse endereço [ēndə'resu]
Agentur agência [e'ʒēsjə]
ähnlich semelhante [səmə'ʎēntɐ]
alle todos ['toduʃ]
allein só [sɔ], sozinho [sɔ'ziɲu]
alles tudo ['tudu]
als (zeitlich) quando ['kwēndu]; (bei
Vergleich) do que [du kə]
also então [ēn'tēu], portanto
[pur'tēntu]
alt (nicht frisch) velho ['vɛʎu]; (aus
früheren Zeiten) antigo [ēn'tigu]
Alter a idade [e i'dadə]
amüsieren, s. ~ divertir-se
[divər'tirsə]
an em [ēi]; **am Tejo** na margem do
Tejo [ne 'marʒēi du 'tɛʒu]
andere, der ~ o outro [u 'otru]
anders adj diferente [difə'rēntə];
adv de outra forma [d_'otrɐ 'fɔrmɐ]
anderswo noutro lado ['notru 'ladu]
Anfang começo [ku'mesu]
anfangen começar [kumə'sar]
Angabe a indicação [e īndike'sēu]
angenehm agradável [egre'davɛl]
Angst medo ['medu]
anhalten parar [pe'rar]
anstatt em vez de [ēi veʒ də]

anstrengend fatigante [feti'gēntə]
antworten responder [Rəʃpōn'der]
anziehen (Kleidungsstück) vestir
[vəʃ'tir]
Apparat aparelho [epe'reʎu]
Appetit o apetite [u epə'titə]
Arbeit trabalho [tre'baʎu];
(Anstellung) emprego [ēm'pregu]
arbeiten trabalhar [trebe'ʎar]
arm pobre ['pɔbrə]
Art modo ['mɔdu]
Atlantik Atlântico [e'tlēntiku]
auch também [tēm'bēi]; **~ nicht**
também não [tēm'bēi nēu]
auf (1) prp sobre ['sobrə], em [ēi];
auf Portugiesisch em português
[ēi purtu'geʃ]
auf (2) (offen) aberto [e'bɛrtu]
aufbewahren guardar [gwer'dar]
aufhören acabar [eke'bar]
aufpassen (auf) tomar conta (de)
[tu'mar 'kōntə (də)]
aufschreiben anotar [enu'tar]
aufstehen levantar-se [levēn'tarsə]
aufwachen acordar [ekur'dar]
aufwärts para cima ['perɐ 'simɐ]
Augenblick momento [mu'mēntu]
aus (Herkunft) de [də]; (Material) de
[də]; (Grund) por [pur]
Ausdruck a expressão [e ʃprə'sēu]
ausdrücklich expressamente
[ʃprɛsɐ'mēntə]
Ausgang saída [se'idɐ]
ausgeben gastar [geʃ'tar]
ausgehen (Haus verlassen) sair
[se'ir]
ausgezeichnet excelente [ʃsɐ'lēntɐ]
Auskunft a informação [e ĩfurmɐ'sēu]
Ausland estrangeiro [ʃtrē'ʒeiru]
Ausländer/in estrangeiro/estran-
geira [ʃtrē'ʒeiru/ʃtrē'ʒeirɐ]
ausländisch estrangeiro [ʃtrē'ʒeiru]
ausruhen, s. ~ descansar [dəʃkē'sar]
außen fora ['fɔrɐ]

außer exce(p)to [ʃ'sɛtu], além de [a'lẽi də]
außerdem além disso [a'lẽi 'disu]
außerhalb fora de ['fɔʀe də]
Aussicht vista ['viʃtɐ]
aussprechen pronunciar [prunũ'sjar]
aussuchen escolher [ʃku'ʎer]
austauschen trocar [tru'kar]
Ausverkauf saldo ['saldu]
Auto carro ['kaʀu], o automóvel [u autu'mɔvɛl]; **~ fahren** conduzir [kõndu'zir]
automatisch automático [autu'matiku]

B

Baby o bebé [u bɛ'bɛ]
bald logo ['lɔgu], em breve [ẽi 'brɛvə]; **so ~ wie möglich** o mais depressa possível [u maiʒ də'prɛsɐ pu'sivɛl]
Ball bola ['bɔlɐ]; (Fest) o baile [u 'bailɐ]
Bank (Geldinstitut, Sitz ~) banco ['bẽŋku]
Bauernhof quinta ['kĩntɐ]
Baum a árvore [ɐ 'arvurɐ]
beabsichtigen tencionar [tẽsju'nar]
beachten considerar [kõsidɐ'rar]
Beanstandung a reclamação [ɐ ʀɐkleme'sẽu]
beantworten responder a [ʀɐʃpõn'der_ɐ]
bedauern lamentar [lɐmẽn'tar]
Bedeutung (Sinn) significado [signifi'kadu]; (Wichtigkeit) importância [ĩmpur'tẽsjɐ]
Bedienung serviço [sɐr'visu]
Bedingung a condição [ɐ kõndi'sẽu]
beeilen, s. ~ apressar-se [ɐprɐ'sarsɐ]
befinden, s. ~ encontrar-se [ẽŋkõn'trarsɐ]
befreundet sein ser amigo [ser_ɐ'migu]
begeistert (von) entusiasmado (com) [ẽntuzjɐʒ'madu (kõ)]
begleiten acompanhar [ɐkõmpɐ'ɲar]
begrüßen cumprimentar [kũmprimẽn'tar]
behalten guardar [gwɐr'dar], ficar

com [fi'kar kõ]
Behörde as autoridades [ɐz_auturi'dadɐʃ]
bei (nahe) perto de ['pɛrtu də]
beide ambos ['ẽmbuʃ], ambas ['ẽmbɐʃ]
Beispiel exemplo [i'zẽmplu]; **zum ~** por exemplo [pur_i'zẽmplu]
beißen morder [mur'der]; (Insekten) picar [pi'kar]
bekannt conhecido [kuɲɐ'sidu]; **jdn mit jdm ~ machen** apresentar alg a alg [ɐprɐzẽn'tar_al'gẽi e al'gẽi]
Bekannte, der/die ~ o conhecido [u kuɲɐ'sidu], a conhecida [ɐ kuɲɐ'sidɐ]
bekommen receber [ʀɐsɐ'ber]
belästigen importunar [ĩmpurtu'nar]
Beleidigung ofensa [o'fẽsɐ]
bemerken notar [nu'tar]
benachrichtigen avisar [ɐvi'zar]
benötigen precisar de [prɐsi'zar də]
benutzen usar [u'zar]; (Verkehrsmittel) tomar [tu'mar], (Br) pegar [pe'gar]
beobachten observar [obsɐr'var]
bequem cómodo ['kɔmudu], confortável [kõfur'tavɛl]
bereit pronto ['prõntu], disposto [dɐʃ'poʃtu]
berühigen, s. ~ acalmar-se [ɐkal'marsɐ]
berühmt famoso [fɐ'mozu]
beschädigen danificar [dɐnɐfi'kar]
bescheinigen certificar [sɐrtɐfi'kar]
beschreiben descrever [dɐʃkrɐ'ver]
beschweren, s. ~ (über) queixar-se (de) [kei'ʃarsɐ (də)]
besetzt (Platz) ocupado [oku'padu]; (voll) completo [kõm'plɛtu]
besichtigen visitar [vɐzi'tar]
Besitzer/in (Geschäft) dono ['donu], dona ['donɐ]
besonders especialmente [ʃpɐsjal'mẽntɐ]
besorgen arranjar [ɐʀẽ'ʒar]
besser melhor [mɐ'ʎɔr]
bestätigen confirmar [kõfir'mar]
beste(r, s) o/a melhor [u/ɐ mɐ'ʎɔr]

bestehen existir [iziʃ'tir]; ~ **auf** insistir em [ĩsiʃ'tir_ẽi]
bestimmt adj determinado [dətərmi'nadu]; adv com certeza [kõ sər'tezɐ]
Besuch visita [və'zitɐ]
besuchen, jdn ~ visitar alg [vəzi'tar_al'gẽi]
Betrag quantia [kwẽn'tiɐ]
betrinken, s. ~ embriagar-se [ẽmbrjɐ'garsə]
betrunken embriagado [ẽmbrjɐ'gadu]
Bett cama ['kɐmɐ]; **zu** ~ **gehen** ir para a cama [ir 'pɐra 'kɐmɐ]
Beutel bolsa ['bolsɐ]
bevor antes de ['ẽntəʒ də]
bewundern admirar [ɐdmi'rar]
bezahlen pagar [pɐ'gar]
Bezeichnung a designação [ɐ dəziɡnɐ'sẽu]
Biene abelha [ɐ'beʎɐ]
Bild (Foto) fotografia [futuɡrɐ'fiɐ]; (Gemälde) quadro ['kwadru]
bilden formar [fur'mar]
billig barato [bɐ'ratu]
bis até [ɐ'tɛ]; ~ **jetzt** até agora [ɐ'tɛ ɐ'gɔrɐ]
bisschen, ein ~ um pouco (de) [ũm 'poku (də)]
Bitte pedido [pə'didu]
bitten, jdn um etw ~ pedir alguma coisa a alg [pə'dir_al'gumɐ 'koizɐ_alɡẽi]
bitter amargo [ɐ'marɡu]
Blatt folha ['foʎɐ]
bleiben ficar [fi'kar]
Blick o olhar [u o'ʎar]; (Ausblick) vista ['viʃtɐ]
blöd(e) parvo ['parvu] estúpido [ʃ'tupidu]
Blume a flor [ɐ flor]
Boden solo ['sɔlu] (Fuß~) o chão [u ʃẽu]
böse mau [mau]; (verärgert) zangado [zẽŋ'gadu]
Botschaft (dipl. Vertretung) embaixada [ẽmbai'ʃadɐ]
Brand incêndio [ĩ'sẽndju]
brauchen precisar de [prəsi'zar də]; (Zeit) levar [lə'var]
breit largo ['larɡu]

Brieftasche carteira [kɐr'teirɐ]
bringen (her~) trazer [trɐ'zer]; (weg~) levar [lə'var]
Bruder o irmão [u ir'mẽu]
Buch livro ['livru]
buchen (Platz) reservar [ʀəzər'var]
buchstabieren soletrar [sulə'trar]
Bucht baía [bɐ'iɐ]
Bummel passeio [pɐ'seju]
Büro escritório [ʃkri'tɔrju]

C

Café o café [u kɐ'fɛ]
Chef o chefe [u 'ʃɛfə]
Cousin/e o primo [u 'primu], a prima [ɐ 'primɐ]

D

da (Ort) aí [ɐ'i], lá [la]; (Grund) como ['komu], já que [ʒa kə]; **da sein** estar presente [ʃtar prɐ'zẽntə]
daheim em casa [ẽi 'kazɐ]
damals naquele tempo [nɐ'kelɐ 'tẽmpu]
danach depois [də'poiʃ]
danken agradecer [ɐɡrɐdɐ'ser]
dann então [ẽn'tẽu], depois [də'poiʃ]
dass que [kə]
dasselbe o mesmo [u 'meʒmu]
Datum data ['datɐ]
Dauer a duração [ɐ durɐ'sẽu]
dauern durar [du'rar]
dein teu [teu], tua ['tuɐ]
denken an pensar em [pẽ'sar_ẽi]
denn pois [poiʃ], porque ['purkə]
deshalb por isso [pur_'isu]
deutlich adj claro ['klaru] adv claramente [klarɐ'mẽntɐ]
deutsch alemão [ɐlɐ'mẽu]
Deutsche, der/die ~ o alemão [u ɐlɐ'mẽu], a alemã [ɐlɐ'mẽ]
Deutschland Alemanha [ɐlɐ'mɐɲɐ]
dich te [tə], ti [ti]
dick gordo ['gordu]; (geschwollen) inchado [ĩ'ʃadu]
diese(r, s) esta ['ɛʃtɐ], este ['eʃtɐ]; essa ['ɛsɐ], esse ['esɐ]
Ding coisa ['koizɐ]
dir te [tə], ti [ti]
direkt dire(c)to [di'rɛtu]

179

Direktion a dire(c)ção [ɐ dirɛ'sɐ̃u]
doch mas [meʃ], porém [pu'rẽi]
doppelt duplo ['duplu]
Dorf aldeia [al'deiɐ]
dort ali [ɐ'li], lá [la]
Dose lata ['latɐ]
draußen lá fora [la 'fɔrɐ]
drin(nen) lá dentro [la 'dẽtru]
dringend urgente [ur'ʒẽtɐ]
du tu [tu], *(Br)* você [vɔ'se]
dumm parvo ['parvu], tolo ['tolu]
dunkel escuro ['ʃkuru]
dünn delgado [dɛl'gadu]
durch *(quer ~)* através de [ɐtrɐ'vɛʒ
dɐ]; *(mittels)* por meio de [pur
'meju dɐ]
Durchreise, auf der ~ de passagem [dɐ pɐ'saʒẽi]
durchschnittlich *adj* médio
['mɛdju]; *adv* em média [ẽi 'mɛdjɐ]
dürfen poder [pu'der]
durstig sein ter sede [ter 'sedɐ]

E

Ebene a planície [ɐ plɐ'nisjɐ]
echt autêntico [au'tẽtiku]
Ecke *(äußere)* esquina ['ʃkinɐ], *(innere)* canto ['kẽtu]
Ehefrau a mulher [ɐ mu'ʎɛr]
Ehemann marido [mɐ'ridu]
eigen próprio ['prɔprju]
Eigenschaft a qualidade [ɐ
kweli'dadɐ]
Eigentümer/in proprietário
[pruprje'tarju], proprietária
[pruprje'tarjɐ]
eilig apressado [ɐprɐ'sadu]; **es ~
haben** ter pressa [ter 'prɛsɐ]
ein(e) um [ũ], uma ['umɐ]
Eindruck a impressão [ɐ ĩprɐ'sɐ̃u]
einfach simples ['sĩpləʃ]
Eingang entrada [ẽ'tradɐ]
einige alguns [al'gũʃ], algumas
[al'gumɐʃ]
einkaufen fazer compras [fɐ'zer
kõm'prɐʃ]
einladen convidar [kõvi'dar]
einmal uma vez ['umɐ veʃ]
einsam solitário [suli'tarju]
einschalten ligar [li'gar]; *(Licht)*
acender [ɐsẽn'der]

eintreten entrar [ẽn'trar]
Eintritt entrada [ẽn'tradɐ]
Eintrittskarte bilhete [bɐ'ʎetɐ]
Eintrittspreis preço de entrada
['presu d‿ẽn'tradɐ]
Einwohner/in o/a habitante [u
ɐbi'tẽtɐ/abi'tẽtɐ]
einzig único ['uniku]
elektrisch elé(c)trico [i'lɛtriku]
Eltern os pais [uʃ 'paiʃ]
empfangen receber [Rɐsɐ'ber]
empfehlen recomendar
[Rɐkumẽn'dar]
Ende o fim [u fĩ]; **am Ende** por fim
[pur fĩ]
endgültig *adj* definitivo
[dɐfɐni'tivu]; *adv* definitivamente
[dɐfɐnitivɐ'mẽtɐ]
endlich finalmente [final'mẽtɐ]
eng estreito ['ʃtreitu]
englisch inglês [ĩ'gleʃ]
Enkel/in o neto [u 'nɛtu], a neta [ɐ
'nɛtɐ]
entdecken descobrir [dɐʃku'brir]
entfernt distante [dɐʃ'tẽtɐ]
entgegengesetzt oposto [o'poʃtu]
entscheiden decidir [dɐsi'dir]
entschuldigen, s. ~ desculpar-se
[dɐʃkul'parsɐ]
Entschuldigung desculpa
[dɐʃ'kulpɐ]
enttäuscht desiludido [dɐzilu'didu]
entweder ... oder ou ... ou [o ... o]
entzückend encantador
[ẽŋkẽtɐ'dor]
er ele ['elɐ]
Erde terra ['tɛRɐ]
Erdgeschoss o rés-do-chão [u
Rɛʒdu'ʃẽu]
Ereignis acontecimento
[ɐkõntɐsi'mẽntu]
erfreut (über) contente (com)
[kõn'tẽntɐ (kõ)]
Erfrischung refresco [Rɐ'freʃku]
Ergebnis resultado [Rɐzul'tadu]
erhöhen *(Preise)* aumentar
[aumẽn'tar]
erholen, s. ~ descansar [dɐʃkẽ'sar]
erklären *(angeben)* declarar
[dɐklɐ'rar]; *(deutlich machen)* explicar [ʃpli'kar]
erkundigen, s. ~ informar-se

[ĩfur'marsə]
erlauben permitir [pərmi'tir]
Erlaubnis a autorização [ɐ_auturize'sɐ̃u]
erledigen resolver [ʀəzol'ver]
ernst sério ['sɛrju]
Ernte colheita [ku'ʎeitɐ]
Ersatz (Schaden~) a inde(m)nização [ɐ ĩndə(m)nize'sɐ̃u]
erschöpft esgotado [ʒgu'tadu]
ersetzen substituir [subʃti'twir]; (Schaden) inde(m)nizar [ĩndə(m)ni'zar]
erst (zuerst) primeiro [pri'meiru]; (nicht früher als) só [sɔ]
erste(r, -s) primeira [pri'meirɐ] primeiro [pri'meiru]
Erwachsene(r) adulta [ɐ'dultɐ], adulto [ɐ'dultu]
erwarten esperar [ʃpə'rar]
erzählen contar [kõn'tar]
Esel burro ['buʀu]
essbar comestível [kuməʃ'tivɛl]
Essen (Nahrung) comida [ku'midɐ]
essen comer [ku'mer]
etwa cerca de ['serkɐ də]
etwas algo ['algu], alguma coisa [al'gumɐ 'koizɐ]; (ein wenig) um pouco [ũm 'poku]
euch dat lhes [ʎəʃ], (Br) a vocês [a vɔ'seʃ]; acc os/as [uʃ/əʃ], (Br) vocês [vɔ'seʃ]
euer vosso ['vɔsu]
Europa Europa [eu'rɔpɐ]
Europäer/in europeu [euru'peu], europeia (éi) [euru'pejɐ]
europäisch europeu [euru'peu]
extra extra ['eiʃtrɐ], especial [ʃpə'sjal]

F

Fabrik fábrica ['fabrikɐ]
fahren ir [ir]; (lenken) conduzir [kõndu'zir]
Fahrer/in o condutor [u kõndu'tor] condutora [kõndu'torɐ]
Fahrgast passageiro [pɐsɐ'ʒeiru]
Fahrstuhl o elevador [u iləvɐ'dor]
Fahrt a viagem [ɐ 'vjaʒẽi]
falls no caso de [nu 'kazu də]
falsch errado [i'ʀadu]
Familie família [fɐ'miljɐ]

fast quase ['kwazə]
fehlen faltar [fal'tar]
Fehler (den man macht) erro ['eʀu]; (den man hat) defeito [də'feitu]
fein (dünn) fino ['finu], delgado [dɛl'gadu]; (vornehm) distinto [dəʃ'tĩntu]; (zart) delicado [dəli'kadu]
Feld campo ['kẽmpu]
Fels rochedo [ʀu'ʃedu]
Ferien as férias [əʃ 'fɛrjəʃ]
fertig (bereit, vollständig) pronto ['prõntu]
Fest festa ['fɛʃtɐ]
fett gordo ['gordu]
feucht (h)úmido ['umidu]
Feuer fogo ['fogu]
feuergefährlich inflamável [ĩflɐ'mavɛl]
Feuerlöscher o extintor de incêndios [u ʃtĩn'tor də_ĩ'sẽndjuʃ]
Feuermelder o avisador de incêndios [u ɐvizɐ'dor də_ĩ'sẽndjuʃ]
Feuerwehr os bombeiros [uʒ bõm'beiruʃ]
finden achar [ɐ'ʃar]
Firma firma ['firmɐ], empresa [ẽm'prezɐ]
Fisch o peixe [u 'peiʃɐ]
Fischhändler/in peixeiro/peixeira [pei'ʃeiru/pei'ʃeirɐ]
fit em boa condição física [ẽi 'boɐ kõndi'sɐ̃u 'fizikɐ]
flach plano ['plɐnu]
Flasche garrafa [gɐ'ʀafɐ]
Fliege mosca ['moʃkɐ]
fließen correr [ku'ʀer]
Fluss rio ['ʀiu]
flüssig líquido ['likidu]
Form forma ['formɐ]
Formular impresso [ĩm'prɛsu]
Foto fotografia [futugrɐ'fiɐ]
Frage pergunta [pər'gũntɐ]
fragen perguntar [pərgũn'tar]
Frankreich França ['frɐ̃sɐ]
Franzose o francês [u frɐ̃'seʃ]
Französin a francesa [ɐ frɐ̃'sezɐ]
französisch francês [frɐ̃'seʃ]
Frau a mulher [ɐ mu'ʎɛr]; (Anrede, vor Namen) Senhora D. [sɐ'ɲorɐ 'donɐ], D. ['donɐ]
Fräulein menina [mə'ninɐ], senhora

[sə'nore]

frei livre ['livrə]

fremd *(ausländisch)* estrangeiro [ʃtrẽ'ʒeiru]; *(unbekannt)* desconhecido [dəʃkuɲə'sidu]

Fremde, der/die ~ o estrangeiro [u ʃtrẽ'ʒeiru], a estrangeira [ɐ ʃtrẽ'ʒeirɐ]

Freude alegria [ɐlə'griɐ]

freuen, s. ~ **über** ficar satisfeito com [fi'kar sɐtəʃ'feitu kõ]; **s. freuen auf** ter muito prazer em [ter 'mũintu prɐ'zer_ẽi]

Freund/in o amigo [u ɐ'migu], a amiga [a'migɐ]

freundlich amável [ɐ'mavɛl]

frieren ter frio [ter 'friu], estar gelado [ʃtar ʒə'ladu]

frisch fresco ['freʃku]; *(neu)* novo ['novu]; *(Wäsche)* lavado [lɐ'vadu]

froh contente [kõn'tẽntə]

früh cedo ['sedu]

früher *(eher)* antes ['ẽntəʃ]; *(damals)* antigamente [ẽntigɐ'mẽntə]

frühstücken tomar o pequeno almoço/*(Br)* o café da manhã [tu'mar_u pə'ken_al'mosu/u ka'fɛ da mɐ'ɲɐ̃]

fühlen sentir [sẽn'tir]

Führer/in *(für Fremde)* o/a guia [u/ɐ 'giɐ]

füllen encher [ẽ'ʃer]

Fundbüro os perdidos e achados [uʃ pɐr'diduz_i ɐ'ʃaduʃ]

funktionieren funcionar [fũsju'nar]

für para ['pɐrɐ], por [pur]

Fußgänger o peão [u pjɐ̃u], *(Br)* o pedestre [u pe'dɛʃtri]

G

ganz *adj* todo ['todu]; *(vollständig)* inteiro [ĩn'teiru]; *adv* inteiramente [ĩnteirɐ'mẽntə]

Garantie garantia [gɐrẽn'tiɐ]

Garten o jardim [u ʒɐr'dĩ]

Gast *(Logier)* o hóspede [u 'ɔʃpədə]; *(eingeladener)* convidado [kõvi'dadu]

Gastfreundschaft a hospitalidade [ɐ oʃpiteli'dadə]

Gebäude edifício [idə'fisju]

geben dar [dar]

geboren nascido [nɐʃ'sidu]

gebräuchlich usual [u'zwal]

Gebühren taxas ['taʃəʃ]

Geburtstag aniversário [ɐnivɐr'sarju]

Geduld paciência [pɐ'sjẽsjɐ]

Gefahr perigo [pə'rigu]

gefährlich perigoso [pəri'gozu]

Gefälligkeit o favor [u fɐ'vor]

gegen *(wider)* contra ['kõntrɐ]

Gegend a região [ɐ ʀɐ'ʒjɐ̃u]

Gegenstand *(Gesprächs~)* assunto [ɐ'sũntu]; *(Ding)* obje(c)to [ob'ʒɛtu]

Gegenteil contrário [kõn'trarju]; **im** ~ pelo contrário ['pelu kõn'trarju]

gegenüber *adv* em frente [ẽi 'frẽntə]

geheim secreto [sə'krɛtu]

gehen ir [ir]; *(zu Fuß)* ir a pé [ir_ɐ pɛ]

Gelände terreno [tə'ʀenu]

Geld dinheiro [də'ɲeiru]

Geldbeutel *(für Frauen)* o porta-moedas [u 'pɔrtɐ 'mwedəʃ]; *(für Männer)* carteira [kɐr'teirɐ]

gelten ser válido [ser 'validu]

gemeinsam *adj* comum [ku'mũ]; *adv* em comum [ẽi ku'mũ], juntos ['ʒũntuʃ]

gemischt misto ['miʃtu]

genau exa(c)to [i'zatu]

genehmigen autorizar [auturi'zar]

genug bastante [bɐʃ'tẽntə], suficiente [sufɐ'sjẽntə]

geöffnet aberto [ɐ'bɛrtu]

gerade *adj* direito [di'reitu]; *(zeitlich)* justamente [ʒuʃtɐ'mẽntə]

Geräusch ruído ['ʀwidu]

Gericht *(Essen)* prato ['pratu]; *(Justiz)* o tribunal [u tribu'nal]

gern com muito gosto [kõ 'mũintu 'goʃtu]; **nicht** ~ contra vontade ['kõntrɐ võn'tadə]

Geruch cheiro ['ʃeiru]

geschehen acontecer [ɐkõntə'ser]

Geschenk o presente [u prɐ'zẽntə]

Geschichte história ['ʃtɔrjɐ]

geschlossen fechado [fə'ʃadu]

Geschmack gosto ['goʃtu]

Geschwindigkeit a velocidade [ɐ

vəlusi'dadə]
Gespräch conversa [kõ'vɛrsə]
gesund saudável [sɐu'davɛl]
Gewicht peso ['pezu]
gewöhnlich *(üblich)* habitual [ɐbi'twal]; *(ordinär)* ordinário [ordi'narju]
gibt, es ~ há [a]
Gift veneno [və'nenu]
giftig venenoso [vənə'nozu]
glauben acreditar [ɐkrədi'tar]
gleich *adj* igual [i'gwal]; *(sofort)* já [ʒa]
gleichzeitig *adv* ao mesmo tempo [au 'meʒmu 'tẽmpu]
glücklich feliz [fə'liʃ]
Glückwunsch os parabéns [uʃ pɐrɐ'bɐ̃jʃ]
Gott Deus ['deuʃ]
gratulieren felicitar [fəlɐsi'tar]
Grenze fronteira [frõn'teirɐ]
groß grande ['grɐ̃ndə]
Größe *(Kleidung)* tamanho [tɐ'mɐɲu]
Großmutter a avó [a'vɔ]
Großvater o avô [u ɐ'vo]
Gruppe grupo ['grupu]
gültig válido ['validu]
gut *adj* bom [bõ]; *adv* bem [bɐ̃i]
Gutschein o vale [u 'valə]

H

haben ter [ter]
halb meio ['meju]
Hälfte a metade [ɐ mə'tadə]
halt! alto! ['altu]
haltbar resistente [rəziʃ'tẽntə]
halten *(fest~)* segurar [səgu'rar], *(Versprechen)* cumprir [kũm'prir]
handgemacht feito à mão ['feitu_a mɐ̃u]
hart duro ['duru]
hauptsächlich *adj* principal [prĩsi'pal]; *adv* principalmente [prĩsipal'mẽntə]
Hauptstadt a capital [ɐ kɐpi'tal]
Haus casa ['kazə]
heben levantar [ləvɐ̃n'tar]
heilig santo ['sɐ̃ntu]
heimlich secreto [sə'krɛtu]; *adv* em segredo [ɐ̃i sə'gredu]
Heimreise regresso [rɐ'grɛsu]

heiraten casar(-se) [kɐ'zar(sə)]
heiß quente ['kɐ̃ntə]
heißen chamar-se [ʃɐ'marsə]
heizen aquecer [ɐkɐ'ser]
helfen, jdm ~ ajudar alg [ɐʒu'dar_al'gɐ̃i]
hell claro ['klaru]
herausgeben *(Geld)* dar troco [dar 'troku]
herein! entre! ['ẽntrə]
hereinkommen entrar [ẽn'trar]
Herr o senhor [u sə'ɲor]
herrlich esplêndido ['ʃplẽndidu]
Herz o coração [u kurɐ'sɐ̃u]
hier aqui [ɐ'ki]
Hilfe ajuda [ɐ'ʒudə]; **erste Hilfe** os primeiros socorros [uʃ pri'meiruʃ su'kɔruʃ]
Himmel o céu [u sɛu]
hinlegen pôr [por]; **s. ~** deitar-se [dei'tarsə]
hinten atrás [ɐ'traʃ]
hinter atrás de [ɐ'traʒ də]
hinterlegen depositar [dəpuzi'tar]
hoch alto ['altu]
höchstens no máximo [nu 'masimu]
Hochzeit *(Feier)* casamento [kɐzɐ'mẽntu]
Hof pátio ['patju]
hoffen esperar [ʃpə'rar]
höflich delicado [dəli'kadu]
Höhe altura [al'turɐ]
holen ir buscar [ir buʃ'kar]
Holz madeira [mɐ'deirɐ]
hören ouvir [o'vir]
hübsch bonito [bu'nitu]
Hügel colina [ku'linɐ]
Hund o cão [u kɐ̃u]
hungrig sein ter fome [ter 'fɔmə]

I

ich eu [eu]
Idee ideia (é) [i'dejɐ]
ihr (1) *pers prn* vocês [vɔ'seʃ]
ihr (2) *poss prn f sing* seu [seu], sua ['suɐ], dela ['dɛlɐ]; *pl* deles ['deləʃ], delas ['dɛləʃ]
Imbiss pequena refeição [pə'kenɐ rɐfei'sɐ̃u]
immer sempre ['sẽmprə]
in em [ɐ̃i]

inbegriffen incluído [ĩŋ'klwidu]
informieren informar [ĩfur'mar]
innen dentro ['dẽntru]
Insekt inse(c)to [ĩ'sɛtu]
Insel ilha ['iʎɐ]
interessant interessante
[ĩntərə'sẽntɐ]
interessieren, s. ~ (für) interessar-se (por) [ĩntərə'sarsə (pur)]
international internacional
[ĩntərnesju'nal]

J

Jahr ano ['ɐnu]
Jahreszeit a estação do ano [ɐ
ʃtɐ'sɐ̃u du 'ɐnu]
jährlich *adj* anual [ɐ'nwal]; *adv*
anualmente [ɐnwal'mẽntɐ]
jeder *adj* cada ['kɐdɐ]; *prn* cada um
['kɐdɐ ũ]
jemand alguém [al'gɐ̃i]
jene(r, -s) aquela [ɐ'kɛlɐ], aquele
[ɐ'kelɐ]
jetzt agora [ɐ'gɔrɐ]
Jugendliche(r) a/o jovem [ɐ/u 'ʒɔvɐ̃i]
jung novo ['novu]
Junge o rapaz [u ʀɐ'paʃ]
Junggeselle solteiro [sol'teiru]

K

kalt frio ['friu]
kaputt estragado [ʃtrɐ'gadu]
Katze gato ['gatu]
kaufen comprar [kõm'prar]
Kaution a caução [ɐ kau'sɐ̃u]
kein nenhum [nə'ɲũ]
keine(r) ninguém [nĩŋ'gɐ̃i]
kennen conhecer [kuɲə'ser]; kennen lernen conhecer [kuɲə'ser]
Kind criança [krj'ɐ̃sɐ]
klar claro ['klaru]
klein pequeno [pə'kenu]
Klima o clima [u 'klimɐ]
klug esperto ['ʃpɛrtu]
kochen *(Essen zubereiten)* cozinhar
[kuzə'ɲar]; *(Wasser)* ferver [fər'ver]
Koffer mala ['malɐ]
kommen vir [vir]
Kompass bússola ['busulɐ]
können poder [pu'der]; *(gelernt
haben)* saber [sɐ'ber]
Konsulat consulado [kõsu'ladu]
Kontakt conta(c)to [kõn'taktu]
kontrollieren verificar [vərifi'kar]
Körper corpo ['korpu]
kosten custar [kuʃ'tar]
kostenlos gratuito [grɐ'tuitu]
Kraft força ['forsɐ]
krank doente ['dwẽntɐ]
Krankenwagen ambulância
[ẽmbu'lẽsjɐ]
kreativ criativo [krjɐ'tivu]
kritisieren criticar [kriti'kar]
Küche cozinha [ku'ziɲɐ]
kühl fresco ['freʃku]
Kultur cultura [kul'turɐ]
kümmern, s. ~ um ocupar-se de
[oku'parsə də]
kurz *(räumlich)* curto ['kurtu]; *(kurzgefasst)* breve ['brɛvɐ]
Kuss beijo ['beiʒu]
küssen beijar [bei'ʒar]
Küste costa ['kɔʃtɐ]

L

lachen rir [ʀir]
Lage a situação [ɐ sitwɐ'sɐ̃u]
Lampe candeeiro [kẽn'djeiru]
Land o país [u pɐ'iʃ]; *(Gegensatz zu
Wasser)* terra ['tɛʀɐ]
Landgut quinta ['kĩntɐ]
lang comprido [kõm'pridu]
Länge comprimento [kõmpri'mẽntu]
langsam *adj* lento ['lẽntu]; *adv*
devagar [dəvɐ'gar]
langweilig aborrecido [ɐbuʀə'sidu]
Lärm barulho [bɐ'ruʎu]
lassen *(zulassen)* deixar [dei'ʃar]
lästig maçador [mɐsɐ'dor]
laufen correr [ku'ʀer]
laut alto ['altu]
Leben vida ['vidɐ]
leben viver [vi'ver]
lebhaft vivo ['vivu]
leer vazio [vɐ'ziu]
legen pôr [por]
leicht *(einfach)* fácil ['fasil];
(Gewicht) leve ['lɛvɐ]
leihen *(jdm)* emprestar [ẽmprəʃ'tar];
(von jdm) pedir emprestado
[pə'dir_ẽmprəʃ'tadu]

leise baixo ['baiʃu]
Leiter/in o dire(c)tor/a dire(c)tora [u dirɛ'tor/ɐ dirɛ'torɐ]
lernen aprender [ɐprẽn'der]
lesen ler [ler]
letzte(r, -s) última ['ultimɐ], último ['ultimu]
Leuchtturm o farol [u fɐ'rɔl]
Leute a gente [ɐ 'ʒẽntɐ]
Licht a luz [ɐ luʃ]
lieb caro ['karu], querido [kɐ'ridu]
Liebe o amor [u ɐ'mor]
lieben amar [ɐ'mar]
liebenswürdig amável [ɐ'mavɛl]
lieber antes ['ẽntɐʃ]; **lieber haben** preferir [prɐfɐ'rir]
Liebling querido [kɐ'ridu], querida [kɐ'ridɐ]
Lied a canção [ɐ kɐ̃'sɐ̃u]
liegen (s. befinden) encontrar-se [ẽŋkõn'trarsɐ]; (ausgestreckt sein) estar deitado [ʃtar dei'tadu]
Linie linha ['liɲɐ]
linke(r, -s) esquerda ['ʃkerdɐ], esquerdo ['ʃkerdu]
links à esquerda [a 'ʃkerdɐ]
Luft o ar [u ar]
Luftzug a corrente de ar [ɐ ku'Rẽntɐ d_ar]
Lust o prazer [u prɐ'zer]; **Lust haben** apetecer [ɐpɐtɐ'ser]
lustig alegre [ɐ'lɛgrɐ]; (erheiternd) divertido [divɐr'tidu]
luxuriös luxuoso [lu'ʃwozu]

M

machen (herstellen) fazer [fɐ'zer]
Mädchen menina [mɐ'ninɐ], Br moça ['mosɐ]
mager magro ['magru]
Mahlzeit a refeição [ɐ Rɐfei'sɐ̃u]
man se [sɐ]
Mann o homem [u 'ɔmɐ̃i]
männlich masculino [mɐʃku'linu]
Maschine máquina ['makinɐ]
Material o material [u mɐtɐ'rjal]
Meer o mar [u mar]
mehr mais [maiʃ]; **mehr als** mais (do) que [maiʃ (du) kɐ]
mein(e) meu [meu], minha ['miɲɐ]
meinen achar [ɐ'ʃar]

meinetwegen por mim [pur mĩ]
Meinung a opinião [ɐ opɐ'njɐ̃u]
Menge a quantidade [ɐ kwẽnti'dadɐ]
Mensch o homem [u 'ɔmɐ̃i]
Messe (rel) missa ['misɐ]; (Ausstellung) feira ['feirɐ]
mich me [mɐ], mim [mĩ]
mieten alugar [ɐlu'gar]
mild suave ['swavɐ]
mindestens pelo menos ['pelu 'menuʃ]
Minute minuto [mi'nutu]
mir me [mɐ], mim [mĩ]
Missverständnis mal-entendido [mal_ẽntẽn'didu]
mit com [kõ]
mitbringen trazer [trɐ'zer]
mitnehmen levar [lɐ'var]
Mittag o meio-dia [u 'meju 'diɐ]
Mitte meio ['meju]
Mittel meio ['meju]; (Heilmittel) remédio [Rɐ'mɛdju]
Mittelmeer Mediterrâneo [mɐditɐ'Rɐnju]
Möbel o móvel [u 'mɔvɛl]
Mode moda ['mɔdɐ]
modern moderno [mu'dɛrnu]
mögen (gern haben) gostar de [guʃ'tar dɐ]; (wünschen) querer [kɐ'rer]
möglich possível [pu'sivɛl]
Möglichkeit a possibilidade [ɐ pusibɐli'dadɐ]
Monat o mês [u meʃ]
monatlich adj mensal [mẽ'sal]; adv por mês [pur meʃ]
Mond lua ['luɐ]
Morgen a manhã [a mɐ'ɲɐ̃]
Möwe gaivota [gai'vɔtɐ]
Mücke mosquito [muʃ'kitu]
müde cansado [kɐ̃'sadu]
Müll lixo ['liʃu]
Mülltonne o contentor de lixo [u kõntẽn'tor dɐ 'liʃu]
Mündung a foz [ɐ fɔʃ]
Muschel concha ['kõʃɐ]
Musik música ['muzikɐ]
müssen ter de/que [ter dɐ/kɐ]
Mutter a mãe [ɐ mɐ̃i]

N

nach *(zeitlich)* depois de [də'poiʒ də]; **nach Portugal** a/para Portugal [ɐ/'pɐrɐ purtu'gal]
Nachbar/in vizinho/vizinha [və'ziɲu/və'ziɲɐ]
Nachmittag a tarde [ɐ 'tardə]
Nachricht notícia [nu'tisjɐ]
nächste(r, -s) próxima ['prɔsimɐ], próximo ['prɔsimu]
Nacht a noite [ɐ 'noitə]
nahe perto ['pɛrtu]; **nahe bei** perto de ['pɛrtu də]
Name o nome [u 'nomə]
nass molhado [mu'ʎadu]; *(durchnässt)* encharcado[ẽʃɐr'kadu]
Natur natureza [nɐtu'rɐzə]
natürlich *adj* natural [nɐtu'ral]; *adv* naturalmente [nɐtural'mẽtɐ]
neben junto de ['ʒũtu də]
negativ negativo [nəgɐ'tivu]
nehmen tomar [tu'mar]
nervös nervoso [nər'vozu]
nett simpático [sĩ'patiku]
neu novo ['novu]
neugierig curioso [ku'rjozu]
Neuigkeit a novidade [ɐ nuvi'dadə]
nicht não [nẽu]; **gar nicht** de maneira nenhuma [də mɐ'neirɐ nə'ɲumɐ]
nichts nada ['nadə]
nie nunca ['nũkɐ]
nieder, niedrig baixo ['baiʃu]
niemand ninguém [nĩ'gẽi]
nirgends em parte nenhuma [ẽi 'partɐ nə'ɲumɐ]
noch ainda [ɐ'ĩdə]; **noch nicht** ainda não [ɐ'ĩdə nẽu]
Norden o norte [u 'nɔrtə]
nördlich von ao norte de [ɐu 'nɔrtə də]
normal normal [nɔr'mal]
normalerweise normalmente [nɔrmal'mẽtə]
Notfall emergência [imər'ʒẽsjə]
notwendig necessário [nəsə'sarju]
nüchtern em jejum [ẽi ʒə'ʒũ]
Nummer número ['numəru]
nur só [sɔ]

O

ob se [sə]
oben em cima [ẽi 'simɐ]
obwohl embora [ẽm'bɔrɐ]
oder ou [o]
offen aberto [ɐ'bɛrtu]
öffentlich público ['publiku]
offiziell oficial [ofɐ'sjal]
öffnen abrir [ɐ'brir]
Öffnungszeiten horas de abertura ['ɔrɐʒ d_ɐbɐr'turɐ]
oft muitas vezes ['mũintɐʒ 'vezəʃ]
ohne sem [sẽi]
Ort o lugar [u lu'gar]
Ortschaft a povoação [ɐ puvwɐ'sẽu]
Osten o leste [u 'lɛʃtə]
Österreich Áustria ['auʃtrjɐ]
Österreicher/in austríaco [auʃ'triɐku], austríaca [auʃ'triɐkɐ]
östlich von a leste de [ɐ 'lɛʃtə də]
Ozean oceano [o'sjɐnu]

P

Paar o par [u par]
Panorama o panorama [u penu'remɐ]
Park o parque [u 'parkə]
parken estacionar [ʃtɐsju'nar]
passen *(Kleidung)* ficar bem [fi'kar bẽi]
Pauschale preço total ['presu tu'tal]
Person pessoa [pə'soɐ]
Personalien os dados pessoais [uʒ 'daduʃ pə'swaiʃ]
Pfand o penhor [u pə'ɲor]; *(Flaschenpfand)* depósito [də'pɔzitu]
Pflanze planta ['plẽtɐ]
Platz *(in der Stadt)* praça ['prasɐ]; *(Raum, Sitz)* o lugar [u lu'gar]
plötzlich de repente [də ʀə'pẽtɐ]
positiv positivo [puzi'tivu]
praktisch prático ['pratiku]
Preis preço ['presu]
Priester o padre [u 'padrə]
privat particular [pɐrtiku'lar]
pro por [pur]
Problem o problema [u pru'blemɐ]
Produkt produto [pru'dutu]
Programm o programa [u pru'gremɐ]
Prospekt prospe(c)to [pruʃ'pɛtu]
provisorisch provisório [pruvi'zɔrju]

Prozent por cento [pur 'sẽntu]
prüfen examinar [izemi'nar]
Publikum público ['publiku]
pünktlich pontual [põn'twal]
putzen limpar [lĩm'par]

Q

Qualität a qualidade [e kweli'dadə]
Quittung recibo [Rə'sibu]

R

Rabatt desconto [dəʃ'kõntu]
Rasen relva ['Rɛlvə]
raten (Rat erteilen) aconselhar [ɐkõsəʎ'ʎar]; (er~) adivinhar [ɐdɐvi'ɲar]
rauchen fumar [fu'mar]
Raucher fumador [fumɐ'dor]
Rechnung fa(c)tura [fa'turɐ]; (im Restaurant, Café) conta ['kõntɐ]
Recht direito [di'reitu]; **Recht haben** ter razão [ter Rɐ'zẽu]
rechte(r, -s) adj direita [di'reitɐ], direito [di'reitu]
rechts à direita [a di'reitɐ]
rechtzeitig adv a tempo [ɐ 'tẽmpu]
regelmäßig adj regular [Rəgu'lar]; adv regularmente [Rɐgular'mẽntɐ]
Regierung governo [gu'vernu]
Region a região [ɐ Rə'ʒẽu]
reich rico ['Riku]
reichen (aus~) bastar [bəʃ'tar]
reinigen limpar [lĩm'par]
Reise a viagem [ɐ 'vjaʒẽi]
Reisebüro agência de viagens [ɐ'ʒẽsjɐ də 'viaʒẽiʃ]
Reiseführer o guia [u 'giɐ]
Reisegesellschaft grupo de turistas ['grupu də tu'riʃtəʃ]
reisen viajar [vjɐ'ʒar]
Reisende, der/die ~ o/a viajante [u/ɐ vjɐ'ʒẽntɐ]
reklamieren reclamar [Rəklɐ'mar]
rennen correr [ku'Rer]
reparieren reparar [Rəpɐ'rar]
reservieren reservar [Rəzər'var]
richtig certo ['sɛrtu]
Richtung a dire(c)ção [ɐ dirɛ'sẽu]
Risiko risco ['Riʃku]
Route itinerário [itinɐ'rarju]

Rückfahrt (a viagem de) regresso [(ɐ 'vjaʒẽi də) Rə'grɛsu]
Rucksack mochila [mu'ʃilɐ]
rückwärts para trás ['pɐrɐ traʃ]
rufen chamar [ʃɐ'mar]
Ruhe descanso [dəʃ'kẽsu]; (seelisch, Stille) calma ['kalmɐ]
ruhig calmo ['kalmu]
rund redondo [Rɐ'dõndu]

S

sagen dizer [di'zer]
Saison a estação [ɐ ʃtɐ'sẽu]
Satz a frase [ɐ 'frazɐ]
sauber limpo ['lĩmpu]
schade, wie ~! que pena! [kə 'penɐ]
Schaden prejuízo [prɐ'ʒwizu]
schädlich nocivo [nu'sivu]
Schatten sombra ['sõmbrɐ]
schauen olhar [o'ʎar]
schenken oferecer [ofɐrə'ser]
schicken mandar [mẽn'dar]
Schild placa ['plakɐ]
schlafen dormir [dur'mir]
Schlange cobra ['kɔbrɐ]; **Schlange stehen** fazer bicha [fɐ'zer 'biʃɐ], (Br) fazer fila [fɐ'zer 'filɐ]
schlank delgado [dɛl'gadu], elegante [ilɐ'gẽntɐ]
schlau esperto ['ʃpɛrtu]
schlecht adj mau [mau]; adv mal [mal]
schließen fechar [fə'ʃar]
schlimm mau [mau]
Schloss (Burg) castelo [kəʃ'tɛlu]; (Palast) palácio [pɐ'lasju]; (Tür) fechadura [fəʃɐ'durɐ]
schmal estreito ['ʃtreitu]
schmerzen doer [dwer]
schmutzig sujo ['suʒu]
schneiden cortar [kur'tar]
schnell adj rápido ['Rapidu]; adv depressa [də'prɛsɐ]
schon já [ʒa]
schön lindo ['lĩndu]
schrecklich terrível [tə'Rivɛl]
schreiben escrever [ʃkrə'ver]
schreien gritar [gri'tar]
schriftlich por escrito [pur 'ʃkritu]
Schuld culpa ['kulpɐ]; (Geld) dívida ['dividɐ]

schulden dever [dəˈver]
Schule escola [ˈʃkɔlə]
schwach fraco [ˈfraku]
Schwager cunhado [kuˈɲadu]
Schwägerin cunhada [kuˈɲadɐ]
Schweiz Suíça [ˈswisɐ]
Schweizer/in suíço/suíça [ˈswisu/ˈswisɐ]
schwer (Gewicht) pesado [pəˈzadu]; (schwierig) difícil [diˈfisil]
Schwester a irmã [e irˈmẽ]
schwierig difícil [diˈfisil]
schwimmen nadar [nɐˈdar]
See m (Binnengewässer) lago [ˈlagu]
sehen ver [ver]
sehr muito [ˈmũĩntu]
Seil corda [ˈkɔrdɐ]
sein (1) verb ser [ser]; (sich befinden) estar [ʃtar]
sein (2) poss prn seu [seu], sua [ˈsuɐ]
seit prp desde [ˈdeʒdə]; conj desde que [ˈdeʒdə kə]
Seite lado [ˈladu]; (Buch~) página [ˈpaʒinɐ]
Sekunde segundo [səˈgũndu]
selbst mesmo [ˈmeʒmu]
Selbstbedienung auto-serviço [ˈauto sərˈvisu]
selten adj raro [ˈʀaru]; adv raramente [ʀarəˈmẽntə]
servieren servir [sərˈvir]
setzen pôr [por]; s. setzen sentar-se [sẽnˈtarsə]
Sex sexo [ˈsɛksu]
sicher adj seguro [səˈguru]; adv com certeza [kõ sərˈtezɐ]
Sicherheit segurança [səguˈrẽsɐ]
Sicherung (el) o fusível [u fuˈzivɛl]
Sicht vista [ˈviʃtɐ]
sie pers prn f sing ela [ˈɛlɐ]; m pl eles [ˈeləʃ], f pl elas [ˈɛlɐʃ]
Sie pers prn você/vocês [vɔˈse/vɔˈseʃ]; o senhor/a senhora/os senhores/as senhoras [u səˈɲor/e səˈɲorɐ/uʃ səˈɲorəʃ/eʃ səˈɲorɐʃ]
Signal o sinal [u siˈnal]
singen cantar [kẽnˈtar]
Sitz assento [eˈsẽntu]
sitzen estar sentado [ʃtar sẽnˈtadu]
so assim [eˈsĩ]
sofort imediatamente [imədjateˈmẽntə]
Sohn filho [ˈfiʎu]
sollen dever [dəˈver]
Sonder... especial [ʃpəˈsjal]
sorgen, s. ~ um preocupar-se com [prjokuˈparsə kõ]
Sorte a espécie [ɐ ʃˈpɛsjɐ]
Spanien Espanha [ʃˈpɐɲɐ]
Spanier/in o espanhol [u ʃpeˈɲɔl], a espanhola [ɐ ʃpeˈɲɔlɐ]
spanisch espanhol [ʃpeˈɲɔl]
Spaß (Scherz) brincadeira [brĩkɐˈdeirɐ]
spät tarde [ˈtardə]
später adj posterior [puʃtəˈrjor]; adv mais tarde [maiʃ ˈtardə]
Spaziergang passeio [pɐˈseju]
spielen jogar [ʒuˈgar], brincar [brĩˈkar]
Spitze ponta [ˈpõntə]; (Gewebe) renda [ˈʀẽndɐ]
Sprache língua [ˈlĩŋgwɐ]
sprechen falar [fɐˈlar]
Staat Estado [ʃˈtadu]
Stadt a cidade [ɐ siˈdadɐ]
Stadtplan planta da cidade [ˈplẽntɐ dɐ siˈdadɐ]
Stadtteil bairro [ˈbaiʀu]
stark forte [ˈfɔrtə]
statt em vez de [ẽi veʒ də]
stattfinden realizar-se [ʀjeliˈzarsə]
Staub o pó [u pɔ]
stechen picar [piˈkar]
stehen estar [ʃtar], estar em pé [ʃtar_ẽi pɛ]; stehen bleiben (anhalten) parar [pɐˈrar]
stehlen roubar [ʀoˈbar]
steil (Straße) íngreme [ˈĩŋgrəmə]; (Berg) escarpado [ʃkerˈpadu]
Stein pedra [ˈpɛdrɐ]
steinig pedregoso [pədrɐˈgozu]
Stelle (Ort) o lugar [u luˈgar]
stellen pôr [por], colocar [kuluˈkar]
sterben morrer [muˈʀer]
Stern estrela [ˈʃtrelɐ]
still quieto [ˈkjɛtu], sossegado [susəˈgadu]
stimmen estar certo [ʃtar ˈsɛrtu]
stinken cheirar mal [ʃeiˈrar mal]
Stock(werk) o andar [u ẽnˈdar]
stören incomodar [ĩŋkumuˈdar]
stornieren (Zimmer) anular a reser-

va [ɐnu'lar_ɐ ʀɐ'zɛrvɐ]; *(Fahr-, Flugkarten)* cancelar [kɐsə'lar]
Strafe castigo [kɐʃ'tigu], pena ['penɐ]; *(Geldstrafe)* multa ['multɐ]
Strand praia ['prajɐ]
Straße rua ['ʀuɐ]; *(Landstraße)* estrada [ʃ'tradɐ]
Strauß *(Blumen)* ramo ['ʀɐmu]
Strecke traje(c)to [trɐ'ʒɛtu]; *(Bahn~)* linha ['liɲɐ]
Streichholz fósforo ['fɔʃfuru]
Strom *(Fluss)* rio ['ʀiu]; *(el)* a corrente [ɐ ku'ʀẽntɐ]
Strömung a corrente [ɐ ku'ʀẽntɐ]
Stück peça ['pɛsɐ], bocado [bu'kadu]; **ein ~ Brot** um bocado de pão [ũm bu'kadu dɐ pɐ̃u]
studieren estudar [ʃtu'dar]
Stuhl cadeira [kɐ'deirɐ]
Stunde hora ['ɔrɐ]; **eine halbe Stunde** meia hora ['mejɐ 'ɔrɐ]; **eine Viertelstunde** um quarto de hora [ũ 'kwartu d_'ɔrɐ]
stürzen *(fallen)* cair [kɐ'ir]
suchen procurar [proku'rar]
Süden o sul [u sul]
südlich von ao sul de [ɐu sul dɐ]
Summe soma ['somɐ]
süß doce ['dosɐ]
Swimmingpool piscina [pɐʃ'sinɐ]

T

Tabak tabaco [tɐ'baku]
Tag o dia [u 'diɐ]
tanken meter gasolina [mɐ'ter gɐzu'linɐ]
Tanz dança ['dɐ̃sɐ]
tauschen trocar [tru'kar]
täuschen, s. ~ enganar-se [ɐ̃ŋgɐ'narsɐ]
Teil a parte [ɐ 'partɐ]
teilnehmen (an) participar (em) [pɐrtɐsi'par (ɐ̃i)]
telefonieren telefonar [tɐlɐfu'nar]
Termin data ['datɐ]
teuer caro ['karu]
tief fundo ['fũdu]
Tier o animal [u ɐni'mal]
Tisch mesa ['mezɐ]
Tochter filha ['fiʎɐ]
Tod a morte [ɐ 'mɔrtɐ]

tot morto ['mortu]
Tour a excursão [ɐ ʃkur'sɐ̃u], volta ['vɔltɐ]
Tourist/in o/a turista [u/ɐ tu'riʃtɐ]
Tracht o traje [u 'traʒɐ]
traurig triste ['triʃtɐ]
treffen encontrar [ɐ̃ŋkõn'trar]
trennen separar [sɐpɐ'rar]
Treppe escada [ʃ'kadɐ]
trinken beber [bɐ'ber]
trocken seco ['seku]
trocknen secar [sɐ'kar]
trotzdem apesar disso [ɐpɐ'zar 'disu]
tun fazer [fɐ'zer]
Tunnel o túnel [u 'tunɛl]
Tür porta ['pɔrtɐ]
Tüte *(kleine)* cartucho [kɐr'tuʃu]; *(größere)* saco ['saku]
typisch típico ['tipiku]

U

üben praticar [prɐti'kar]
über sobre ['sobrɐ], por cima de [pur 'simɐ dɐ]
überall por toda a parte [pur 'toda 'partɐ]
Übergang a passagem [ɐ pɐ'saʒɐ̃i]
überholen ultrapassar [ultrɐpɐ'sar]
übernachten pernoitar [pɐrnoi'tar]
überqueren atravessar [ɐtrɐvɐ'sar]
überrascht surpreendido [surprjɐ̃n'didu]
übersetzen traduzir [trɐdu'zir]
übertrieben exagerado [izɐʒɐ'radu]
überzeugen convencer [kõvɐ̃'ser]
üblich habitual [ɐbi'twal]
übrig restante [ʀɐʃ'tɐ̃tɐ]; **übrig bleiben** sobrar [su'brar]
Ufer *(Fluss)* a margem [ɐ 'marʒɐ̃i]; *(Meer)* costa ['kɔʃtɐ]
um *(herum)* em volta de [ɐ̃i 'vɔltɐ dɐ]; *(Zeitangabe)* às/à/ao [aʃ/a/au];
umarmen abraçar [ɐbrɐ'sar]
Umgebung as imediações [ɐz_imɐdjɐ'sõiʃ]
umkehren voltar para trás [vɔl'tar 'pɐrɐ traʃ]
Umrechnung câmbio ['kɐ̃mbju]
umtauschen trocar [tru'kar]
Umweg desvio [dɐʒ'viu]
Umwelt o (meio) ambiente [u

('meju) ēm'bjēntə]
umziehen, s. ~mudar de roupa [mu'dar də 'ʀopɐ]
unangenehm desagradável [dəzɐgre'davɛl]
unbedingt *adv* absolutamente [ɐbsulutɐ'mēntɐ]
und e [i]
unerfreulich desagradável [dəzɐgre'davɛl]
unerträglich insuportável [ĩsupur'tavɛl]
Unfall o acidente [u ɐsi'dēntɐ]
ungeeignet inadequado [inɐde'kwadu]
ungefähr aproximadamente [ɐprɔsimade'mēntɐ]
ungewöhnlich invulgar [ĩvul'gar]
unglaublich incrível [ĩŋ'krivɛl]
Universität a universidade [ɐ univɐrsi'dadɐ]
Unkosten as despesas [ɐʒ dəʃ'pezɐʃ]
unmöglich impossível [ĩmpu'sivɛl]
uns nos [nuʃ]
unser, unsere nosso ['nɔsu], nossa↓ ['nɔsɐ]
unten em baixo [ēi 'baiʃu]
unter debaixo de [dɐ'baiʃu dɐ]; *(zwischen)* entre ['ēntrɐ]
unterbrechen interromper [ĩntɐʀōm'per]
Unterführung a passagem subterrânea [ɐ pɐ'saʒēi subtɐ'ʀɐnjɐ]
unterhalb por baixo de [pur 'baiʃu dɐ]
unterhalten, s. ~ conversar [kōvɐr'sar]
Unterhaltung *(Gespräch)* conversa [kō'vɛrsɐ]; *(Vergnügen)* divertimento [divɐrti'mēntu]
Unterkunft alojamento [ɐluʒe'mēntu]
unterrichten *(informieren)* informar [ĩfur'mar]; *(Schule)* ensinar [ēsi'nar]
Unterschied diferença [difɐ'rēsɐ]
unterschreiben assinar [ɐsi'nar]
Unterschrift assinatura [ɐsinɐ'turɐ]
untersuchen examinar [izemi'nar]
unterwegs no/a caminho [nu/ɐ ke'miɲu]
unverbindlich sem compromisso [sēi kōmpru'misu]
unwahrscheinlich *adj* improvável [ĩmpru'vavɛl]
unwichtig sem importância [sēi ĩmpur'tēsjɐ]
Urlaub as férias [ɐʃ 'fɛrjɐʃ]

V

Vater o pai [u pai]
Verabredung encontro [ēŋ'kōntru]
verabschieden, s. ~ despedir-se [dɐʃpɐ'dirsɐ]
Veränderung mudança [mu'dēsɐ]
Veranstaltung evento [i'vēntu]
verantwortlich responsável [ʀɐʃpō'savɛl]
verbessern melhorar [mɐʎu'rar]; *(Fehler)* corrigir [kuʀi'ʒir]
Verbindung a relação [ɐ ʀɐlɐ'sēu]; *(Zug, tele)* a ligação [ɐ ligɐ'sēu]
verboten proibido [prwi'bidu]
Verbrauch consumo [kō'sumu]
verbringen *(Zeit)* passar [pɐ'sar]
verdorben estragado [ʃtrɐ'gadu]; *(faul)* podre ['podrɐ]
vereinbaren combinar [kōmbi'nar]
Vergangenheit passado [pɐ'sadu]
vergehen *(Zeit)* passar [pɐ'sar]
vergessen esquecer(-se de) [ʃkɛ'ser(sɐ dɐ)]
verheiratet (mit) casado (com) [kɐ'zadu (kō)]
verirren, s. ~ perder-se [pɐr'dersɐ]
Verkauf venda ['vēndɐ]
verkaufen vender [vēn'der]
Verkehr trânsito ['trēzitu]
Verkehrsamt Turismo [tu'riʒmu]
verlängern prolongar [prulōŋ'gar]
verlassen deixar [dei'ʃar]
Verletzte, der/die ~ o ferido [u fɐ'ridu], a ferida [ɐ fɐ'ridɐ]
verlieren perder [pɐr'der]
Verlobte, der/die ~ o noivo [u 'noivu], a noiva [ɐ 'noivɐ]
vermieten alugar [ɐlu'gar]
Verpackung a embalagem [ɐ ēmbɐ'laʒēi]
verpassen *(Zug)* perder [pɐr'der]
Verpflegung comida [ku'midɐ]
verrechnen, s. ~ enganar-se na conta [ēŋgɐ'narsɐ nɐ 'kōntɐ]

verrückt louco ['loku]
verschieben *(zeitlich)* adiar [ɐ'djar]
verschließen fechar à chave [fə'ʃar_a 'ʃavɐ]
verschwinden desaparecer [dɐzɐpɐrɐ'ser]
Versicherung seguro [sə'guru]
verspäten, s. ~ atrasar-se [ɐtrɐ'zarsə]
verständigen, jdn ~ informar alg [ĩfur'mar_al'gẽi]; **s. verständigen** entender-se [ẽntẽn'dersə]
verstehen compreender [kõmprjẽn'der]
versuchen tentar [tẽn'tar]; *(Speisen)* provar [pru'var]
Vertrag contrato [kõn'tratu]
vertragen suportar [supur'tar]; **nicht ~** *(Speisen)* não poder comer [nẽu pu'der ku'mer]
Vertrauen confiança [kõ'fjẽsɐ]
verunglücken ser vítima dum acidente [ser 'vitimɐ dũ ɐsi'dẽntɐ]
verursachen causar [kau'zar]
Verwaltung a administração [a_ɐdmɐniʃtrɐ'sẽu]
verwechseln confundir [kõfũn'dir]
Verzeichnis lista ['liʃtɐ]
verzögern demorar [dəmu'rar]
viel muito ['mũintu]
vielleicht talvez [tal'veʃ]
Villa vivenda [vi'vẽndɐ]
Volk povo ['povu]
voll cheio ['ʃeju]; *(voll besetzt)* completo [kõm'plɛtu]; *(ganz)* total [tu'tal]
Vollmacht a procuração [ɐ prɔkurɐ'sẽu]
Volt o volt [u vɔlt]
von de [də]; *(Passiv)* por [pur]
vor *(räumlich)* diante de ['djẽntɐ də]; *(zeitlich)* antes de ['ẽntɐʒ də]; *(in der Vergangenheit)* há [a]
vorbereiten preparar [prɐpɐ'rar]
Vorfahrt a prioridade [ɐ prjuri'dadɐ]
vorher antes ['ẽntəʃ]
vorn à frente [a 'frẽntɐ]
Vorort os subúrbios [uʃ su'burbjuʃ]
Vorschlag proposta [pru'pɔʃtɐ]
vorsicht! cuidado! [kui'dadu]
vorstellen apresentar [ɐprɐzẽn'tar]
Vorstellung a apresentação [ɐprɐzẽntɐ'sẽu]; *(Theater)* a repre-

sentação [ɐ Rɐprɐzẽntɐ'sẽu]
Vorteil a vantagem [ɐ vãn'taʒẽi]
vorüber passado [pɐ'sadu]
vorwärts para a frente ['pɐr_a 'frẽntə]
vorziehen preferir [prɐfə'rir]

W

wach acordado [ɐkur'dadu]
wählen escolher [ʃku'ʎer]; *(tele)* marcar [mɐr'kar]
wahr verdadeiro [vərdɐ'deiru]
während *prp* durante [du'rẽntə]; *conj* enquanto [ẽŋ'kwẽntu]
wahrscheinlich *adj* provável [pru'vavɛl]; *adv* provavelmente [pruvavɛl'mẽntə]
Wand a parede [ɐ pɐ'redɐ]
wandern fazer marchas [fɐ'zer 'marʃɐʃ], caminhar [kɐmi'ɲar]
warm quente ['kẽntɐ]
warten esperar [ʃpɐ'rar]
was (o) que [(u) kə]; **was für ein/ eine ...?** que espécie de ...? [kə_'ʃpɛsjə də]
waschen lavar [lɐ'var]
Wasser água ['agwɐ]
Watt o watt [u 'wɔtə/vat], o vátio [u 'vatju]
Wechsel *(Veränderung)* mudança [mu'dẽsɐ]; *(Austausch)* troca ['trɔkɐ]
Wechselgeld os trocos [uʃ 'trɔkuʃ]
wecken acordar [ɐkur'dar]
Weg caminho [kɐ'miɲu]
wegen por causa de [pur 'kauzɐ də]
weggehen ir-se embora [irs_ẽm'bɔrɐ]
weiblich feminino [fɐmɐ'ninu]
weich mole ['mɔlə], macio [mɐ'siu]; *(Ton, Farbe)* suave ['swavɐ]
weigern, s. ~ recusar-se [Rɐku'zarsə]
weil porque ['purkə]
Weinberg vinha ['viɲɐ]
weit *(Gegenteil von eng)* largo ['largu]; *(Weg)* longo ['lõŋgu]; *(entfernt)* distante [dəʃ'tẽntɐ], *adv* longe ['lõʒə]
Welt mundo ['mũndu]
wenig pouco ['poku]; **ein wenig (von)** um pouco (de) [ũm 'poku də)]; **weniger** menos ['menuʃ]

wenigstens pelo menos ['pelu 'menuʃ]

wenn *(Bedingung)* se [sə]; *(zeitlich)* quando ['kwɛndu]

werktags nos dias úteis [nuʒ 'diɐʒ_'uteiʃ]

Wert o valor [u ve'lor]

wertlos sem valor [sɐ̃i ve'lor]

Wespe vespa ['veʃpɐ]

Westen o oeste [u o'ɛʃtɐ]

westlich von a oeste de [ɐ o'ɛʃtə də]

wichtig importante [ĩmpur'tɐ̃ntə]

wie como ['komu]

wieder de novo [də 'novu]

wiederholen repetir [ʀəpə'tir]

wiederkommen voltar [vɔl'tar]

wiegen pesar [pə'zar]

Wiese prado ['pradu]

wild bravo ['bravu], *(Flora)* silvestre [sil'vɛʃtrə]

willkommen bem-vindo [bɐ̃i 'vĩndu]

wir nós [nɔʃ]

wirklich *adj (echt)* verdadeiro [vɐrdɐ'deiru]; *adv* realmente [ʀjal'mɛ̃ntə]

wissen saber [se'ber]

Witz graça ['grasɐ], anedota [ɐnɐ'dɔtɐ]

Woche semana [sə'menɐ]

wochentags nos dias úteis [nuʒ 'diɐʒ_'uteiʃ]

wöchentlich *adj* semanal [səmə'nal]; *adv* todas as semanas ['todɐʒ_ɐʃ sə'menɐʃ]

wohlhabend abastado [ɐbɐʃ'tadu]

wohnen morar [mu'rar]

Wohnung casa ['kazɐ], apartamento [ɐpɐrtɐ'mɛ̃ntu]

wollen querer [kə'rer]

Wort palavra [pɐ'lavrɐ]

wunderbar maravilhoso [mɐrɐvi'ʎozu]

wundern, s. ~ (über) admirar-se (de) [ɐdmi'rarsə (də)]

wünschen desejar [dəzə'ʒar]

wütend furioso [fu'rjozu]

Z

Zahl número ['numəru]

zahlen pagar [pe'gar]

zählen contar [kõn'tar]

zärtlich carinhoso [keri'nozu]

Zeichen o sinal [u si'nal]

zeigen mostrar [muʃ'trar]

Zeit tempo ['tɛ̃mpu]

Zeitung o jornal [u ʒur'nal]

zentral central [sɛ̃n'tral]

Zentrum centro ['sɛ̃ntru]

ziehen puxar [pu'ʃar]

Ziel obje(c)tivo [obʒɛ'tivu]; *(Reiseziel)* destino [dəʃ'tinu]

ziemlich bastante [bəʃ'tɛ̃ntə]

zornig irado [i'radu]

zu (1) *(Richtung)* para ['perɐ], a [ɐ]; *(mit adj)* demasiado [dəme'zjadu]; **~ sehr, ~ viel** de mais [də maiʃ]

zu (2) *(geschlossen)* fechado [fə'ʃadu]

zuerst primeiro [pri'meiru], em primeiro lugar [ɐ̃i pri'meiru lu'gar]

zufällig *adv* por acaso [pur_ɐ'kazu]

zufrieden satisfeito [sɐtɐʃ'feitu]

Zukunft futuro [fu'turu]

zukünftig futuro [fu'turu]

zulässig permitido [pərmi'tidu]

zuletzt em último lugar [ɐ̃i 'ultimu lu'gar]

zurück para trás ['perɐ traʃ]

zurückbringen devolver [dəvol'ver]

zurückfahren voltar [vɔl'tar]

zurückgeben devolver [dəvol'ver]

zurückkehren regressar [ʀəgrə'sar]

zusagen *(Einladung)* aceitar [ɐsei'tar]

zusammen juntos ['ʒũntuʃ], juntamente [ʒũntɐ'mɛ̃ntɐ]

Zusammenstoß o choque [u 'ʃɔkə]

zusätzlich adicional [edəsju'nal]

zuschauen olhar [o'ʎar]

Zustand estado ['ʃtadu]

zuständig responsável [ʀəʃpõ'savɛl]

zustimmen concordar [kõŋkur'dar]

zuverlässig de confiança [də kõ'fjɐsə]

zweite(r, -s) segunda [sə'gũndɐ], segundo [sə'gũndu]

zwingen obrigar [obri'gar]

zwischen entre ['ɛ̃ntrə]

Zwischenfall o incidente [u ĩsi'dɛ̃ntə]

Portugiesisch – Deutsch

A

a [ɐ] *(in Richtung auf, zeitlich)* gegen;
ao Porto [au 'purtu] nach Porto

à/às/ao [a/aʃ/au] *(Zeitangabe)* um

abastado [ɐbɐʃ'tadu] wohlhabend

abelha [ɐ'beʎɐ] Biene

aberto [ɐ'bɛrtu] auf , geöffnet, offen

aborrecido [ɐbuʀɐ'sidu] langweilig

abraçar [ɐbrɐ'sar] umarmen

abreviatura [ɐbrɐvjɐ'turɐ] Abkürzung

abrir [ɐ'brir] aufmachen, öffnen

absolutamente [ɐbsulutɐ'mẽntɐ]
adv unbedingt

acabar [ɐkɐ'bar] aufhören, enden;
beenden

acalmar-se [ɐkal'marsɐ] s. beruhigen

acaso [ɐ'kazu] Zufall; por acaso
[pur_ɐ'kazu] *adv* zufällig

aceitar [ɐsei'tar] annehmen; über-
nehmen

acender [ɐsẽn'der] *(Licht)* anma-
chen, einschalten; anzünden

achar [ɐ'ʃar] finden; meinen

acidente [ɐsi'dẽntɐ] *m* Unfall

acompanhar [ɐkõmpɐ'nar] begleiten

aconselhar [ɐkõsɐ'ʎar] *(Rat erteilen)*
raten

acontecer [ɐkõntɐ'ser] s. ereignen,
geschehen, passieren

acontecimento [ɐkõntɐsi'mẽntu]
Ereignis

acordado [ɐkur'dadu] wach

acordar [ɐkur'dar] aufwachen; auf-
wecken, wecken

acreditar [ɐkrɐdi'tar] glauben

adiar [ɐ'djar] aufschieben

adicional [ɐdɐsju'nal] zusätzlich

adivinhar [ɐdɐvi'nar] (er)raten

administração [ɐdmɐniʃtrɐ'sẽu] *f*
Verwaltung

admirar [ɐdmi'rar] bewundern;
admirar-se (de) [ɐdmi'rarsɐ (dɐ)]
s. wundern (über)

adulta/adulto [ɐ'dultɐ/ɐ'dultu]
Erwachsene(r)

agência [ɐ'ʒẽsjɐ] Agentur

agora [ɐ'gɔrɐ] jetzt, nun

agradável [ɐgrɐ'davɛl] angenehm

agradecer [ɐgrɐdɐ'ser] danken

água ['agwɐ] Wasser

aí [ɐ'i] da, dort

ainda [ɐ'ĩndɐ] noch, noch immer;
ainda não [ɐ'ĩndɐ nẽu] noch nicht

ajuda [ɐ'ʒudɐ] Hilfe

ajudar alg [ɐʒu'dar_algẽi] jdm
behilflich sein, jdm helfen

aldeia [al'deiɐ] Dorf

alegre [ɐ'lɛgrɐ] heiter, lustig

alegria [ɐlɐ'griɐ] Freude

além [a'lẽi] da, dort; drüben; além
de [a'lẽi dɐ] außer; além disso [a'lẽi
'disu] außerdem, dazu, sonst noch

alemã [ɐlɐ'mẽ] *f* die Deutsche

Alemanha [ɐlɐ'mɐɲɐ] Deutschland

alemão [ɐlɐ'mẽu] *m* deutsch; der
Deutsche

algo ['algu] etwas

alguém [al'gẽi] jemand

alguma coisa [al'gumɐ 'koizɐ]
etwas, irgend etwas

alguns/algumas [al'gũʃ/al'gumɐʃ]
einige, ein paar

ali [ɐ'li] da, dort

alojamento [ɐluʒɐ'mẽntu] Unterkunft

alto! ['altu] halt!

alto ['altu] hoch, laut

altura [al'turɐ] Höhe

alugar [ɐlu'gar] mieten; vermieten

amar [ɐ'mar] lieben

amargo [ɐ'margu] bitter

amável [ɐ'mavɛl] freundlich, liebenswürdig

ambos/ambas ['ẽmbuʃ/'ẽmbɐʃ]
beide

ambulância [ẽmbu'lẽsjɐ] Krankenwagen

amiga [ɐ'migɐ] Freundin

amigo [ɐ'migu] Freund; ser amigo
[ser_ɐ'migu] befreundet sein

amor [ɐ'mor] *m* Liebe

andar [ẽn'dar] *m* Stock(werk);
gehen, laufen

andar a pé [ẽndar_ɐ pɛ] zu Fuß

laufen
anedota [enɐ'dɔtə] Witz
animal [ɐni'mal] *m* Tier
aniversário [ɐnivɐr'sarju] Geburtstag
ano ['ɐnu] Jahr
anotar [ɐnu'tar] aufschreiben
antes ['ɐ̃təʃ] eher, früher; vorher; lieber; vielmehr; **antes de** ['ɐ̃təʒ də] bevor, vor
antigamente [ɐ̃tigɐ'mẽtə] damals, früher
antigo [ɐ̃'tigu] *(aus früheren Zeiten)* alt
anual [ɐ'nwal] *adj* jährlich; **anualmente** [ɐnwal'mẽtə] *adv* jährlich
anular a reserva [ɐnu'lar_ɐ Rɐ'zɛrvɐ] *(Zimmer)* abbestellen
aparelho [ɐpɐ'reʎu] Apparat
apartamento [ɐpɐrtɐ'mẽtu] Wohnung
apesar disso [ɐpə'zar 'disu] trotzdem
aprender [ɐprẽ'der] lernen
apresentação [ɐprəzẽtɐ'sɐ̃u] *f* Vorstellung
apresentar [ɐprəzẽ'tar] vorstellen; vorzeigen; **apresentar alg a alg** [ɐprəzẽ'tar_al'gẽi ɐ al'gẽi] jdn mit jdm bekannt machen
apressado [ɐprɐ'sadu] eilig
apressar-se [ɐprə'sarsə] s. beeilen
aproximadamente [ɐprɔsimadɐ'mẽtə] ungefähr
aquecer [ɐkɐ'ser] heizen, wärmen
aquele, aquela [ɐ'kelə, ɐ'kɛlə] jener, jene, jenes
aqui [ɐ'ki] hier
ar [ar] *m* Luft; Anschein
arranjar [ɐʀɐ̃'ʒar] besorgen
árvore ['arvurə] *f* Baum
assento [ɐ'sẽtu] Sitz
assim [ɐ'sĩ] so
assinar [ɐsi'nar] unterschreiben
assinatura [ɐsinɐ'turə] Unterschrift
atalho [ɐ'taʎu] *(Weg)* Abkürzung; Pfad
até [ɐ'tɛ] bis; sogar; **até agora** [ɐ'tɛ ɐ'gɔrɐ] bis jetzt
atenção [ɐtẽ'sɐ̃u] *f* Achtung
Atlântico [ɐ'tlẽtiku] Atlantik
atrás [ɐ'traʃ] hinten; **atrás de** [ɐ'traʒ də] hinter
atrasar-se [ɐtrɐ'zarsə] s. verspäten
através de [ɐtrɐ'vɛʒ də] quer durch

atravessar [ɐtrevɐ'sar] überqueren
aumentar [ɐumẽ'tar] *(Preise)* erhöhen, heraufsetzen; zunehmen
Áustria ['auʃtrjɐ] Österreich
austríaco/austríaca [auʃ'trieku/ auʃ'triekɐ] Österreicher/in; österreichisch
autêntico [au'tẽtiku] echt
automático [autu'matiku] automatisch
automóvel [autu'mɔvɛl] *m* Auto
autoridades [auturi'dadəʃ] *f pl* Behörde
autorização [auturize'sɐ̃u] *f* Erlaubnis
autorizar [auturi'zar] genehmigen
auto-serviço ['auto sər'visu] Selbstbedienung
avisar [ɐvi'zar] benachrichtigen
avó [ɐ'vɔ] *f* Großmutter
avô [ɐ'vo] *m* Großvater

B

baía [bɐ'iɐ] Bucht
baile ['bailə] *m (Fest)* Ball
baixo ['baiʃu] nieder, niedrig, tief; leise; **(lá) em baixo** [(la) ẽi 'baiʃu] (dort) unten; **para baixo** ['pɐrɐ 'baiʃu] abwärts, bergab; **por baixo de** [pur 'baiʃu də] unterhalb
banco ['bẽku] *(Geldinstitut)* Bank; (Sitz-)Bank
barato [bɐ'ratu] billig
barulho [bɐ'ruʎu] Geräusch; Lärm
bastante [bɐʃ'tẽtə] genug; reichlich; ziemlich
bastar [bɐʃ'tar] (aus)reichen
bebé [bɛ'bɛ] *m* Baby
beber [bə'ber] trinken
beijar [bei'ʒar] küssen
beijo ['beiʒu] Kuss
belo ['bɛlu] schön
bem-vindo [bẽi vĩdu] willkommen
bicha, fazer ~ [fe'zer 'biʃɐ] Schlange stehen
bocado [bu'kadu] Stück
bola ['bɔlə] Ball
bolsa ['bolsə] Beutel
bolso ['bolsu] *(an Kleidung)* Tasche
bom [bõ] *adj* gut
bombeiros [bõm'beiruʃ] *m pl* Feuerwehr

bonito [bu'nitu] hübsch; nett
breve ['brɛvə] *(kurzgefasst)* kurz; em breve [ɐ̃i 'brɛvə] bald
brincadeira [brĩŋke'deirɐ] Scherz, Spaß
brincar [brĩ'kar] spielen, scherzen
bronzeado [brõ'zjadu] gebräunt, braun
burro ['buʀu] Esel
buscar [buʃ'kar] suchen; **ir buscar** [ir buʃ'kar] abholen
bússola ['busulɐ] Kompass

C

cada ['kedɐ] *adj* jeder; **cada um** ['kedɐ ũ] *prn* jeder
cadeira [ke'deirɐ] Stuhl
café [ke'fɛ] *m* Café; Kaffee
cair [ke'ir] fallen, stürzen
calcular [kalku'lar] berechnen, rechnen
calma ['kalmɐ] *(seelisch)* Ruhe; Stille
calmo ['kalmu] ruhig
cama ['kemɐ] Bett; **ir para a cama** [ir 'perɐ 'kemɐ] zu Bett gehen
câmbio ['kẽmbju] Umrechnung, Wechselkurs
caminhar [kemi'nar] wandern
caminho [ke'miɲu] Weg; **no/a caminho** [nu/e ke'miɲu] unterwegs
campo ['kẽmpu] Feld
canção [kẽ'sẽu] *f* Lied
cancelar [kẽsə'lar] *(Fahr-, Flugkarten)* abbestellen
candeeiro [kẽn'djeiru] Lampe
cansado [kẽ'sadu] müde
cantar [kẽn'tar] singen
canto ['kẽntu] Gesang; Ecke, Winkel
cão [kẽu] *m* Hund
capital [kepi'tal] *f* Hauptstadt
carinhoso [keri'nozu] zärtlich
caro ['karu] teuer; lieb
carro ['kaʀu] Auto, Wagen
carteira [ker'teirɐ] Brieftasche; (Hand-)Tasche
cartucho [ker'tuʃu] *(kleine)* Tüte
casa ['kazɐ] Haus, Wohnung; **em casa** [ɐ̃i 'kazɐ] daheim, zu Hause
casado (com) [ke'zadu (kõ)] verheiratet (mit)
casamento [keze'mẽntu] Ehe; Heirat, Hochzeit
casar(-se) [ke'zar(sə)] heiraten
caso ['kazu] Fall, Vorfall; **no caso de** [nu 'kazu də] falls
castelo [keʃ'tɛlu] Burg; Schloss
caução [kau'sẽu] *f* Kaution
causar [kau'zar] verursachen
cedo ['sedu] früh
cento ['sẽntu] hundert; **por cento** [pur 'sẽntu] Prozent
central [sẽn'tral] zentral
centro ['sẽntru] Zentrum
cerca de ['serke də] etwa
certamente [serte'mẽntɐ] *adv* bestimmt, gewiss, sicher
certeza [sɐr'tezɐ] Sicherheit, Gewissheit
certificar [sɐrtəfi'kar] bescheinigen
certo ['sɛrtu] *adj* bestimmt, gewiss, sicher; **estar certo** [ʃtar 'sɛrtu] stimmen
céu [sɛu] *m* Himmel
chamar [ʃe'mar] (auf)rufen
chão [ʃẽu] *m* (Fuß-)Boden
chave ['ʃavɐ] *f* Schlüssel; **fechar à chave** [fə'ʃar_a 'ʃavɐ] abschließen
chefe ['ʃɛfə] *m* Chef
chegar [ʃə'gar] ankommen, eintreffen; (aus-)reichen
cheio ['ʃeju] voll
cheirar [ʃei'rar] riechen; **cheirar mal** [ʃei'rar mal] stinken
cheiro ['ʃeiru] Geruch
choque ['ʃɔkə] *m* Zusammenstoß
cidade [si'dadɐ] *f* Stadt
cima, em ~ [ɐ̃i 'simɐ] oben; **em cima de** [ɐ̃i 'simɐ də] auf; **para cima** ['perɐ 'simɐ] aufwärts, nach oben; bergauf
claro ['klaru] deutlich, hell, klar
clima ['klimɐ] *m* Klima
cobra ['kɔbrɐ] Schlange
coisa ['koizɐ] Ding, Sache
colega [ku'lɛgɐ] *m/f* Kollege/Kollegin
colina [ku'linɐ] Hügel
colocar [kulu'kar] stellen
com [kõ] mit
combinar [kõmbi'nar] vereinbaren
começar [kumə'sar] anfangen, beginnen
começo [ku'mesu] Anfang, Beginn
comer [ku'mer] essen; **não poder**

comer [nɐ̃u puˈder kuˈmer] *(Speisen)* nicht vertragen

comestível [kuməʃˈtivɛl] essbar

comida [kuˈmidɐ] Essen; Nahrung; Verpflegung

como [ˈkomu] *(Grund)* da; *(Frage, Vergleich)* wie

cómodo [ˈkɔmudu] bequem

comparar [kõmpɐˈrar] vergleichen

completamente [kõmplɛtɐˈmẽntɐ] *adv* ganz

completo [kõmˈplɛtu] besetzt, voll; ganz, vollständig

comprar [kõmˈprar] (ein)kaufen

compreender [kõmprjẽnˈder] verstehen

comprido [kõmˈpridu] lang

comprimento [kõmpriˈmẽntu] Länge

compromisso, sem ~ [sẽi kõmpruˈmisu] unverbindlich

comum [kuˈmũ] gemeinsam; gemein; em comum [ẽi kuˈmũ] *adv* gemeinsam

concordar [kõŋkurˈdar] zustimmen

condição [kõndiˈsẽu] *f* Bedingung; em boa condição física [ẽi ˈboɐ kõndiˈsẽu ˈfizikɐ] fit

condutor [kõnduˈtor] *m* Fahrer

conduzir [kõnduˈzir] Auto fahren

confiança [kõˈfjẽsɐ] Vertrauen; de confiança [dɐ kõˈfjẽsɐ] zuverlässig

confirmar [kõfirˈmar] bestätigen

confortável [kõfurˈtavɛl] gemütlich, bequem

confundir [kõfũnˈdir] verwechseln

conhecer [kuɲɐˈser] kennen, kennen lernen

conhecido/conhecida [kuɲɐˈsidu/ kuɲɐˈsidɐ] *m/f* der, die Bekannte; bekannt

conservar [kõsɐrˈvar] aufbewahren

considerar [kõsidɐˈrar] beachten

consulado [kõsuˈladu] Konsulat

consumo [kõˈsumu] Verbrauch

conta [ˈkõntɐ] *(im Restaurant, Café)* Rechnung; enganar-se na conta [ẽŋɐˈnarsə nɐ ˈkõntɐ] s. verrechnen; tomar conta (de) [tuˈmar ˈkõntɐ (dɐ)] aufpassen (auf)

conta(c)to [kõnˈta(k)tu] Berührung, Kontakt

contar [kõnˈtar] erzählen; zählen

contente [kõnˈtẽntɐ] froh, zufrieden; contente (com) [kõnˈtẽntɐ (kõ)] erfreut (über)

contentor de lixo [kõntẽnˈtor dɐ ˈliʃu] *m* Mülltonne

contra [ˈkõntrɐ] *(wider)* gegen; ser contra [ser ˈkõntrɐ] dagegen sein

contrário [kõnˈtrarju] Gegenteil; pelo contrário [ˈpelu kõnˈtrarju] im Gegenteil

contrato [kõnˈtratu] Vertrag

convencer [kõvẽˈser] überzeugen

conversa [kõˈvɛrsɐ] Gespräch, Unterhaltung

conversar [kõvɐrˈsar] s. unterhalten

convidado [kõviˈdadu] *(eingeladener)* Gast

convidar [kõviˈdar] auffordern, einladen

coração [kurɐˈsẽu] *m* Herz

corda [ˈkɔrdɐ] Seil

corpo [ˈkɔrpu] Körper

corre(c)to [kuˈrɛtu] korrekt; fair

corrente [kuˈrẽntɐ] *f* Kette; Strömung; *(el)* Strom; *adj* üblich; gewöhnlich

correr [kuˈrer] fließen; laufen; rennen

corrigir [kuʀiˈʒir] richtigstellen, verbessern, korrigieren

cortar [kurˈtar] schneiden

costa [ˈkɔʃtɐ] Küste; Ufer

cozinha [kuˈziɲɐ] Küche

cozinhar [kuzɐˈɲar] kochen

criança [ˈkrjẽsɐ] Kind

criticar [kritiˈkar] kritisieren

cuidado [kuiˈdadu] Sorge; Sorgfalt; Vorsicht

culpa [ˈkulpɐ] Schuld

cultura [kulˈturɐ] Kultur

cumprimentar [kũmprimẽnˈtar] (be)grüßen

cumprir [kũmˈprir] *(Wort)* halten

curioso [kuˈrjozu] neugierig

curto [ˈkurtu] *(räumlich)* kurz

custar [kuʃˈtar] kosten

D

dados pessoais [ˈdaduʃ pɐˈswaiʃ] *m pl* Personalien

dança [ˈdẽsɐ] Tanz

danificar [dɐnɐfiˈkar] beschädigen

dano ['dɐnu] Beschädigung; Schaden

dar [dar] geben

data ['datɐ] Datum; Termin

de [də] ab; von; aus

debaixo de [də'baiʃu də] unter

decidir [dəsi'dir] beschließen; entscheiden

declarar [dəkle'rar] anmelden, angeben; erklären

defeito [də'feitu] Fehler *(den man hat)*; Mangel

definitivamente [dəfənitivɐ'mēntɐ] *adv* endgültig

definitivo [dəfəni'tivu] *adj* endgültig

deitar-se [dei'tarsə] s. hinlegen; **estar deitado** [ʃtar dei'tadu] *(ausgestreckt sein)* liegen; **ir deitar-se** [ir dei'tarsə] zu Bett gehen

deixar [dei'ʃar] (zu)lassen; verlassen; hinterlassen

dela ['dɛlɐ] *poss prn f sing* ihr

deles/delas ['delɐʃ/'dɛlɐʃ] *pl* ihr

delgado [dɛl'gadu] dünn; schlank

delicado [dəli'kadu] zart(fühlend); fein; höflich

demasiado [dəmɐ'zjadu] *(mit adj)* zu; zu sehr, zu viel

demorar [dəmu'rar] verzögern

dentro ['dēntru] innen; **lá dentro** [la 'dēntru] drin(nen)

depois [də'poiʃ] danach; dann; nachher; **depois de** [də'poiʒ də] *(zeitlich)* nach

depositar [dəpuzi'tar] hinterlegen

depósito [də'pɔzitu] (Flaschen-)Pfand; Behälter

depressa [də'prɛsɐ] *adv* rasch, schnell

desagradável [dəzɐgrɐ'davɛl] unangenehm, unerfreulich

desaparecer [dəzɐpɐrɐ'ser] verschwinden

desastre [də'zaʃtrɐ] *m* Unfall

descansar [dəʃkɐ̃'sar] s. ausruhen, s. erholen; (aus)ruhen

descanso [dəʃ'kɐ̃su] Ruhe; Erholung

descobrir [dəʃku'brir] entdecken

desconhecido [dəʃkuɲə'sidu] fremd, unbekannt

desconto [dəʃ'kõntu] Ermäßigung, Rabatt

descrever [dəʃkrə'ver] beschreiben

desculpa [dəʃ'kulpɐ] Entschuldigung

desculpar-se [dəʃkul'parsə] s. entschuldigen

desde ['deʒdɐ] *prp* seit, ab; **desde que** ['deʒdə kə] *conj* seit

desejar [dəzə'ʒar] wünschen

designação [dəzignɐ'sɐ̃u] *f* Bezeichnung

desiludido [dəzilu'didu] enttäuscht

despedir-se [dəʃpə'dirsə] Abschied nehmen, s. verabschieden

despesas [dəʃ'pezɐʃ] *f pl* Ausgaben, Kosten, Unkosten

destino [dəʃ'tinu] (Reise-)Ziel

desvio [dəʒ'viu] Umweg

determinado [dətərmi'nadu] *adj* bestimmt

Deus ['deuʃ] Gott

devagar [dəvɐ'gar] *adv* langsam

dever [də'ver] müssen, sollen; schulden; *m* Pflicht, Verpflichtung

devolver [dəvol'ver] zurückgeben; zurückbringen

dia ['diɐ] *m* Tag; **nos dias úteis** [nuʒ 'diɐz_'uteiʃ] werktags, wochentags

diante de ['djēntɐ də] *(räumlich)* vor

diferença [difɐ'rēsɐ] Unterschied

diferente [difɐ'rēntɐ] anders, verschieden

difícil [di'fisil] schwer, schwierig

dinheiro [də'ɲeiru] Geld

dire(c)ção [dirɛ'sɐ̃u] *f* Direktion; Richtung

dire(c)to [di'rɛtu] direkt

dire(c)tor/dire(c)tora [dirɛ'tor/dirɛ'torɐ] *m/f* Direktor/in, Leiter/in

direito (1) [di'reitu] *adj* gerade; rechte(r, -s); **à direita** [a di'reitɐ] rechts

direito (2) [di'reitu] Recht

disposto [dəʃ'poʃtu] bereit

distância [dəʃ'tēsjɐ] Abstand, Entfernung

distante [dəʃ'tēntɐ] entfernt, weit; abgelegen

distinto [dəʃ'tīntu] fein, vornehm

divertido [divɐr'tidu] lustig, unterhaltend

divertimento [divɐrti'mēntu] Unterhaltung, Vergnügen

divertir-se [divɐr'tirsə] s. amüsieren; s. unterhalten

dívida ['dividǝ] (Geld-)Schuld
dizer [di'zer] sagen
do que [du kǝ] *(bei Vergleich)* als
doce ['dosǝ] süß
doente ['dwẽntǝ] krank
doer [dwer] schmerzen
doido ['doidu] verrückt
dono/dona ['donu/'donǝ] Besitzer/in, Eigentümer/in; **dono/dona da casa** ['donu/'donǝ dǝ 'kazǝ] Gastgeber/in
dormir [dur'mir] schlafen
duplo ['duplu] doppelt
duração [durǝ'sẽu] *f* Dauer
durante [du'rẽntǝ] *prp* während
durar [du'rar] dauern; halten
duro ['duru] hart

E

e [i] und
edifício [idǝ'fisju] Gebäude
ela ['ɛlǝ] *f sing* sie; **elas** ['ɛlǝʃ] *f pl* sie
ele ['elǝ] er; **eles** ['elǝʃ] *m pl* sie
elé(c)trico [i'lɛtriku] elektrisch; *m* Straßenbahn
elegante [ilǝ'gẽntǝ] schlank, elegant
elevador [ilǝve'dor] *m* Fahrstuhl
em [ẽi] an, auf, in
embaixada [ẽmbai'ʃadǝ] *(dipl. Vertretung)* Botschaft
embalagem [ẽmbɐ'laʒẽi] *f* Packung, Verpackung
embora [ẽm'bɔrǝ] obwohl; **ir-se embora** [irs_ẽm'bɔrǝ] weggehen
embriagado [ẽmbrjǝ'gadu] betrunken
embriagar-se [ẽmbrjǝ'garsǝ] s. betrinken
emergência [imǝr'ʒẽsjǝ] Notfall
emprego [ẽm'pregu] (An-)Stellung, Arbeit; Gebrauch, Verwendung
empresa [ẽm'prezǝ] Firma
emprestar [ẽmprǝʃ'tar] (ver)leihen; **pedir emprestado** [pǝ'dir_ẽmprǝʃ'tadu] (ent)leihen
encantador [ẽŋkẽntǝ'dor] bezaubernd, entzückend
encharcado [ẽʃǝr'kadu] nass, durchnässt
encher [ẽ'ʃer] füllen
encontrar [ẽŋkõn'trar] begegnen,

treffen; finden
encontro [ẽŋ'kõntru] Begegnung, Treffen
endereço [ẽndǝ'resu] Adresse
enganar [ẽŋgǝ'nar] betrügen; **enganar-se** [ẽŋgǝ'narsǝ] s. täuschen; **enganar-se na conta** [ẽŋgǝ'narsǝ nɐ 'kõntǝ] s. verrechnen
enquanto [ẽŋ'kwẽntu] *conj* während
ensinar [ẽsi'nar] lehren, unterrichten
então [ẽn'tẽu] also; *(Zeit)* da, damals; dann; nun
entender [ẽntẽn'der] verstehen; **entender-se** [ẽntẽn'dersǝ] s. verständigen
entrada [ẽn'tradǝ] Einfahrt, Eingang; Eintritt
entrar [ẽn'trar] eintreten, hineingehen, zusteigen; **entre!** ['ẽntrǝ] herein!
entre ['ẽntrǝ] unter; zwischen
entregar [ẽntrǝ'gar] überbringen; abgeben
entusiasmado (com) [ẽntuzjeʒ'madu (kõ)] begeistert (von)
época ['ɛpukǝ] Saison; Zeitalter
errado [i'radu] falsch
erro ['eru] Fehler, Irrtum
escada ['ʃkadǝ] Leiter *f*; Treppe
escarpado [ʃkɐr'padu] *(Berg)* steil
escola ['ʃkɔlǝ] Schule
escolha ['ʃkoʎǝ] (Aus-)Wahl
escolher [ʃku'ʎer] aussuchen, wählen
escrever [ʃkrǝ'ver] schreiben
escrito, por ~ [pur 'ʃkritu] schriftlich
escritório [ʃkri'tɔrju] Büro
escuro ['ʃkuru] dunkel
esgotado [ʒgu'tadu] erschöpft; ausverkauft
Espanha ['ʃpɐɲǝ] Spanien
espanhol/espanhola [ʃpɐ'ɲɔl/ ʃpɐ'ɲɔlǝ] Spanier/in; spanisch
especial [ʃpǝ'sjal] extra, Sonder..., speziell
especialmente [ʃpǝsjal'mẽntǝ] besonders
espécie ['ʃpɛsjǝ] *f* Sorte
esperar [ʃpǝ'rar] erwarten; hoffen; warten
esperto ['ʃpɛrtu] klug, schlau
esplêndido ['ʃplẽndidu] herrlich
esquecer(-se de) [ʃkɛ'ser(sǝ dǝ)] vergessen; liegen lassen

esquerdo [ʃ'kerdu] linke(r, -s); à
esquerda [a 'ʃkerdɐ] links
esquina [ʃ'kinɐ] Ecke
essa/esse ['ɛsɐ/'esɐ] diese(r, -s)
estação [ʃte'sɐ̃u] f Saison; Bahnhof;
 estação do ano [ʃte'sɐ̃u du 'enu]
 Jahreszeit
estacionar [ʃtesju'nar] *(Auto)* abstel-
 len, parken
estado [ʃ'tadu] Zustand
Estado [ʃ'tadu] Staat
estar [ʃtar] sein; stehen; **estar em**
 pé [ʃtar_ɐ̃i pɛ] stehen
esta/este ['ɛʃtɐ/'eʃtɐ] diese(r, -s)
estrada [ʃ'tradɐ] (Land-)Straße
estragado [ʃtre'gadu] *(Obst)* faul,
 verdorben; kaputt
estrangeiro [ʃtrɐ̃'ʒeiru] Ausland;
 Ausländer; der Fremde, fremd; ausländisch
estreito [ʃ'treitu] eng, schmal
estrela [ʃ'trelɐ] Stern
estudar [ʃtu'dar] lernen, studieren
estúpido [ʃ'tupidu] blöd(e)
eu [eu] ich
Europa [eu'rɔpɐ] Europa
europeu/europeia(éi) [euru'peu/
 euru'pejɐ] Europäer/in; europäisch
exa(c)tamente [izate'mẽtɐ] *adv*
 genau
exa(c)to [i'zatu] *adj* genau
exagerado [izeʒe'radu] übertrieben
examinar [izemi'nar] prüfen; untersuchen
excelente [ʃsə'lẽtɐ] ausgezeichnet,
 erstklassig
exce(p)to [ʃ'sɛtu] außer
excursão [ʃkur'sɐ̃u] f Ausflug, Tour
exemplo [i'zẽplu] Beispiel; **por**
 exemplo [pur_i'zẽplu] zum
 Beispiel
existir [iziʃ'tir] bestehen
explicar [ʃpli'kar] *(deutlich machen)*
 erklären
expressamente [ʃprɛse'mẽtɐ] ausdrücklich
expressão [ʃprə'sɐ̃u] f Ausdruck
extintor de incêndios [ʃtĩ'tor
 d_ĩ'sẽndjuʃ] *m* Feuerlöscher
extra ['eiʃtrɐ] extra

F

fábrica ['fabrikɐ] Fabrik
fácil ['fasil] einfach, leicht
falar [fe'lar] reden, sprechen
faltar [fal'tar] fehlen
família [fe'miljɐ] Familie
famoso [fe'mozu] berühmt
farol [fe'rɔl] *m* Leuchtturm
fatigante [feti'gẽtɐ] anstrengend
favor [fe'vor] *m* Gefälligkeit
fazer [fe'zer] machen, tun
fechado [fe'ʃadu] geschlossen, zu
fechar [fe'ʃar] schließen, zumachen;
 fechar à chave [fe'ʃar_a 'ʃavɐ]
 abschließen, verschließen
feira ['feirɐ] *(Ausstellung)* Messe
feito à mão ['feitu a mɐ̃u] handgemacht
felicitar [felɐsi'tar] gratulieren
feliz [fe'liʃ] glücklich
feminino [femɐ'ninu] weiblich
férias ['fɛrjeʃ] *f pl* Ferien, Urlaub
ferido/ferida [fe'ridu/fe'ridɐ] *m/f*
 der, die Verletzte
ferver [fər'ver] *(Wasser)* kochen
festa ['fɛʃtɐ] Fest, Party
ficar [fi'kar] bleiben; s. befinden; übrigbleiben; **ficar com** [fi'kar kõ] behalten; **ficar bem** [fi'kar bɐ̃i] *(Kleidung)*
 passen
fila, fazer ~ [fa'zer 'filɐ] *(Br)*
 Schlange stehen
filha ['fiʎɐ] Tochter
filho ['fiʎu] Sohn
fim [fĩ] *m* Ende; Ziel, Zweck; **por**
 fim [pur fĩ] am Ende, zuletzt,
 schließlich
finalmente [final'mẽtɐ] endlich
fino ['finu] dünn, fein
firma ['firmɐ] Firma
flor [flor] *f* Blume
fogo ['fogu] Feuer
folha ['foʎɐ] Blatt
fome ['fɔmɐ] *f* Hunger
fora ['fɔrɐ] außen; draußen; **fora de**
 ['fɔre dɐ] außerhalb
força ['forsɐ] Kraft, Stärke
forma ['fɔrmɐ] Form; **de outra**
 forma [d_'otre 'fɔrmɐ] anders
formar [fur'mar] bilden
forte ['fɔrtɐ] kräftig, stark

fósforo [ˈfɔʃfuru] Streichholz
fotografia [futugrɐˈfiɐ] Foto, Aufnahme, Bild
foz [fɔʃ] *f* Mündung
fraco [ˈfraku] schwach
frase [ˈfrazɐ] *f* Satz
frente, à ~ [a ˈfrẽntɐ] vorn; **em frente** [ẽi ˈfrẽntɐ] gegenüber; **geradeaus; para a frente** [ˈper_a ˈfrẽntɐ] vorwärts
fresco [ˈfreʃku] frisch; kühl
frio [ˈfriu] kalt; **ter frio** [ter ˈfriu] frieren
fronteira [frõˈteirɐ] Grenze
fumador [fumɐˈdor] *m* Raucher
fumar [fuˈmar] rauchen
funcionar [fũsjuˈnar] funktionieren
fundo [ˈfũndu] tief
furioso [fuˈrjozu] wütend
fusível [fuˈzivɛl] *m (el)* Sicherung
futuro [fuˈturu] Zukunft; zukünftig

G

gaivota [gaiˈvɔtɐ] Möwe
garantia [gɐrẽnˈtiɐ] Garantie; Sicherheit
garrafa [gɐˈʀafɐ] Flasche
gasolina [gɐzuˈlinɐ] Benzin; **meter gasolina** [mɐˈter gɐzuˈlinɐ] tanken
gastar [gɐʃˈtar] ausgeben; verbrauchen
gato [ˈgatu] Katze
gelado [ʒɐˈladu] (Speise-)Eis
gente [ˈʒẽntɐ] *f* Leute
gordo [ˈgordu] dick, fett
gostar de [guʃˈtar dɐ] lieben, gern haben, mögen; **gostar mais de** [guʃˈtar maiʒ dɐ] lieber haben
gosto [ˈgoʃtu] Geschmack; **com muito gosto** [kõ ˈmũintu ˈgoʃtu] gern
governo [guˈvernu] Regierung
graça [ˈgrasɐ] Witz; **de graça** [dɐ ˈgrasɐ] gratis
grande [ˈgrẽndɐ] groß; bedeutend
gratuito [grɐˈtuitu] gratis, kostenlos
gritar [griˈtar] schreien
grupo [ˈgrupu] Gruppe
guardar [gwɐrˈdar] aufbewahren; behalten
guia [ˈgiɐ] *m* Führer; Reiseführer

H

há [a] es gibt
habitante [ɐbiˈtẽntɐ] *m* Bewohner, Einwohner
habitual [ɐbiˈtwal] gewöhnlich, üblich
história [ˈʃtɔrjɐ] Geschichte
homem [ˈɔmẽi] *m* Mann; Mensch
hora [ˈɔrɐ] Stunde
hóspede [ˈɔʃpɐdɐ] *m (Logier)* Gast
hospitalidade [oʃpitɐliˈdadɐ] *f* Gastfreundschaft
(h)úmido [ˈumidu] feucht

I

idade [iˈdadɐ] *f* Alter
ideia (é) [iˈdeiɐ] Gedanke; Idee
igual [iˈgwal] *adj* gleich
ilha [ˈiʎɐ] Insel
imediatamente [imɐdjatɐˈmẽntɐ] sofort
importância [ĩmpurˈtẽsjɐ] Bedeutung, Wichtigkeit; **sem importância** [sẽi ĩmpurˈtẽsjɐ] unwichtig
importante [ĩmpurˈtẽntɐ] bedeutend, groß, wichtig
importunar [ĩmpurtuˈnar] belästigen
impossível [ĩmpuˈsivɛl] unmöglich
impressão [ĩmprɐˈsẽu] *f* Eindruck
improvável [ĩmpruˈvavɛl] unwahrscheinlich
inadequado [inɐdɐˈkwadu] ungeeignet
incêndio [ĩˈsẽndju] Brand; **avisador de incêndios** [ɐvizɐˈdor d_ĩˈsẽndjuʃ] *m* Feuermelder
inchado [ĩˈʃadu] geschwollen, dick
incidente [ĩsiˈdẽntɐ] *m* Zwischenfall
incluído [ĩŋˈklwidu] inbegriffen
incomodar [ĩŋkumuˈdar] belästigen, stören
incrível [ĩŋˈkrivɛl] unglaublich
inde(m)nização [ĩndɐ(m)nizɐˈsẽu] *f* Schadenersatz
inde(m)nizar [ĩndɐ(m)niˈzar] *(Schaden)* ersetzen
indicação [ĩndikɐˈsẽu] *f* Angabe
inflamável [ĩflɐˈmavɛl] feuergefährlich
informação [ĩfurmɐˈsẽu] *f* Auskunft, Bescheid

informar [ĩfur'mar] informieren, unterrichten; Bescheid sagen; **informar-se** [ĩfur'marsə] s. erkundigen
inglês [ĩŋ'gleʃ] m Engländer; englisch
íngreme [ˈĩŋgrəmə] *(Straße)* steil
inse(c)to [ĩ'sɛtu] Insekt
insistir em [ĩsiʃ'tir_ẽi] bestehen auf
insuportável [ĩsupur'tavɛl] unerträglich
inteiramente [ĩnteire'mẽntə] *adv* ganz
inteiro [ĩn'teiru] vollständig, ganz
inteligente [ĩntəli'ʒẽntə] klug, intelligent
interessante [ĩntərə'sẽntə] interessant
interessar-se (por) [ĩntərə'sarsə (pur)] s. interessieren (für)
interior [ĩntə'rjor] m das Innere; **no interior** [nu ĩntə'rjor] drin(nen)
internacional [ĩntərnəsju'nal] international
interromper [ĩntərõm'per] abbrechen, unterbrechen
invulgar [ĩvul'gar] ungewöhnlich
ir [ir] fahren, gehen; **ir a pé** [ir_e pɛ] *(zu Fuß)* gehen; **ir buscar** [ir buʃ'kar] holen; **ir-se embora** [irs_ẽm'bɔrə] weggehen
irado [i'radu] zornig
irmã [ir'mẽ] f Schwester
irmão [ir'mẽu] m Bruder
itinerário [itinə'rarju] (Reise-)Route

J

já [ʒa] sofort, gleich; bereits, schon; **já que** [ʒa kə] *(Grund)* da
jardim [ʒer'dĩ] m Garten
jejum, em ~ [ẽi ʒə'ʒũ] nüchtern
jogar [ʒu'gar] spielen
jornal [ʒur'nal] m Zeitung
jovem [ˈʒɔvẽi] jung
jovem [ˈʒɔvẽi] f/m Jugendliche(r)
juntamente [ʒũntə'mẽntə] zusammen
junto de [ˈʒũntu də] neben
juntos [ˈʒũntuʃ] zusammen; gemeinsam
justamente [ʒuʃtə'mẽntə] *(zeitlich)* gerade

L

lá [la] da, dort; dorthin
lado [ˈladu] Seite; **ao lado de** [eu 'ladu də] neben; **noutro lado** ['notru 'ladu] anderswo
lago [ˈlagu] *(Binnengewässer)* See
lamentar [lemẽn'tar] bedauern
largo [ˈlargu] breit; weit
lata [ˈlatə] Dose
lavado [le'vadu] (frisch) gewaschen
lavar [le'var] waschen
lento [ˈlẽntu] langsam
ler [ler] lesen
leste [ˈlɛʃtə] m Osten; **a leste de** [e 'lɛʃtə də] östlich von
levantar [ləvẽn'tar] heben; **levantar-se** [ləvẽn'tarsə] aufstehen
levar [lə'var] tragen; forttragen; mitnehmen
leve [ˈlɛvə] *(Gewicht)* leicht
lhes [ʎəʃ] dat euch
ligação [ligə'sẽu] f *(Zug, tele)* Verbindung
limpar [lĩm'par] putzen, reinigen
limpo [ˈlĩmpu] sauber
lindo [ˈlĩndu] schön
língua [ˈlĩŋgwe] Sprache
linha [ˈliɲe] *(el, tele)* Leitung, Linie; (Bahn-)Strecke
líquido [ˈlikidu] flüssig
lista [ˈliʃtə] Liste; (Speise-)Karte
livre [ˈlivrə] frei
livro [ˈlivru] Buch
lixo [ˈliʃu] Abfall, Müll
logo [ˈlɔgu] bald, sofort
longe [ˈlõʒə] *adv* weit
longo [ˈlõŋgu] *(Weg)* weit
louco [ˈloku] verrückt
lua [ˈluə] Mond
lugar [lu'gar] m Ort, Stelle; Platz; Sitz; **em lugar de** [ẽi lu'gar də] statt; **em primeiro lugar** [ẽi pri'meiru lu'gar] zuerst, zunächst; **em último lugar** [ẽi 'ultimu lu'gar] zuletzt
luxuoso [lu'ʃwozu] luxuriös
luz [luʃ] f Licht

M

maçador [məsɐ'dor] lästig
macio [mɐ'siu] weich

madeira [mɐ'deirɐ] Holz
maduro [mɐ'duru] reif
mãe [mɐ̃i] f Mutter
magro ['magru] mager
mais [maiʃ] mehr; plus; **mais (do) que** [maiʃ (du) kɐ] mehr als; **de mais** [dɐ maiʃ] zu viel; zu sehr
mal [mal] adv schlecht; kaum
mala ['malɐ] Koffer
mal-entendido [mal_ẽntẽn'didu] Missverständnis
mandar [mẽn'dar] befehlen; schicken, senden
maneira [mɐ'neirɐ] Art; Weise; **de maneira nenhuma** [dɐ mɐ'neirɐ nɐ'ɲumɐ] keinesfalls, gar nicht
manhã [mɐ'ɲɐ̃] f Vormittag; Morgen
mão [mɐ̃u] f Hand; **feito à mão** ['feitu a mɐ̃u] handgemacht
máquina ['makinɐ] Maschine; **máquina fotográfica** ['makinɐ futu'grafikɐ] Fotoapparat
mar [mar] m Meer, See
maravilhoso [mɐrɐviʎ'ozu] wunderbar
marcar [mɐr'kar] (Platz) buchen; vorbestellen
margem ['marʒɐ̃i] f Flussufer; Rand
marido [mɐ'ridu] (Ehe-)Mann
mas [maʃ] aber; doch; sondern
masculino [mɐʃku'linu] männlich
material [mɐtɐ'rjal] m Material
mau [mau] böse; schlecht; schlimm
máximo ['masimu] größt, höchst, Höchst ...; **no máximo** [nu 'masimu] höchstens
me [mɐ] mir, mich
média ['mɛdjɐ] Durchschnitt; **em média** [ɐ̃i 'mɛdjɐ] adv durchschnittlich
médio ['mɛdju] adj durchschnittlich
Mediterrâneo [mɐditɐ'rɐnju] Mittelmeer
medo ['medu] Angst, Furcht
meigo ['meigu] zärtlich
meio ['meju] Mitte; Mittel; halb; **por meio de** [pur 'meju dɐ] durch, mittels
meio-dia ['meju 'diɐ] m Mittag
melhor [mɐ'ʎɔr] besser; beste(r, -s)
melhorar [mɐɐʎu'rar] verbessern, besser werden
menina [mɐ'ninɐ] Fräulein, Mädchen

menos ['menuʃ] weniger; minus; **ao menos** [ɐu 'menuʃ] wenigstens; **pelo menos** ['pelu 'menuʃ] mindestens, wenigstens
mensal(mente) [mẽ'sal(mẽntɐ)] monatlich
mês [meʃ] m Monat; **por mês** [pur meʃ] adv monatlich
mesa ['mezɐ] Tisch
mesmo ['meʒmu] selbst; sogar; **ao mesmo tempo** [ɐu 'meʒmu 'tẽmpu] adv gleichzeitig
metade [mɐ'tadɐ] f Hälfte
meu [meu] mein, meine
mim [mĩ] mir, mich; **por mim** [pur mĩ] meinetwegen
minha ['miɲɐ] mein, meine
minuto [mi'nutu] Minute
missa ['misɐ] (rel) Messe
misto ['miʃtu] gemischt
moça ['mosɐ] (Br) Mädchen
mochila [mu'ʃilɐ] Rucksack
moda ['mɔdɐ] Mode
moderno [mu'dɛrnu] modern
modo ['mɔdu] Art; Weise; **de outro modo** [d_'otru 'mɔdu] anders
mole ['mɔlɐ] weich
molhado [mu'ʎadu] nass
momento [mu'mẽntu] Augenblick, Moment
monte ['mõntɐ] m Berg
morar [mu'rar] wohnen
morder [mur'der] beißen
morrer [mu'rɐr] sterben
morte ['mɔrtɐ] f Tod
morto ['mortu] tot
mosca ['moʃkɐ] Fliege
mosquito [muʃ'kitu] Mücke
mostrar [muʃ'trar] (vor)zeigen
móvel ['mɔvɛl] m Möbel
mudança [mu'dɐ̃sɐ] Veränderung; Wechsel
mudar [mu'dar] ändern, verändern; **mudar de roupa** [mu'dar dɐ 'ropɐ] s. umziehen
muito ['mũintu] sehr, vie
mulher [mu'ʎɛr] f Frau; Ehefrau
multa ['multɐ] Geldstrafe
mundo ['mũndu] Welt
música ['muzikɐ] Musik

N

nada ['nadɐ] nichts;
nadar [nɐ'dar] schwimmen
não [nɐ̃u] nicht, nein
nascido [nɐʃ'sidu] geboren
natural [nɐtu'ral] natürlich; einheimisch; **ser natural de** [ser nɐtu'ral dɐ] stammen aus
naturalmente [nɐtural'mẽtɐ] *adv* natürlich
natureza [nɐtu'rɐzɐ] Natur
necessário [nɐsɐ'sarju] nötig, notwendig
negativo [nɐgɐ'tivu] negativ
nenhum [nɐ'ɲũ] kein
nervoso [nɐr'vozu] nervös
neta ['nɛtɐ] Enkelin
neto ['nɛtu] Enkel
ninguém [nĩŋ'gɐ̃i] keiner; niemand
nocivo [nu'sivu] schädlich
noite ['noitɐ] *f* Nacht; Abend *(nach Einbruch der Dunkelheit)*
noivo/noiva ['noivu/'noivɐ] *m/f* der, die Verlobte
nome ['nomɐ] *m* Name
normal [nɔr'mal] normal; üblich
normalmente [nɔrmal'mẽtɐ] normalerweise
norte ['nɔrtɐ] *m* Norden; **ao norte de** [eu 'nɔrtɐ dɐ] nördlich von
nos [nuʃ] uns
nós [nɔʃ] wir
nosso, nossa ['nɔsu, 'nɔsɐ] unser, unsere
nota ['nɔtɐ] Aufzeichnung; (Geld-) Schein; **tomar nota de alguma coisa** [tu'mar 'nɔtɐ d_al'gumɐ 'koizɐ] s. etw merken
notar [nu'tar] bemerken, merken
notícia [nu'tisjɐ] Nachricht
novidade [nuvi'dadɐ] *f* Neuheit, Neuigkeit
novo ['novu] neu; frisch; jung; **de novo** [dɐ 'novu] wieder
número ['numɐru] Nummer; Zahl
nunca ['nũŋkɐ] nie; je

O

obje(c)tivo [obʒɛ'tivu] Ziel; Zweck
obje(c)to [ob'ʒɛtu] Gegenstand
obrigar [obri'gar] zwingen
observar [obsɐr'var] ansehen; beobachten
oceano [o'sjɐnu] Ozean
ocupado [oku'padu] beschäftigt; *(Platz)* besetzt
ocupar-se de [oku'parsɐ dɐ] s. kümmern um; *(einer Sache)* nachgehen
oeste [o'ɛʃtɐ] *m* Westen; **a oeste de** [ɐ o'ɛʃtɐ dɐ] westlich von
ofensa [o'fẽsɐ] Beleidigung
oferecer [ofɐrɐ'ser] bieten; anbieten; schenken
oficial [ofɐ'sjal] amtlich; offiziell
olhar [o'ʎar] *m* Blick; schauen, zuschauen
opinião [opɐ'njɐ̃u] *f* Ansicht, Meinung
oposto [o'poʃtu] entgegengesetzt
ordinário [ordi'narju] gewöhnlich; gemein, ordinär
os/as [uʃ/eʃ] *acc* euch; Sie; sie
ou [o] oder
outro ['otru] ein anderer
ouvir [o'vir] hören

P

paciência [pɐ'sjẽsjɐ] Geduld
padre ['padrɐ] *m* Priester
pagar [pɐ'gar] bezahlen, zahlen
página ['paʒinɐ] *(Buch)* Seite
pai [pai] *m* Vater; **pais** ['paiʃ] *m pl* Eltern
país [pɐ'iʃ] *m* Land; Inland
palácio [pɐ'lasju] Palast, Schloss
palavra [pɐ'lavrɐ] Wort
panorama [penu'remɐ] *m* Panorama
par [par] *m* Paar
para ['perɐ] für; **para o Porto** [perɐ u 'portu] nach Porto
parabéns [perɐ'bɐ̃iʃ] *m pl* Glückwunsch
parar [pɐ'rar] halten; anhalten; stehenbleiben; **ficar parado** [fi'kar pe'radu] anhalten, stehen bleiben
parede [pɐ'redɐ] *f* Wand
parque ['parkɐ] *m* Park
parte ['partɐ] *f* Teil; **em parte nenhuma** [ɐ̃i 'partɐ nɐ'ɲumɐ] nirgends; **por toda a parte** [pur 'todɐ 'partɐ] überall
participar [pertɐsi'par] melden,

mitteilen; **participar (em)** [pɐrtɐsiˈpar (ẽi)] teilnehmen (an)

particular [pɐrtikuˈlar] privat

partir [pɐrˈtir] brechen; zerbrechen; aufbrechen; ausreisen; **partir (de)** [pɐrˈtir (dɐ)] abfahren (von); **partir (para)** [pɐrˈtir (ˈpɐrɐ)] (ab)reisen (nach)

parvo [ˈparvu] blöd(e), dumm

passado [pɐˈsadu] Vergangenheit; vorbei, vorüber

passageiro [pɐsɐˈʒeiru] Fahrgast

passagem [pɐˈsaʒẽi] f Durchreise; Gang, Durchgang; Übergang; **passagem subterrânea** [pɐˈsaʒẽi subtɐˈʀɐnjɐ] f Unterführung

passar [pɐˈsar] überschreiten; *(Zeit)* verbringen

passear [pɐˈsjar] spazierengehen

passeio [pɐˈseju] Bummel; Spaziergang; Bürgersteig

pátio [ˈpatju] Hof

pátria [ˈpatrjɐ] Heimat; Vaterland

pé [pɛ] m Fuß; **andar a pé** [ẽndar_e pɛ] zu Fuß gehen; **estar em pé** [ʃtar_ẽi pɛ] stehen; **ir a pé** [ir_e pɛ] *(zu Fuß)* gehen

peão [pjɐ̃u] m Fußgänger

peça [ˈpɛsɐ] Stück

pedaço [pɐˈdasu] Stück; **um pedaço de pão** [ũm pɐˈdasu dɐ pɐ̃u] ein Stück Brot

pedestre [pɐˈdɛʃtri] m *(Br)* Fußgänger

pedido [pɐˈdidu] Bitte

pedir [pɐˈdir] verlangen; **pedir alguma coisa a alg** [pɐˈdir_alˈgumɐ ˈkoizɐ_algẽi] jdn um etw bitten

pedra [ˈpɛdrɐ] Stein

pedregoso [pɐdrɐˈgozu] steinig

peixe [ˈpeiʃɐ] m Fisch

pele [ˈpɛlɐ] f Haut; Fell, Pelz

pena [ˈpenɐ] Feder; Mitleid; Strafe; **que pena!** [kɐ ˈpenɐ] wie schade!

penhor [pɐˈɲor] m Pfand

pensar [pẽˈsar] meinen; denken *(em an)*

pequeno [pɐˈkenu] klein

perder [pɐrˈder] verlieren; **perder-se** [pɐrˈdersɐ] s. verirren

pergunta [pɐrˈgũntɐ] Frage

perguntar [pɐrgũnˈtar] fragen

perigo [pɐˈrigu] Gefahr

perigoso [pɐriˈgozu] gefährlich

permitido [pɐrmiˈtidu] zulässig, erlaubt

permitir [pɐrmiˈtir] erlauben, zulassen; genehmigen

pernoitar [pɐrnoiˈtar] übernachten

perto [ˈpɛrtu] *adv* nahe; **perto de** [ˈpɛrtu dɐ] (nahe) bei

pesado [pɐˈzadu] *(Gewicht)* schwer

pesar [pɐˈzar] wiegen

peso [ˈpezu] Gewicht

pessoa [pɐˈsoɐ] Person; Mensch

pessoal [pɐˈswal] m Personal; persönlich

picar [piˈkar] stechen

piscina [piʃˈsinɐ] Schwimmbad, Swimmingpool

placa [ˈplakɐ] Schild

planície [plɐˈnisjɐ] f Ebene

plano [ˈplɐnu] eben, flach; Plan

planta [ˈplẽntɐ] Pflanze; **planta da cidade** [ˈplẽntɐ dɐ siˈdadɐ] Stadtplan

pó [pɔ] m Pulver; Staub

pobre [ˈpɔbrɐ] arm

poder [puˈder] können; dürfen

podre [ˈpodrɐ] *(Obst)* faul; verdorben

pois [poiʃ] denn

ponte [ˈpõntɐ] f Brücke

pontual [põnˈtwal] pünktlich

por [pur] *(Grund)* aus; (mittels) durch; *(Passiv)* durch; von; für; pro; **por cima de** [pur ˈsimɐ dɐ] über; **por isso** [pur_ˈisu] daher; deshalb

pôr [por] stellen; setzen; legen

porém [puˈrẽi] doch, jedoch

porque [ˈpurkɐ] weil; denn

porta [ˈpɔrtɐ] Tür

portanto [purˈtẽntu] also

positivo [puziˈtivu] positiv

possibilidade [pusibɐliˈdadɐ] f Möglichkeit

possível [puˈsivɛl] möglich

posterior [puʃtɐˈrjor] *adj* später

pouco [ˈpoku] wenig; **um pouco** [ũm ˈpoku] ein bisschen; etwas

povo [ˈpovu] Volk

povoação [puvwɐˈsɐ̃u] f Ortschaft

praça [ˈprasɐ] *(in der Stadt)* Platz

prado [ˈpradu] Wiese

praia [ˈprajɐ] Strand; Badeort

praticar [prɐtiˈkar] üben

prático [ˈpratiku] praktisch

prato ['pratu] *(Essen)* Gang; Gericht; Teller; Platte
prazer [pre'zer] *m* Gefallen; Genuss; Lust; Vergnügen; **ter muito prazer em** [ter 'mũintu pre'zer‿ẽi] s. freuen auf
precisar de [prəsi'zar də] benötigen, brauchen
preciso [prə'sizu] genau; nötig, notwendig
preço ['presu] Preis; **preço de entrada** ['presu d‿ẽn'tradə] Eintrittspreis; **preço total** ['presu tu'tal] Pauschale
preferir [prəfə'rir] lieber haben, vorziehen
prejuízo [prə'ʒwizu] Schaden
preocupar-se com [prjoku'parsə kõ] s. sorgen um
preparar [prəpe'rar] vorbereiten; zubereiten
presente [prə'zẽntə] *m* Geschenk; anwesend; **estar presente** [ʃtar prə'zẽntə] da sein
pressa ['prɛsə] Eile
primeiro [pri'meiru] erste(r, -s); zuerst, zunächst; **em primeiro lugar** [ẽi pri'meiru lu'gar] zuerst, zunächst; erstens
principal [prĩsi'pal] *adj* hauptsächlich, Haupt ...
principalmente [prĩsipal'mẽntə] *adv* hauptsächlich
prioridade [prjuri'dadə] *f* Vorfahrt
problema [pru'blemɐ] *m* Problem
procuração [prɔkure'sẽu] *f* Vollmacht
procurar [prɔku'rar] suchen; nachsehen; s. umsehen
profissão [prufi'sẽu] *f* Beruf
programa [pru'gremɐ] *m* Programm
proibido! [prwi'bidu] verboten!
prolongar [prulõ'gar] verlängern
prometer [prumə'ter] versprechen
pronto ['prõntu] bereit, fertig
pronunciar [prunũ'sjar] aussprechen
propósito, a ~ [ɐ pru'pɔzitu] übrigens
proposta [pru'pɔʃtə] Vorschlag
próprio ['prɔprju] eigen, selbst; geeignet
prospe(c)to [pruʃ'pɛtu] Prospekt
provar [pru'var] beweisen; (an)probieren; *(Speisen)* versuchen

provável [pru'vavɛl] *adj* wahrscheinlich
provavelmente [pruvavɛl'mẽntə] *adv* wahrscheinlich
provisório [pruvi'zɔrju] provisorisch
próxima/próximo ['prɔsimɐ/'prɔsimu] nächste(r, -s)
público ['publiku] öffentlich; Publikum; Öffentlichkeit
puxar [pu'ʃar] ziehen

Q

quadro ['kwadru] Gemälde, Bild
qualidade [kwɐli'dadə] *f* Eigenschaft, Qualität
quando ['kwẽndu] *(zeitlich)* als; wenn
quantia [kwẽn'tiɐ] Betrag
quantidade [kwẽnti'dadə] *f* Menge
quanto ['kwẽntu] wie viel
quarto ['kwartu] Schlafzimmer; Raum; Viertel; **um quarto de hora** [ũ 'kwartu d‿'ɔrə] eine Viertelstunde
quase ['kwazə] beinahe, fast
que [kə] *(bei Vergleich)* als; dass, was; **que ... ?** [kə] was für ein/eine ... ?; **que espécie de ...?** [kə‿'ʃpɛsjə də] was für ein/eine ...?
queixar-se (de) [kei'ʃarsə (də)] s. beklagen (über), s. beschweren (über)
quente ['kẽntə] heiß, warm
querer [kə'rer] wollen, mögen
querido, querida [kə'ridu, kə'ridə] Liebling
quieto ['kjɛtu] still
quinta ['kĩntə] Landgut, Bauernhof

R

ramo ['remu] (Blumen-)Strauß
rapariga [rɐpɐ'rigɐ] Mädchen
rapaz [rɐ'paʃ] *m* Junge
rápido ['rapidu] *adj* rasch, schnell
raramente [rɐrɐ'mẽntə] *adv* selten
raro ['raru] *adj* selten
razão [rɐ'zẽu] *f* Grund; **(não) ter razão** [(nẽu) ter rɐ'zẽu] (Un)Recht haben
realmente [rjal'mẽntə] *adv* wirklich
realizar-se [rjɛli'zarsə] stattfinden
receber [rəsə'ber] bekommen, empfangen, erhalten

recibo [Rə'sibu] Quittung
recipiente [Rəsə'pjɛ̃ntə] *m* Behälter, Gefäß
reclamação [ɐ Rəkleme'sɐ̃u] *f* Beanstandung; Beschwerde
reclamar [Rəklɐ'mar] reklamieren
recomendar [Rəkumɛ̃n'dar] empfehlen
recusar [Rəku'zar] ablehnen, zurückweisen; **recusar-se** [Rəku'zarsə] s. weigern
redondo [Rə'dõndu] rund
refeição [Rəfei'sɐ̃u] *f* Mahlzeit; **pequena refeição** [pə'kɐnɐ Rəfei'sɐ̃u] Imbiss
refresco [Rə'freʃku] Erfrischung
região [Rə'ʒjɐ̃u] *f* Gegend, Region
regressar [Rəgrə'sar] zurückkehren
regresso [Rə'grɛsu] Rückkehr; Heimreise; **(viagem de) regresso** [('vjaʒɐ̃i də) Rə'grɛsu] Rückfahrt
regular [Rəgu'lar] *adj* regelmäßig; regeln
regularmente *adv* [Rəgular'mɛ̃ntə] regelmäßig
relação [Rələ'sɐ̃u] *f* Verbindung
relva ['Rɛlvə] Rasen
remédio [Rə'mɛdju] (Heil-)Mittel
reparar [Rəpɐ'rar] *(Schaden)* ersetzen; reparieren
repente, de ~ [də Rə'pɛ̃ntə] plötzlich
repetir [Rəpə'tir] wiederholen
representação [Rəprəzɛ̃ntɐ'sɐ̃u] *f* *(Theater)* Vorstellung
rés-do-chão [Rɛ3 du 'ʃɐ̃u] *m* Erdgeschoss
reservar [Rəzɐr'var] buchen, reservieren, vorbestellen
resistente [Rəziʃ'tɛ̃ntə] haltbar
responder [Rəʃpõn'der] antworten; erwidern
responsável [Rəʃpõ'savɛl] verantwortlich; zuständig
restante [Rəʃ'tɛ̃ntə] übrig
resultado [Rəzul'tadu] Ergebnis
rico ['Riku] reich
rio ['Riu] Fluss; Strom
rir [Rir] lachen
risco ['Riʃku] Risiko
rocha ['Rɔʃə] Fels
rochedo [Ru'ʃedu] Fels
roubar [Ro'bar] stehlen

roupa ['Ropə] Kleidung; **mudar de roupa** [mu'dar də 'Ropə] s. umziehen
rua ['Ruɐ] *(Wohn-)* Straße
ruído ['Rwidu] Geräusch; Lärm

S

saber [sɐ'ber] wissen
saco ['saku] *(größere)* Tüte
saída [sɐ'idɐ] Ausfahrt, Ausgang
sair [sɐ'ir] hinausgehen, ausgehen; ausreisen
saldo ['saldu] Ausverkauf
salvar [sal'var] retten
santo ['sɛ̃ntu] heilig
satisfeito [sɐtɐʃ'feitu] zufrieden; satt; **ficar satisfeito com** [fi'kar sɐtɐʃ'feitu kõ] s. freuen über
saudável [sɐu'davɛl] gesund
se [sə] *prn* sich; man
secar [sə'kar] trocknen
se(c)ção de perdidos e achados [sɛk'sɐ̃u də pər'diduz_i ɐ'ʃaduʃ] *f* Fundbüro
seco ['seku] trocken
secreto [sə'krɛtu] geheim; heimlich
sede ['sedə] *f* Durst; **ter sede** [ter 'sedə] durstig sein
segredo, em ~ [ɐ̃i sə'gredu] *adv* heimlich
seguinte [sə'gĩntə] nächste(r, -s)
segundo [sə'gũndu] Sekunde; zweite(r, -s)
segurança [səgu'rɐ̃sə] Sicherheit
segurar [səgu'rar] (fest)halten; versichern
seguro [sə'guru] sicher; zuverlässig; Versicherung
sem [sɐ̃i] ohne
semana [sə'mɐnɐ] Woche; **todas as semanas** ['todəz_eʃ sə'mɐneʃ] *adv* wöchentlich
semanal [səmɐ'nal] *adj* wöchentlich
semelhante [səmə'ʎɐ̃ntə] ähnlich
sempre ['sɛ̃mprə] immer, stets
senhor [sə'ɲor] *m* Herr
senhora [sə'ɲorɐ] Dame, Fräulein; **Senhora D.** [sə'ɲorɐ 'donɐ] *(Anrede, vor Namen)* Frau
sentado, estar ~ [ʃtar sɛ̃n'tadu] sitzen

sentar-se [sẽn'tarsə] s. hinsetzen, s. setzen

sentir [sẽn'tir] fühlen; bedauern

separar [səpɐ'rar] trennen

ser [ser] sein; **ser de** [ser də] gehören

sério ['sɛrju] ernst

serviço [sər'visu] Bedienung; Dienst;

servir [sər'vir] bedienen, servieren; dienen

seu [seu] *poss prn sing* ihr, sein

sexo ['sɛksu] Sex, Geschlecht

significado [signifi'kadu] Sinn, Bedeutung

silvestre [sil'vɛʃtrə] *(Flora)* wild

simpático [sĩm'patiku] nett, sympathisch

simples ['sĩmpləʃ] einfach

sinal [si'nal] *m* Zeichen; Signal;

situação [sitwɐ'sẽu] *f* Lage

só [sɔ] *(nicht früher als)* erst; nur; allein; einzeln

sobrar [su'brar] übrigbleiben

sobre ['sobrə] auf, über

socorros, primeiros ~ [pri'meiruʃ su'kɔruʃ] *m pl* erste Hilfe

soletrar [sulə'trar] buchstabieren

solitário [suli'tarju] einsam

solo ['sɔlu] Boden

solteiro [sol'teiru] Junggeselle; ledig

soma ['some] Summe

sombra ['sõmbrɐ] Schatten

sossegado [susə'gadu] still

sozinho [sɔ'ziɲu] einsam, allein

sua ['suɐ] *poss prn sing* ihr, sein

suave ['swavə] mild

substituir [subʃti'twir] ersetzen

subúrbios [su'burbjuʃ] *m pl* Vorort, Vorstadt

suficiente [sufɐ'sjẽntɐ] genug

Suíça ['swisɐ] Schweiz

suíço/suíça ['swisu/'swisɐ] Schweizer/in

sujo ['suʒu] schmutzig

sul [sul] *m* Süden; **ao sul de** [ɐu sul də] südlich von

suportar [supur'tar] ertragen; vertragen

surpreendido [surprjẽn'didu] überrascht

T

tabaco [tɐ'baku] Tabak

talvez [tal'veʃ] vielleicht

tamanho [tɐ'mɐɲu] *(Kleidung)* Größe

também [tẽm'bẽi] auch; **também não** [tẽm'bẽi nẽu] auch nicht

tarde ['tardə] *f* Nachmittag; spät

taxas ['taʃɐʃ] *f pl* Gebühren

te [tə] dich, dir

telefonar [tələfu'nar] anrufen, telefonieren

tempo ['tẽmpu] Zeit; Wetter; **ao mesmo tempo** [ɐu 'meʒmu 'tẽmpu] gleichzeitig

tencionar [tẽsju'nar] beabsichtigen

tentar [tẽn'tar] versuchen

ter [ter] haben; **ter de/que** [ter də/kə] müssen

terra ['tɛrɐ] Erde; Land; **terra natal** ['tɛrɐ nɐ'tal] Heimat

terreno [tə'renu] Gelände, Grundstück

terrível [tə'rivɛl] fürchterlich; schrecklich

teu [teu] dein, deine

ti [ti] dich, dir

típico ['tipiku] typisch

tirar [ti'rar] reißen; wegnehmen

tocar [tu'kar] berühren; läuten; *(Instr.)* spielen

todo ['todu] *adj* ganz; **todos** ['toduʃ] alle

tolo ['tolu] blöd(e), dumm

tomar [tu'mar] nehmen; trinken; **tomar conta (de)** [tu'mar 'kõntɐ (də)] aufpassen (auf); **tomar o pequeno almoço/** *(Br)* **o café da manhã** [tu'mar u pɐ'ken ɐl'mosu/u kɐ'fɛ dɐ mɐ'ɲɐ̃] frühstücken

total [tu'tal] *m* ganz; das Ganze

trabalhar [trɐbɐ'ʎar] arbeiten

trabalho [trɐ'baʎu] Arbeit

traduzir [trɐdu'zir] übersetzen

traje ['traʒə] *m* Tracht

traje(c)to [trɐ'ʒɛtu] Strecke

trânsito ['trẽzitu] Verkehr

trás, para ~ ['pɐrɐ traʃ] rückwärts; zurück; **voltar para trás** [vɔl'tar 'pɐrɐ traʃ] umkehren

trazer [trɐ'zer] tragen; (her-, mit-) bringen

tribunal [tribu'nal] *m (Justiz)* Gericht
triste ['triʃtə] traurig
troca ['trɔkɐ] Austausch; Wechsel
trocar [tru'kar] (aus)tauschen; vertauschen; umtauschen; wechseln
troco ['troku] Kleingeld; **dar troco** [dar 'troku] *(Geld)* herausgeben; **trocos** ['trɔkuʃ] *m pl* Wechselgeld
tu [tu] du
tua ['tuɐ] dein, deine
tudo ['tudu] alles
túnel ['tunɛl] *m* Tunnel
Turismo [tu'riʒmu] Verkehrsamt
turista [tu'riʃtɐ] *m/f* Tourist/in; **grupo de turistas** ['grupu dɐ tu'riʃtɐʃ] Reisegesellschaft

U

última, último ['ultimɐ, 'ultimu] letzte(r, -s); **em último lugar** [ẽi 'ultimu lu'gar] zuletzt
ultrapassar [ultrɐpɐ'sar] überholen
um [ũ] ein; eins
uma ['umɐ] eine; eins
único ['uniku] einzig
universidade [univɐrsi'dadɐ] *f* Universität
urgente [ur'ʒẽntɐ] dringend
usar [u'zar] benutzen, gebrauchen
usual [u'zwal] gebräuchlich
útil ['util] nützlich; zweckmäßig; **nos dias úteis** [nuʒ 'diɛz ‿ 'uteiʃ] werktags, wochentags

V

vale ['valɐ] *m* Gutschein; Tal
válido ['validu] gültig; **ser válido** [ser 'validu] gelten
valor [vɐ'lor] *m* Wert; **sem valor** [sẽi vɐ'lor] wertlos
vantagem [vãn'taʒẽi] *f* Vorteil, Vorzug
vátio ['vatju] Watt
vazio [vɐ'ziu] leer
velho ['vɛʎu] *(nicht frisch)* alt
velocidade [vɐlusi'dadɐ] *f* Geschwindigkeit
venda ['vẽndɐ] Verkauf
vender [vẽn'der] verkaufen
veneno [vɐ'nenu] Gift
venenoso [vɐnɐ'nozu] giftig

ver [ver] schauen, sehen; zuschauen
verdade [vɐr'dadɐ] *f* Wahrheit; **verdadeiro** [vɐrdɐ'deiru] wahr; wirklich; eigentlich
verificar [vɐrifi'kar] kontrollieren, (nach)prüfen
vespa ['veʃpɐ] Wespe
vestir [vɐʃ'tir] *(Kleidungsstück)* anziehen
vez [veʃ] *f* Mal; **uma vez** ['umɐ veʃ] einmal; **muitas vezes** ['mũintɐʒ 'vezɐʃ] oft; häufig; **em vez de** [ẽi veʒ dɐ] anstatt, statt
viagem ['vjaʒẽi] *f* Reise, Fahrt
viajante [vje'ʒẽntɐ] *m/f* der, die Reisende
viajar [vje'ʒar] reisen
vida ['vidɐ] Leben
vinha ['viɲɐ] Weinberg
vir [vir] kommen; stammen
visita [vɐ'zitɐ] Besuch
visitar [vazi'tar] besuchen; besichtigen
vista ['viʃtɐ] Ansicht; Aussicht, Blick; Sicht
vítima ['vitimɐ] Opfer; **ser vítima dum acidente** [ser 'vitimɐ dũ ɐsi'dẽntɐ] verunglücken
vivenda [vi'vẽndɐ] Villa
viver [vi'ver] leben
vivo ['vivu] lebend, lebhaft
vizinho/vizinha [vɐ'ziɲu/vɐ'ziɲɐ] Nachbar/in
você [vɔ'se] *pers prn* Sie; *(Br)* du
vocês [vɔ'seʃ] *pers prn acc* ihr, Sie; **a vocês** [a vɔ'seʃ] *pers prn dat (Br)* euch
volt [vɔlt] *m* Volt
volta ['vɔltɐ] Rückkehr; Runde, Tour; **em/à volta de** [ẽi/a 'vɔltɐ dɐ] um *(herum)*
voltar [vɔl'tar] drehen; wiederkommen; zurückkehren; **voltar para trás** [vɔl'tar 'pɐrɐ traʃ] umkehren
vontade [võn'tadɐ] *f* Wille; Lust; **contra vontade** ['kõntrɐ võn'tadɐ] nicht gern
vosso ['vɔsu] euer

Z

zangado [zẽŋ'gadu] verärgert, böse